普通高等教育经管类专业系列教材

电子商务法规

邬锦雯　主　编

赵淑平　副主编

清华大学出版社

北　京

内 容 简 介

本书主要内容包括电子商务法概论、电子商务主体法律制度、电子合同法律制度、电子签名与电子认证法律制度、电子支付法律制度、电子商务中的知识产权问题、电子商务市场行为规制、电子商务案件管辖及争议解决机制、电子商务中的证据法律制度。本书按照《国家教育事业发展第十三个五年规划》，本着理论和实际密切结合的原则，梳理电子商务法涉及的基本知识和问题。

本书可作为普通高等院校电子商务、法学、经济学等专业课程的教材，也可以作为各类与电子商务有关培训的教材，还可作为电子商务从业人员的自学参考书。

图书在版编目(CIP)数据

电子商务法规 / 邬锦雯主编. —北京：清华大学出版社，2021.11
普通高等教育经管类专业系列教材
ISBN 978-7-302-59390-4

Ⅰ.①电…　Ⅱ.①邬…　Ⅲ.①电子商务—法规—中国—高等学校—教材　Ⅳ.①D922.294

中国版本图书馆 CIP 数据核字(2021)第 211597 号

责任编辑：施　猛
封面设计：周晓亮
版式设计：孔祥峰
责任校对：马遥遥
责任印制：朱雨萌

出版发行：清华大学出版社
　　　　网　　　址：http://www.tup.com.cn，http://www.wqbook.com
　　　　地　　　址：北京清华大学学研大厦 A 座　　　　邮　　编：100084
　　　　社 总 机：010-62770175　　　　　　　　　　　邮　　购：010-62786544
　　　　投稿与读者服务：010-62776969，c-service@tup.tsinghua.edu.cn
　　　　质 量 反 馈：010-62772015，zhiliang@tup.tsinghua.edu.cn

印 装 者：三河市龙大印装有限公司
经　　销：全国新华书店
开　　本：185mm×260mm　　　印　　张：14.75　　　字　　数：314 千字
版　　次：2021 年 12 月第 1 版　　　印　　次：2021 年 12 月第 1 次印刷
定　　价：48.00 元

产品编号：090479-01

在法治中国建设的大背景下，随着互联网经济的成熟发展和2019年《中华人民共和国电子商务法》的颁布实施，越来越多法律、经济管理、计算机专业和电子商务专业把"电子商务法"列入人才培养方案。迈进"无商不电"的时代，培养大学生的网络法律素养成为时代所需、情势所迫的任务。作为高等教育电子商务大类的专业之一，电子商务法规是专业课程体系的核心课程。

如何把高校学生打造成既有法学素养又有电商情怀的综合性人才，是当前电子商务法教学改革的重中之重。本教材为适应"电子商务法"教学需要而编写，在编写过程中贯彻落实《教育部关于加快建设高水平本科教育 全面提高人才培养能力的意见》精神，以"理论型+实践型+研究型"为思想引领，吸取已有教材的宝贵经验，跟进2021年开始实施的《中华人民共和国民法典》，关注在读学生的兴趣特点变化，融合移动电子商务趋势和网络跨境交易法律环境。

本教材将法律法规基本知识阐述与案例分析相结合，理论联系实践，注重应用。为了更好地适应电子商务跨境交易的国际化环境，教材配套课件设计尝试对照电子商务国际法体系构建双语教学。本教材的编写基于长期教学实践和商务法律实践经验的积累，力图简明，但由于编者水平有限，书中难免存在不足之处，敬请读者批评指正。反馈邮箱：wkservice@vip.163.com。

编者
2021年1月广州

目录

第 3 章　电子合同法律制度 ·· 60

第 6 章　电子商务中的知识产权问题 ························· 132

第9章　电子商务中的证据法律制度

第1章 电子商务法概论

导读案例：5·6网约车平台安全案

2018年5月5日晚上，空姐李某珠在郑州航空港区通过滴滴平台叫车赶往市区，结果惨遭司机杀害。2018年5月8日，警方告知家属，李某珠的遗体被找到。2018年5月10日，滴滴发布悬赏通告，悬赏100万元寻找嫌疑人刘某华。经专案组调取事发地附近多路监控，顺线追踪，显示嫌疑人刘某华作案后弃车跳河。2018年5月12日，郑州水上义务救援队在郑州市西三环附近一河渠内打捞出一尸体，警方对打捞出的尸体DNA样本完成鉴定，与此前在案发现场搜集的嫌疑人刘某华DNA样本分型一致，可以确认，此次打捞出的尸体系杀害空姐李某珠的犯罪嫌疑人刘某华，案件至此告破。法院于2019年2月27日判决被告刘某军、宋某某在继承其子刘某华遗产范围内，赔偿原告李某某、董某(李某珠父母)死亡赔偿金、丧葬费等损失62.668 986万元。

经警方调查，郑州市公安局警犬驯导支队警务辅助人员郝某利在协助专案组工作期间，将获取的案件现场照片私自传播给朋友刘某洲、张某、张某超等人，其朋友又将照片转发至各自的微信群中，造成涉案照片在网络上大量传播，严重伤害受害人家属的心理，造成恶劣社会影响。2018年5月12日下午，因涉嫌侵犯公民个人信息，警方对郝某利、刘某洲、张某、张某超等4人采取刑事拘留措施。另查明，5月8日上午，郑州市惠济区人肖某才在随同案发地附近村民赶到现场后，用手机拍摄受害人遗体照片，并在微信朋友圈中发布，致使该图片在网络上大量传播，同样给受害人家属带来极大伤害，造成恶劣社会影响。5月12日晚，因涉嫌侮辱遗体，警方依法对肖某才予以刑事拘留。

2018年5月22日，媒体报道了滴滴出行科技有限公司(以下简称：滴滴公司)高层首次正面回应"空姐遇害案"：平台存在漏洞。随即滴滴公司开始了平台和顺风车业务的整改。9月6日，滴滴公司通过郑州慈善总会定向捐助救援队100万元。

案件发生后，滴滴公司一度成为大众舆论的焦点。案件涉及的电子商务平台、侵犯个人信息、手机微信传播以及悬赏广告等至关用户安全和权益的主要问题，值得法律界和全社会反思。

资料来源：彭瑜. 5·6郑州空姐打车遇害案[EB/OL]. (2018-05-10)[2021-05-01]. https://baike.baidu.com/reference/22572396.

1.1 电子商务概论

1996年12月16日，联合国国际贸易法委员会第85次全体大会通过了《电子商务示范法》。该法中的"电子商务"是指通过电子行为进行的商事活动，指出："本法适用于在商业活动方面使用的、以一项数据电文为形式的任何种类的信息。"广义的电子商务是指通过电子行为进行民商事活动。商事活动是以盈利为目的、具有营业性的民事行为，而民商事行为的外延显然大于商事行为，它不仅包括商事行为，也包括非商事主体之间的民事活动。实践中，电子商务中的"商务"，不仅包括"商事行为"，也包括非商事行为，例如自然人之间的电子商务。同时，《中华人民共和国电子商务法》指出："本法所称电子商务，是指通过互联网等信息网络销售商品或者提供服务的经营活动。"

1.1.1 电子商务的概念及基本特征

1. 电子商务的概念

电子商务是互联网爆炸式发展的直接产物，是网络技术应用的全新发展方向。互联网本身所具有的开放性、全球性、低成本、高效率等特点，也成为电子商务的内在特征，并使得电子商务大大超越了作为一种新的贸易形式所具有的价值，不仅会改变企业本身的生产、经营、管理活动，还将影响整个社会的经济运行与结构。以互联网为依托的"电子"技术平台，为传统商务活动提供了一个无比广阔的发展空间，其优越性是传统媒介手段无法比拟的。

各国政府、学者、企业界人士根据电子商务参与的角度和程度不同，给出了许多不同的定义。电子商务按交易对象可分为ABC、B2B、B2C、C2C、B2M、M2C、B2A(即B2G)、C2A(即C2G)、O2O等模式。电子商务业态包括电子货币交换、供应链管理、电子交易市场、网络营销、在线事务处理、电子数据交换(EDI)、存货管理和自动数据收集系统。电子商务利用到的信息技术包括互联网、外联网、电子邮件、数据库、电子目录和移动电话。电子商务可提供网上交易和管理等全过程的业务，因此它具有广告宣传、咨询洽谈、网上订购、网上支付、电子账户、服务传递、意见征询、交易管理等各项功能。联合国国际贸易程序简化工作组认为，电子商务是采用电子形式开展商务活动，它包括在供应商、客户、政府及其他参与方之间通过任何电子工具(如EDI、Web技术、电子邮件等)共享非结构化商务信息，管理并完成在商务活动、管理活动和消费活动中的各种交易。

一般来说，可以从广义和狭义两个方面来定义电子商务的概念。广义的电子商务是指使用各种电子工具从事商务活动；狭义电子商务是指主要利用互联网从事商务活动。无论是广义方面还是狭义方面，电子商务涵盖两个方面：一是离不开互联网这个平台，没有网络就称不上为电子商务；二是通过互联网完成的是一种商务活动。

狭义上讲，电子商务(electronic commerce，EC)是指通过使用互联网等电子工具(包括电报、电话、广播、电视、传真、计算机、计算机网络、移动通信等)在全球范围内进行的商务贸易活动，包括商品和服务的提供者、广告商、消费者、中介商等有关各方行为的总和。一般理解的电子商务都是狭义的，如电子商务法体系中的"电子商务"。

广义上讲，电子商务一词源自electronic business，是指通过电子手段进行的商业事务活动，即公司内部、供应商、客户和合作伙伴之间利用电子业务共享信息，实现企业间业务流程的电子化，配合企业内部的电子化生产管理系统，提高企业的生产、库存、流通和资金等各个环节效率的活动。

2. 电子商务的基本特征

(1) 普遍性。电子商务作为一种新型的交易方式，将生产企业、流通企业以及消费者和政府带入一个网络经济、数字化的新天地。

(2) 方便性。在电子商务环境中，人们不再受地域的限制，客户能以非常简捷的方式完成过去较为繁杂的商业活动。如通过网络银行能够全天候地存取账户资金、查询信息等，同时使企业对客户的服务质量得以大大提高。在电子商务商业活动中，工作人员有大量的人脉资源可以开发和沟通，而且从业时间灵活。

(3) 整体性。电子商务能够规范事务处理的工作流程，将人工操作和电子信息处理集成为一个不可分割的整体，这样不仅可以提高人力和物力的利用率，也可以提高系统运行的严密性。

(4) 安全性。在电子商务中，安全性是一个至关重要的核心问题，它要求网络能提供一种端到端的安全解决方案，如加密机制、签名机制、安全管理、存取控制、防火墙、防病毒保护等，这与传统的商务活动有着很大的不同。

(5) 协调性。商业活动本身是一种协调过程，它需要客户与公司内部、生产商、批发商、零售商间的协调。在电子商务环境中，商业活动更要求银行、配送中心、通信部门、技术服务等多个部门的通力协作，连贯完成。

1.1.2 移动电子商务

移动电子商务(mobile e-commerce)由电子商务(e-commerce)的概念衍生而来，电子商务以PC机为主要界面，是有线的电子商务；而移动电子商务是通过智能手机、平板电脑这些可以装在口袋里的终端，随时随地都可以开始。移动电子商务是在无线传输技术高度发达的情况下产生的，随着移动通信技术和计算机的发展，移动电子商务的发展已经经历了3代。

有人预言，移动电子商务将决定21世纪新企业的风貌，也将改变生活与旧商业的面貌。移动电子商务是利用智能手机、平板电脑等无线终端进行的B2B、B2C、C2C或O2O的电子商务。它将因特网、移动通信技术、短距离通信技术及其他信息处理技术完美结合，使人们可以在任何时间、任何地点都可以进行各种商贸活动，实现随时随地、线上线下的购物与交易、在线电子支付，以及各种交易活动、商务活动、金融活动和相关的综合服务活动等。

移动电子商务是移动信息服务和电子商务融合的产物，与传统电子商务相比，移动电子商务具有以下几点优势。

(1) 能够随时随地进行。与传统电子商务相比，移动电子商务的最大特点是随时随地和个性化。传统电子商务已经使人们感受到了网络所带来的便利和乐趣，但它的局限在于台式电脑携带不便，而移动电子商务则可以弥补传统电子商务的这种缺憾，可以让人们随时随地从事各种交易活动，感受独特的商务体验。

(2) 用户规模大。从计算机和移动电话的普及程度来看，移动电话远远超过了计算机。在某种程度上说，以移动电话为载体的移动电子商务不论在用户规模上，还是在用户消费能力上，都优于传统的电子商务。

(3) 有较好的身份认证基础。对于传统电子商务而言，用户的消费信誉成为最大的问题，而移动电子商务手机号码具有唯一性，通过手机SIM卡上的存储信息就可以确定用户身份。

(4) 移动电子商务能够规避传统电子商务常见的危机。近年来，互联网经济大起大落，电子商务曾跌入低谷。一些电子商务网站之所以在危机中悄然倒下，关键是传统的电子商务缺乏现实的用户基础，没有良好的盈利模式，而移动运营商不仅拥有庞大的用户群，还拥有稳定的收费关系及收费渠道。更为重要的是，国内移动运营商已经构建了成熟的移动数据业务发展产业价值链以及与服务提供商进行利润分成的商业运作模式，这为移动电子商务业务的发展创造了良好的条件。

当然，基于固定网电子商务具有与移动电子商务不同的特征，移动电子商务不可能完全替代传统电子商务，两者是相互补充、相辅相成的。移动通信所具有的灵活、便捷的特点，决定了移动电子商务应当定位于大众化的个人消费领域，应当提供大众化的商务应用。移动电子商务的特性如图1-1所示。

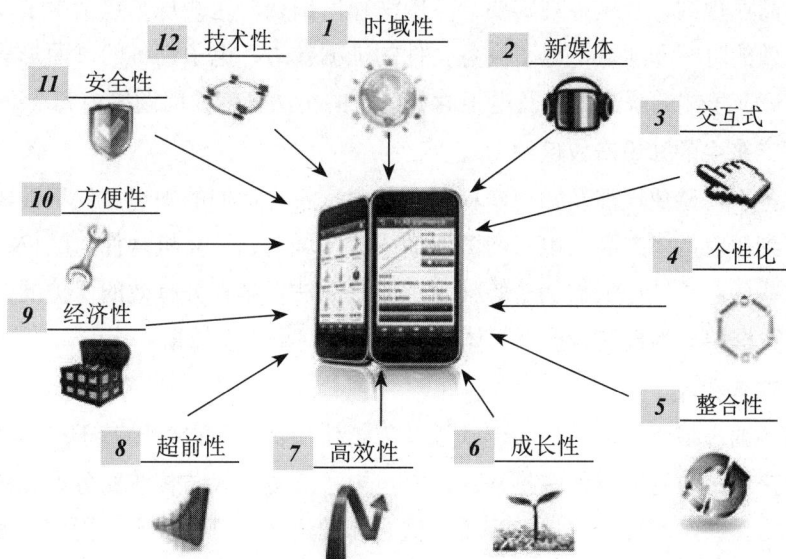

图1-1　移动电子商务的特性

1.1.3　电子商务带来的法律问题

中国电子商务研究中心发布的《2011—2012年度中国电子商务法律报告》是第一份电商法律报告。报告显示，在电商企业对相关电子商务法律的认知度调研中，23.08%的企业对相关电子商务法律非常了解，随时关注；76.92%的企业对相关电子商务法律一般了解，知道一些基本规定和原则。69.23%的企业认为法律在电商企业事务中很重要，影响公司生存发展；23.08%的企业认为法律在电商企业事务中的重要程度一般，盈利是企业核心问题；7.69%的企业认为法律在电商企业事务中作用不明显，只有在诉讼时才有用；没有企业认为法律不重要。在电商企业法律方面的资金投入调研中，15.38%的企业无法律方面的资金投入，53.85%的企业在法律方面的资金投入小于10万元，30.77%的企业在法律方面的资金投入为10万~50万元。在电商企业对电子商务法律类别需求调研中，76.92%的企业选择"网络不正当竞争和垄断"，76.92%的企业选择"知识产权"，53.85%的企业选择"投资融资"，30.77%的企业选择"行政许可"，46.15%的企业选择"电商税收"。

从调查结果来看，企业法律纠纷类型集中在知识产权、网络不正当竞争和行业垄断上。有的律师建议，未来电子商务立法应重在解决合同问题，同时要对知识产权、信息安全、税收等法律问题进行有效规制。当前归纳起来，电子商务在法律方面带来的主要挑战有以下几个方面。

1. 电子交易的基本规则

电子商务的参与者(包括企业、消费者、金融机构和网络服务商等)必须建立起一套共同遵守的商业规则，且这种规则要为各国法律所确认。这些规则包括电子商务合同订立细则、生效的时间和地点、电子商务文件的证据效力、电子商务的书面形式要求和电子签名的认证、争端的解决方式及电子商务纠纷的司法管辖权问题等内容。

2. 电子商务中的知识产权保护

电子商务不可避免地涉及知识产权问题。卖家希望他们的知识产权不被剽窃，买家也不希望买到假冒伪劣产品。电子商务活动中涉及域名、计算机软件、版权、商标等诸多问题，这些问题单纯地依靠加密等技术手段是无法得到充分有效的保护的，必须建立起全面的法律框架，为权利人提供实体和程序上的双重法律依据。

3. 电子商务税收

电子商务的虚拟性、多国性、流动性及无纸化特征，使得各国基于属地和属人两种原则建立起来的税收管辖权面临挑战。同时，电子商务方式与传统商务方式的不同，对纳税主体、客体、纳税环节、地方等税收概念和理论产生巨大冲击。因此，面对电子商务，税收法律需要做出修改。综合欧盟、美国的电子商务税收政策，在对电子商务征税时应遵循的原则有以下几个：①中性原则，不因交易方式及采用技术的不同而给予不同的税收待遇；②减少电子商务的税收成本；③避免国际双重征税；④保持税收政策的简化和透明度。

4. 保护隐私权

电子商务既要保证信息公开、自由流动，又要防止滥用个人信息，所以要对商品及服务供应商、网络服务商收集、加工、储存和使用个人信息进行规范，防止因隐私权问题而影响电子商务的健康发展。

5. 确保交易安全

保证电子商务的安全进行，除了采取完善的加密、解密系统等技术措施外，还要立法保障通信网络顺畅、信息系统的安全，确保信息的真实性和保密性，以及防止非法修改等。如制定对电脑黑客攻击、计算机病毒的制造与传播等行为的防范和惩罚的法律法规。

1.2 电子商务法一般理论

1.2.1 电子商务的法学分类

不同的学科会根据不同的标准对电子商务进行分类，而法学应以法律上的实质意义为基本着眼点对电子商务进行分类，而非简单照搬经济学上的分类。唯有如此，才能了解相关电子行为的法律后果。

1. 以主体为标准进行的划分

(1) 商业机构之间的电子商务。商业机构之间的电子商务(business to business，B2B)，即发生在商业机构之间的电子商务，而非发生在消费者和商业机构之间的电子商务。虽然消费者和商业机构之间进行的电子商务数量巨大，但从质量上看，商业机构之间的电子商务是主角。一般而言，商业机构之间的电子商务总额占全部电子商务总额的80%左右。

(2) 商业机构与消费者之间的电子商务。商业机构与消费者之间的电子商务(business to consumer，B2C)是指交易的一方为消费者，而相对方为商业机构的电子商务。商业机构与消费者之间的电子商务类型要求交易的一方是消费者，而另一方必须是商业机构。唯有如此，才有适用消费者权益保护法的余地。

(3) 消费者之间的电子商务。消费者之间的电子商务(consumer to consumer，C2C)，指消费者个人之间进行的电子商务。此种交易模式直接来源于传统的跳蚤市场。在跳蚤市场中，买卖双方可以进行一对一的讨价还价，只要双方同意，立刻可以完成交易。从事网络拍卖的eBay率先采用了这种方式，任何人都可以在eBay买卖商品，首次实现了理想市场理念。通过在线交易平台，卖方可以主动提供商品上网拍卖；买方可以自行选择商品进行竞价。我国《商务部关于网上交易的指导意见(暂行)》(简称《网上交易指导》)并没有采用经济界的C2C提法，而是使用了个人间交易(natural person to natural person，P2P)。我国《网上交易指导》规定，网上交易是买卖双方利用互联网进行的商品或服务交易。常见的网上交易主要有企业间交易、企业和消费者间交易、个人间交易、企业和政府间交易。

电子商务这种分类方式的法律意义主要在于确定了法律的适用范围。我国商业机构之间的国内电子商务，适用合同法和电子签名法的规定；消费者与商业机构之间的国内电子商务优先适用消费者权益保护法的规定，可以补充适用合同法和电子签名法的规定；而商业机构之间的国际电子商务，适用联合国贸易法委员会通过的《联合国国际合同中使用电子通信公约》的规定。

2. 以电子商务内容为标准进行的划分

(1) 贸易型电子商务。贸易型电子商务是以转移财产权利为核心特征的电子商务活动，它包括有形货物贸易和无形信息产品贸易。有形货物贸易电子商务除了依赖于电子交易系统之外，还需要借助传统的物流配送渠道，例如邮政、快运和物流配送系统。无形信息产品电子商务则可以通过互联网实现产品的订购、结算、支付、货物交付的全过程。无形信息产品指的是以数字化的形式存在的信息、知识、娱乐产品，它们具有不可破坏性和不可消耗性、可变性和容易复制性。在电子商务环境中，所有的信息产品均可以以数字的形式呈现、传播、复制。

(2) 服务型电子商务。服务型电子商务是以为电子商务活动提供基础支持为核心特征的电子商务活动。与贸易型电子商务不同的是，服务型电子商务并不转移任何财产，而只是提供某种设施、因特网接入和传输、信息服务等。从目前情形来看，服务型电子商务主要分为两类：一类是为电子商务运行提供服务；另一类是借助互联网开展相关服务业务。前者主要指诸多辅助商或第三方提供的电子商务运营辅助服务，主要涉及为开展电子交易而提供的基础设施、安全保障、电子支付等电信服务，是为其他企业或个人从事电子商务活动提供的相应辅助服务。后者主要指在线服务业。在线服务既有伴随互联网而产生的新型服务业(如网上调查服务)，也有传统服务业通过互联网进行服务或开设网络服务窗口的形式(如在线法律咨询服务)。

(3) 简单电子商务。简单电子商务，又称为不完全电子商务或间接电子商务，是指交易的部分环节基于互联网，但其他内容必须依靠外部要素而完成的电子商务。这类电子商务主要适用于有形的商品买卖，例如图书、家用电器、日用百货等。间接电子商务的实体物流无法通过互联网完成，支付也不一定在网上进行，因此是电子商务的初级形态，也是目前电子商务的主流形态。

(4) 完全电子商务。完全电子商务又称为直接电子商务，是指在整个交易过程中完全通过互联网实现和完成的电子商务，即信息流、物流和资金流过程完全在网络中实现。这类电子商务交易主要适用于信息产品和信息服务，比如网络服务、计算机软件及其在线升级、网络游戏等。完全电子商务是能够实现网上支付和网上物流的高级电子商务形态。

1.2.2　电子商务法的适用范围

电子商务法在实际应用中主要解决以下几个方面的问题。

1. 在线交易主体及市场准入问题

在现行法律体制下，任何长期固定从事营利事业的主体都必须进行工商登记。而在电子商务环境下，任何人不经登记就可以借助计算机网络发出或接收网络信息，并通过一定程序与其他人达成交易。虚拟主体的存在使电子商务交易的安全性受到严重威胁。电子商务法首先要解决的问题是确保网上交易主体的真实存在，且确定哪些主体可以进入虚拟市场从事在线业务。目前，在线交易主体的确认只是一个网上商业的政府管制问题，主要依赖工商管理部门的网上商事主体公示和认证中心的认证制度来解决。

2. 数据电文引起的法律问题

电子商务的突出特点是信息数字化(或电子化)和网络化，一方面表现为企业内部信息和文档电子化；另一方面表现为对外交易联络、记录的电子化，尤其是电子合同的应用带来了许多法律问题。就前一方面而言，数据电文的应用带来了管理信息、财务记录、交易记录等完全电子化、网络化，如何保证这些信息安全并具有证据效力是必须解决的问题。而就后一方面而言，因所有当事人的意思表示主要以电子化的形式存储于计算机硬盘或其他电子介质中，这些记录方式不仅容易被涂擦、删改、复制、遗失，还不能脱离其记录工具(计算机)而作为证据独立存在。电子商务法需要解决由于内部记录、电子合同而引起的诸多问题，突出表现在有效电子记录规则、签字有效性、电子合同订立和履行等方面的问题。

3. 电子商务活动中的支付问题

在电子商务交易活动中，支付往往是在网上进行的。网上支付通过银行卡和虚拟银行的电子资金划拨来完成，而实现这一过程涉及网络银行与网络交易客户间的协议、银行与网站间的合作协议以及安全保障等因素。因此，需要制定相应的法律规范来调整电子支付中的各种法律关系，制定相应的电子支付法律制度，认可电子签名的合法性，出台对电子支付数据的伪造、更改、涂销等问题的处理方法。

4. 消费者合法权益及隐私保护问题

在线市场的虚拟性和开放性以及网上购物的便捷性使消费者合法权益及个人隐私的保护成为电子商务中的突出问题。目前，我国商业信用体系尚不健全，网上出售的产品质量等问题层出不穷，退赔、修理、更换等手续的办理比较困难，网络的开放性和互动性也给个人隐私保护带来了挑战。这些都成为电子商务发展的瓶颈问题，因此制定在电子商务环境下如何保护消费者权益的具体法律规范是大势所趋，以保护消费者的基本权益、保障产品质量、保证网上销售产品的真实性和有效性，解决由于交易双方信誉问题或所获信息失真而引发的交易纠纷，切实维护消费者的基本权益。

5. 电子商务安全性问题

网络安全是电子商务运营和发展的基础，因此网络安全问题、信息安全问题和交易安全问题方面的法律制度构成了数据电文传递、网上交易活动、支付活动与物流运转的保障。网络安全是指计算机和网络本身的安全问题，如物理安全、数据安全、服务安全等；信息安全问题是指电子商务信息在网络的传递过程中面临的泄露、篡改、假冒等问题；交易安全问题是电子商务虚拟市场中涉及的主体的真实性、合同的有效性，假冒、欺诈等安全问题。

6. 电子商务税收问题

商业活动的收益需要纳税是国际惯例，电子商务也不例外。当前从促进电子商务发展的角度来看，在一定时间和范围内实行免税也是非常必要的，在实际运作过程中，网络交易往往具有跨国性，因此征税管理方面存在相应的困难。从税收监管角度来看，互联网所传递的信息量巨大，对每一种商品信息进行过滤来检测商业活动，势必难以实现，所以如何实现网上征税有待从技术和立法两个方面来探讨。

1.2.3　电子商务法的性质与特征

电子商务法是一个相对庞杂的法律体系，涉及比较多的法律领域，既包括传统的民事法律规范，也涉及较新的法律领域，这些法律规范从总体上来说属于商事法律的范畴。这些法律主要以任意性规范为其主体结构，同时伴有一定程度的强制性规范。与此同时，这些法律所调整的对象往往具有跨越国界的特征，因此也不同于传统的商事法律的国别属性。

1. 电子商务法的性质

(1) 公法与私法的结合。私法是规范私权关系的法律，公法以研究公权力、公权力配置、公法关系和公法责任为主要内容。公法调整的是国家与公民之间、政府与社会之间的各种关系，主要体现为政治关系、行政关系及诉讼关系等。私法调整私人之间的民商事关系即平等主体之间的财产关系和人身关系。电子商务法是调整平等的电子商务主体之间的权利义务关系的法律规范，它采取自愿协商的调整方法，因此，从理论上讲，它应属于私法范畴；但事实上，电子商务也是以交易所凭借的媒介和手段而彰显其特异之处的。它比传统民商事交易更为强调交易的安全性，交易平台服务商及拥有更多技术支配地位的电子商务供应商往往需要承担传统民商事法律交易主体所无须承担的交易安全保障义务，这些义务是一般的私法体系所无法涵盖的，因此电子商务法必须包含一些公法规范，但我们不能认为电子商务法具有公法的性质，或者认为电子商务法兼具公私法的性质。总体来说，电子商务法不会因为其技术手段和交易环境的改变就改变其作为私法的基本法律性质。

(2) 表现为制定法。电子商务法的表现形式是制定法，大陆法系国家以制定法为传统，而以判例法为特点的英美法系国家也逐渐朝着制定法与判例法相结合的方向发展。我国的电子商务法是由一系列调整电子商务活动的法律、法规所组成的，是调整电子商务活动的法律规范的总称。

2. 电子商务法的特征

综合国际和各国电子商务立法情况，电子商务法的特征包括以下几个方面。

(1) 技术性特征。互联网技术是电子商务的基础，在电子商务中许多法律规范都是直接或间接地由技术规范演变而成的，如电子签名技术、数字签名技术等，相关法律规范的制定，对当事人之间权利、义务的调整都有极其重要的影响和作用。

与传统民商法相比，电子商务法的技术特征明显。电子商务是通过电子行为而进行的民商事活动，传统的行为方式已经被改变，并且这种改变将是革命性的。这使得电子商务法充满了信息技术规范，如数据电文、电子签名、电子认证规范等都是建立在信息技术规范之上的法律规范。电子商务法作为一种社会行为规范，融入了相当多的技术规范，表现出鲜明的技术特征。

(2) 国际性特征。随着互联网技术的广泛应用，以网络为载体的电子商务活动已发展成为国际性的经济活动，其法律规范应得到国际社会的普遍认可。国际性特征要求，一国电子商务法的制定既要考虑到国内的适用，又必须以全球解决方案为视角。目前，联合国国际贸易法委员会在电子商务立法方面已经制定了《电子资金传输法》《统一电子签名规则》《电子商务示范法》等，对全球电子商务立法已经起到了显著的示范作用。2005年《联合国国际合同中使用电子通信公约》的颁布，为国际电子商务制定了规则。

(3) 开放性特征。由于通信和计算机技术在不断发展和进步，为了给技术的发展预留充分的空间，电子商务法应抛弃传统法对规则永恒性的崇拜，设立开放型的规范，以开放的态度对待各种技术手段和信息媒介，让所有能够促进电子商务发展的技术都能发挥作用。电子商务法的开放性主要表现为电子商务法的开放性原则(技术中立、功能等同等)、开放的基本制度(如电子签名概念与制度的使用)两个方面。目前，国际组织及各国在制定电子商务法时，都大量使用开放性条款，以促进网络技术的发展与应用。

(4) 复杂性特征。传统法律根据各自调整对象形成许多部门法，而从规范电子手段入手的电子商务法需要跨越不同的法律部门，这就使电子商务法呈现跨领域性、渗透性的复杂特征。

1.2.4　电子商务法的基本原则

电子商务法的基本原则是指在立法、执法和司法过程中需要遵循与贯彻于电子商务法始终的基础性原则。这些原则对实现电子商务法的立法政策具有重要意义，是法律基本原则在电子商务领域的具体化，既符合宪法和民商法等部门法的基本原则，又考虑到电子商务的特殊性。

1. 中立原则

(1) 技术中立。电子商务法应该对电子商务中运用的各项技术采取中立性态度。对诸如传统的口令法、非对称性公开密钥加密法以及生物鉴别法等都应一视同仁，不得设立任何歧视性的规定，同时不得给新技术的发展设置任何的障碍。各种技术的先进性和适用性判断是复杂的技术问题，立法者、执法者和司法者都不具备这样的能力，即使在个别技术专家的协助下，也无法真正适当地选择现在和将来都合适的技术。《联合国国际贸易法委员会电子商务示范法》第五条规定："不得仅仅以某项信息采用数据电文形式为理由而否定其法律效力、有效性或可执行性。"该条款是从法律上为数据电文争取与纸面形式同等待遇的基本宣言。

在实际操作中，各国对该原则的贯彻程度有所区别。例如，在有关电子签名及认证的法律规范方面，澳大利亚等国严守技术中立性原则，不对电子签名及其认证技术作任何具体的规定，有关电子签名的法律规范非常简单，只是从法律上承认电子签名的效力；而新加坡的《电子交易法》承认使用任何技术所生成的电子签名和电子记录一致的合法性外，又对基于现有技术的电子签名及认证做出了具体规定。

(2) 媒介中立。媒介中立与技术中立紧密联系，媒介中立是中立原则在各种通信传媒上的表现，而电子商务法必须以中立的原则对待这些媒介，允许各种媒介根据技术和市场的发展规律相互融合，互相促进。只有这样，才能使各种资源被充分利用。

(3) 实施中立。实施中立是指将技术中立和媒介中立在实施中予以严格贯彻。它要求处理好电子商务法与其他相关法律在实施上的关系，既保证其他法律的实现，也不能将传统书面环境下的法律规范(如书面、签名、原件等法律要求)的效力置于电子商务法之上。这就要求执法者和司法者根据具体环境特征的需求，来决定法律的实施。如果说前述技术中立原则反映了电子商务法对技术方案和媒介方式的规范，具有较强的客观性，那么电子商务法的实施中立原则，具有较强的主观性。

(4) 同等保护。同等保护是实施中立原则在电子商务交易主体上的延伸。电子商务法对商家与消费者、国内当事人与国外当事人等，都应尽量做到同等保护。现代通信技术、网络技术的开放性造就了电子商务市场，电子商务市场本身就具有国际性、统一性，应当充分尊重和保护参加交易的每一个主体。否则，人为地割裂、封闭电子商务市场就是扼杀电子商务。

总之，电子商务法是建立在中立原则基础上的，它在运用过程中应当反映出商事交易活动的公平理念，其具体实施将全面展现在依托于开放性、兼容性、国际性的网络与协议所进行的商事交易之中。

2. 安全原则

(1) 交易安全。电子商务交易过程中，许多问题涉及安全要求，例如身份确认(以防止假冒)，防止交易信息在传递过程中的丢失、错漏、被交易方或者第三方更改，电子支付中的风险防范等。电子商务法的一个核心任务就是满足这些要求，保障交易安全。

(2) 技术安全。电子商务与技术(指科学技术)紧密结合是其一大特点。正因为如此，电子商务对技术的依赖性特别强，而技术越发达，其脆弱性也越强。一方面，电子商务的技术还在不断发展之中，本身不够稳定；另一方面，计算机和网络系统容易遭受黑客、病毒的入侵。因此，规范技术的可靠性，保障网络安全是电子商务法另一重大任务。

(3) 权益安全。在电子商务中，安全问题还表现在对国家安全以及电子商务各主体合法权益的保护中。在个人权益的保护方面，对知识产权和隐私权的保护尤为重要。目前，消费者在网上的浏览及购买记录都能被网站获取，对于个人信息被泄露的问题消费者并没有选择权，从而对消费者个人权益造成损害。

保障电子商务的安全运行是电子商务法的重要任务与基本原则。电子商务以其高效、快捷的特性，从各种商事交易形式中脱颖而出，而安全性是其存在与发展的基础。在确立了技术安全的过程中，必须将安全措施等在法律上进行规范，明确电子商务活动参与各方的职责与法律责任，以此保障电子商务活动在安全环境下的顺利开展。

3. 开放原则

(1) 自由交易。电子商务和传统商业的相似之处在于，两者都需要赋予参与人充分的自由。这是市场经济规律的要求，法律必须予以尊重。只有如此，才能确保电子商务的发展壮大。而且，电子商务给参与者提供了远远大于传统商业模式的想象空间，充分发挥个人自由是丰富交易内容、活跃交易秩序的关键。

(2) 标准开放。网络要实现最大限度的互联，就必须开放和统一技术标准，今天的电子商务正是得益于这种合作。随着科技和电子技术的不断进步和发展，新的技术产品和新的技术标准必将服务于电子商务，因此，确立标准开放的原则是很有必要的。此外，电子产品和服务的供应者，必须保证向用户开放诸如姓名、商号、经营地址、注册模式等必要的信息，以方便网络用户在不上门的情况下，自由选择和认知交易对象。

1.2.5 电子商务法的发展历程

随着电子商务的迅猛发展，世界各国都纷纷行动起来，试图制定适合并促进电子商务发展的法律规范。电子商务立法是国内法的范畴，同时涉及众多的国际法问题，这是由电子商务本身的特点所决定的。互联网与相关通信技术的迅猛发展使全球经济融为一体，电子商务为这种跨国界贸易形式提供了最佳的载体和交易平台，因此电子商务法中有关国际法问题的研究成为其重要内容，国际组织和各国政府是电子商务立法的重要参与者和法律的执行与实践者。

1. 国际电子商务立法进程

电子商务国际立法始于20世纪60年代，电子计算机技术的迅速发展，西欧和北美一些大型企业开始大量使用计算机进行数据处理，产生了一系列迫切需要解决的计算机法律问题，因此国家围绕着电子数据处理制定了相应的电子商务法律规范。1979年，美国标准化委员会制定了X.12标准，X.12的推出促进了北美大陆的EDI(electronic data interchange)进程。20世纪70年代，美国认可标准委员会打开了标准制定的先河。1981年，欧洲国家推出第一套网络贸易数据标准——《贸易数据交换指导原则》(GTDI)。由于X.12和GTDI实施的标准不同，在两大集团之间进行数据交换遇到较大麻烦。为此，联合国着手弥合两大标准的差异，建立了世界统一的EDI标准。1995年，第28届会议通过了《电子数据交换(EDI)及有关的数据传递手段法律事项示范法》。20世纪90年代初，互联网商业化和社会化的发展，从根本上改变了传统的产业结构和市场的运作方式，电子商务出现了前所未有的增长势头。联合国贸易法委员会在EDI规则研究与发展的基础上，于1996年6月通过了《联合国国际贸易法委员会电子商务示范法》，这个示范法为各国制定本国电子商务法规提供了框架和示范文本。

在此之后，有关电子商务税收、个人隐私权保护、消费者权益保护、身份认证、知识产权、数据电文的确认等电子商务各方面和环节的法律法规相继问世；美国、欧盟、亚太等国家和地区的官方电子商务法律和法规相继出台，电子商务立法工作进入高速发展时期。

2. 我国电子商务立法进程

我国电子商务的发展是随着互联网在我国的迅速发展而蓬勃发展起来的。我国关于电子商务的立法主要是针对互联网络的管理、安全和经营，同时由于电子商务的迅速发展，传统的部门法也受到了冲击。

面对计算机犯罪发案率逐年增长的趋势，我国修订了刑法，对有关计算机犯罪等内容增加了较全面的规定。1997年5月20日，国务院颁布了《关于修改中华人民共和国计算机网络国际联网管理暂行规定的决定》，对《中华人民共和国计算机信息网络国际联网管理暂行规定》进行修正，其中着重强调了对于网络信息安全的管理和保护的内容，并规定了对于使用网络传播非法不良信息的行为具体处罚内容。之后，《中华人民共和国计算机信息系统安全保护条例》《计算机信息网络国际联网安全保护管理办法》等与网络安全相关的法规初成体系和规模。1999年3月，通过的新修订的《中华人民共和国合同法》增加了有关数据电文的内容，承认了电子文件的法律效力。

2000年，《互联网信息服务管理办法》《中华人民共和国电信条例》(简称《电信条例》)公布实施关于网站注册、网上新闻等也相继制定了法规，同时，我国证监会公布实施了《网上证券委托暂行管理办法》，使网上证券交易有规可循。2004年，颁布实施的《中华人民共和国电子签名法》，确认了电子签名的法律效力和电子认证的具体步骤与规范。中国香港特别行政区在2000年通过了《电子交易条例》，目的在于规范区内电子商务活动。

面对日益发展的电子商务，我国及时着手研究、修改和制定相关的法律和法规，并尽快构建和完善电子商务法律体系，以适应蓬勃发展的电子商务发展的需求。2001年，电子商务法作为第一个立法提案提交给全国人大，说明中国电子商务立法步伐明显加快。中国电子商务立法的指导思想有以下几点：①注意与国际接轨；②适合我国国情；③分阶段立法并不断完善；④发挥各部门及地方政府立法的作用；⑤发挥司法、行政、仲裁及国际组织的作用；⑥不断调整政府职能以适应电子商务发展的需求；⑦加强信息基础设施建设；⑧加速解决我国电子商务立法的关键性和要害性问题。随着2019年1月1日《中华人民共和国电子商务法》(以下简称《电子商务法》)的正式实施和2021年1月1日《中华人民共和国民法典》(以下简称《民法典》)的正式实施，我国电子商务的法律法规进入一个体系成熟的新阶段。

关联法条

1. 商务部《关于网上交易的指导意见(暂行)》
2. 《联合国国际合同中使用电子通信公约》
3. 《联合国国际贸易法委员会电子商务示范法》(简称《电子商务示范法》)
4. 《中华人民共和国民法典》第三编

1.3 国际电子商务立法

随着电子商务的快速发展，电子商务活动中所产生的问题对各国以及国际组织的法律规范都产生了很大的冲击，为此，近年来世界上已有许多国家和国际组织对调整电子商务活动的法律规范进行了有益的尝试。

1.3.1 联合国的电子商务立法

1.《电子商务示范法》

随着电子商务实践的不断发展，1996年6月，《联合国国际贸易法委员会电子商务示范法》(简称《电子商务示范法》)的推出，正式拉开了全球电子商务立法的帷幕。

《电子商务示范法》分两部分内容，共十七条。其中，第一部分为电子商务总则，有十五条，涉及电子商务总的方面。总则将纸面文件的基本功能抽取出来，对电子商务交易中哪些条件可视为同于书面文件签字效力的情况做了明确规定，保证了交易双方通过电子手段传递信息、签订合同的合法性。第二部分只有一章，包括第十六条和第十七条，涉及电子商务在特定领域中的运用，主要内容是货物运输方面。作为示范法，该法的内容对各国不具有直接的法律效力，只有各国在立法过程中将这些内容明确规定于法律法规中时，方对各国当事人具有约束力。但它对各国的电子商务立法具有很大的指导作用，在电子商务法律领域具有不可忽视的重要意义。

2.《电子签名示范法》

《电子商务示范法》的出台，加速了各国电子商务立法的进程。随着电子商务的大规模推广，交易安全问题越来越突出。电子签字(或称电子签名)作为保障电子商务交易安全的重要手段，受到国际社会和各国政府的高度重视。2001年7月5日，联合国国际贸易法委员会择机通过《电子签名示范法》。《电子签名示范法》共十二条，分别规定了电子签字的适用范围、定义、解释、经由协议的改动、符合签名要求、认证服务提供人的行为等内容。虽然《电子签名示范法》晚于欧盟1999年12月13日发布的《关于建立电子签名共同法律框架的指令》和法国2000年3月13日出台的电子签名法，失去其首创的作用，但其贡献在于将电子商务活动中的数据签字、电子签名等具有相同内容的不同表述统一起来，提出了一套完整的法律制度，为电子签字在电子商务交易中的广泛应用奠定了坚实的法律基础。

1.3.2 美国的电子商务立法

以美国为代表的一些国家，如澳大利亚、新加坡等，通过专门的电子商务立法来满足日益发展的电子商务活动现实的需要。1994年1月，美国宣布国家信息基础设施计划。1996年12月11日，美国政府发表了《全球电子商务政策框架》。1997年5月30日，美国全球信息基础设施委员会(GIIC)提出《关于电子商务最佳实施方案调查的总结》。1997年7月1日，美国政府又正式颁布《全球电子商务纲要》，正式形成了美国政府系统化电子商务发展的政策。1998年，美国参众两院分别通过《互联网免税法案》。1999年7月，通过了《统一电子交易法》(UETA)，该法本身并不具有法律效力，而是一部供各州采纳或参考的法律文件。同年，美国政府公布《互联网保护个人隐私的政策》和《世界第一个互联网商务标准》。在美国，电子商务立法方面，值得特别提出的是全国统一州法委员会于2000年9月29日发布了《统一计算机信息交易法》。该法着眼于电子商务的核心——计算机信息或信息产品的交易，是一部面向知识经济的商法典。

根据1997年7月1日美国颁布的《全球电子商务纲要》，美国人除了表达了他们在网络时代确保本国商品与服务在国际贸易上的竞争力的决心外，更就电子商务发展的一系列原则和政策进行了阐述。这份被誉为"主导电子商务发展的宪章性文件"为电子商务的国际讨论与订立国际协议提供了框架性建议。

《美国统一商法典》由各州的法律团体中的专家学者共同努力制定，不限于成文法为主的模式。在制定过程中，美国统一州立法委员会组织大量的专家，成立了专门的专家组负责起草工作。商事法理与学说都被予以高度的重视与广泛的关注。在《美国统一商法典》的制定过程中，国家立法机关并不是制定商法典的主体，而是美国各州的法律团体。这可追溯到美国的政治制度，美国是联邦制国家，各州享有独立于联邦政府的立法权与司法权，各州可根据本州的实际情况制定相应的法律法规，而不受联邦政府的干涉。因此，《美国统一商法典》实质上是各州共同努力之下的产物。在适用范围上，《美国统一商法典》并非采用强制适用的方式，而是给予各州充分的自主权与选择权，美国统一州立法委员会推荐各州适用该法典，但是否选择适用该法典的决定权仍然属于各州。该法典在其宗旨中明文规定："关于贸易方面的立法权原则上属于各州，本法尊重各州独立的立法权。"对商主体赋予充分的自主性也是《美国统一商法典》的突出特点。

1.3.3 欧盟和经济合作与发展组织(OECD)的电子商务立法

1. 欧盟的电子商务立法

在全球性电子商务的发展浪潮中,欧盟国家一直致力于促进联盟内部电子商务的发展。法律是电子商务发展的重要的软环境,欧盟从1997年起颁布了一系列保障和促进联盟内部电子商务发展的重要法律文件。

欧盟主要成员国的法律存在很大的差异,为此,欧盟意图建立一个清晰的和概况性的法律框架,以协调欧盟统一市场内部的有关电子商务的法律问题。考虑到电子商务固有的全球性质,欧盟还愿意与其他国家和地区(尤其是申请加入欧盟的国家、发展中国家以及欧盟的其他贸易伙伴)加强合作,共同探索全球性电子商务的法律规则。

欧盟电子商务立法的思路始自1994年7月1日制定的《建设欧洲信息社会的行动计划》。这个行动计划建立在一份关于欧洲和全球信息社会的调研报告所得出的结论的基础上。此报告主张建立清晰而稳定的规则框架。而这个规则框架原则上允许通过基础结构自由化而创立一个自由竞争的环境。但在实践中,这种想法迅速让位于在自由交易主义和特定利益的保护之间寻找平衡的中庸的做法。因为仅对智力产权和私生活进行保护,似乎将制约个人的创造精神。欧盟委员会在1996年11月21日确认了涉及信息社会的新的优先政策方针,即在两种倾向之间重新分配欧盟政策:一种倾向是电信领域自由化,竞争能使欧洲企业跻身世界市场,并有利于欧洲内部市场的改善;另一种倾向是企业、产品使用者和消费者的基本权利和自由的保障应居于优先位置。1997年4月15日,欧盟委员会发布《欧盟电子商务倡议书》,就发展电子商务的问题阐明了欧盟的观点。该文件强调在欧盟范围内建立一个适用于电子商务的法律与管制框架,管制应该深入商业活动的每一个环节,任何影响电子商务活动的问题都应该予以重视。这些问题包括数据安全、隐私、知识产权保护以及透明和温和的税收环境。欧盟应该积极与国际组织及其他国家的政府加强对话,确保形成一个全球一致的法律环境,共同打击网络国际犯罪。同年,欧盟提出《关于电子商务的欧洲建议》。1998年,欧盟又发表了《欧盟电子签字法律框架指南》和《欧盟关于处理个人数据及其自由流动中保护个人的指令》(或称《欧盟隐私保护指令》)。1999年,欧盟发布了《数字签名统一规则草案》。从欧盟电子商务立法的思路看,很显然,欧盟不同于美国的政策立场,反映出欧洲的社会模式是同时奠基于企业自由和公民团结的基础之上的。

2. 经济合作与发展组织 (OECD) 的电子商务立法

经济合作与发展组织(Organization for Economic Cooperation and Development,OECD)在电子商务政策与立法方面起到先锋和模范作用,1992年制定了《信息系统安全指导方针》;1997年发表了《电子商务:税务政策框架条件》《电子商务:政府的机遇与挑战》等报告;1998年10月,OECD电子商务部长级会议在加拿大渥太华召开,会议名称为"一个无国界的世界，发挥全球电子商务的潜力"。经过OECD29个会员国代表讨论，最终得出一致结论，并达成全球电子商务的共识，形成了一批对于电子商务实际运作具有指导性意义的文件，主要有《OECD电子商务部长级会议结论》《全球电子商务行动报告》《OECD国际电子商务行动计划》和《国际组织和地区性组织电子商务活动和计划报告》。渥太华会议是迈向全球电子商务和明确未来任务的重要里程碑，会议推动了在全球范围内深刻认识电子商务的进程，明确了政府在电子商务中的作用，有助于推动国际政策进一步协调，从而使各种经济体均能充分利用新的电子平台所提供的机遇。

1.3.4 亚太地区国家的电子商务立法

在世界性的电子商务立法浪潮的席卷下，随着互联网应用的深入和全面，世界上许多国家开始制定有关电子商务的法律。目前，已有多个国家和地区制定通过了综合性的电子商务法律。这些国家和地区的典型代表有新加坡、澳大利亚、新西兰、韩国、日本、百慕大群岛、哥伦比亚、俄罗斯、法国、加拿大、菲律宾、爱尔兰、斯洛文尼亚等。

1. 东南亚国家联盟 (ASEAN) 的相关协定

1999年，东盟经济部长根据工作组的建议通过了关于加强法律、社会和经济基础设施等方面的建设，形成东盟电子信息区的全面计划。1999年11月，东盟首脑第三次非正式会议批准东盟电子信息区的全面计划，并同意建立东盟信息科技自由贸易区。2000年11月，东盟各国领导人以纸笔和电子签名双重方式签署"电子东盟"框架协定，确定将东盟十国建设成为无国界的统一市场，实行贸易、服务和投资自由区，分别在2000年前和2000年取消信息类产品的关税，实现无障碍贸易，敦促各国通过立法，使电子签名与纸笔签名具有同等法律效力，以保证商业安全和效率。

2. 新加坡电子商务立法

在亚太国家中，新加坡的电子商务发展速度是比较快的。为了创造更加完善的电子商务发展环境，1997年1月新加坡成立电子商务政策委员会，并在联合国贸易法委员会颁布《电子商务示范法》之后，新加坡即开始了相关的立法研究与立法起草工作。1998年，新加坡颁布了有关电子商务的综合性法律文件——《电子商务法》。该法主要涉及与电子商务有关的三个核心法律问题，即电子签名、电子合同的效力和网络服务提供者的责任。其中，有关电子签名的法律规定占据了大量的篇幅，是该法的核心内容。该部法律颁布早于欧盟的"电子商务指令"，也早于美国的"统一计算机信息交易法"和"电子签名法"，而且在内容和体例上具有独到之处，因此不但在亚洲地区，而且在世界范围内都产生了较大的影响。1999年颁布的新加坡"电子商务(认证机构)规则"是其

《电子商务法》的配套法律。它设立了认证机构的管理署，而国家计算委员会则是认证管理署的主管机关。该规则规定了认证机构的内部管理结构、评估标准、申请费用、证书的证据推定效力以及限定性责任等，其目的是在新加坡建立一个符合国际水准的市场型认证服务体系。

3. 韩国电子商务立法

1997年7月，韩国的《电子商务基本法》正式生效。该法共分为总则、电子通信信息、电子商务安全、电子商务的促进、消费者保护和附则等六章，内容较为全面。韩国于1999年颁布并于2002年修订的《电子商务框架条例》，旨在通过澄清法律的利害关系、保证电子交易的安全与可靠来促进全国的经济发展，并建立便利电子交易的框架。该条例规定了电子信息、电子商务的安全、电子商务用户的保护、电子商务政策制定系统、电子商务促进措施和电子商务仲裁委员会等。于1999年制定并于2001年修订的《电子签名法》，旨在通过提供电子签名的基本规则促进信息社会的发展和提升人民生活的方便性，保证了公共认证权威机构、公共认证、保证认证服务的安全可靠，电子签名认证的政策制定等，目的是确保电子信息的安全可靠，使其使用更加便利。2002年，韩国制定了《电子商务用户保护法》，规定了电子贸易和直销、用户权利的保护、检查和监督、实行纠正和惩罚等，通过保证电子贸易和直销方式的货物贸易、服务贸易的公平来保护用户权利，提高市场可靠性，发展全国经济；2003年，韩国公布了《电子商务用户保护指南》，其依据是《电子商务用户保护法》第23条，通过规定和例示相关法律法规，保护用户基本权利和利益，并促使交易双方自觉自愿地去遵守电子贸易和直接贸易的规章。

关联法条

1. 《联合国国际贸易法委员会电子商务示范法》(简称《电子商务示范法》)
2. 《联合国国际贸易法委员会电子签名示范法》(简称《电子签名示范法》)
3. 美国《全球电子商务政策框架》
4. 《美国统一商法典》

扩展阅读

杨宗鸣. 中美《电子签名法》比较述评[J]. 兰台世界，2013(S3)：90-91.

1.4 电子商务的发展与促进

中国电子商务的发展是随着互联网在中国的迅速发展而蓬勃发展起来的，需要政府有关部门的规划指导和全社会的共同努力，做到国家、集体、个人利益的协调统一。中国电子商务法的发展既要符合中国国情，又要注意与全球的电子商务立法接轨。

1.4.1 促进电子商务向绿色发展

中国电子商务经过近十年的高速发展，已经成为城市乡村民生不可或缺的部分，不仅惠及生产者、买卖双方，还促进了包装、物流、仓储等产业的规模性发展。在赞叹电子商务给全社会带来巨大方便的同时，全社会也关注到电子商务带来的大规模的包装垃圾、无处不在的快递资源浪费等多方面问题。我国《电子商务法》第六十五条提出："国务院和县级以上地方人民政府及其有关部门应当采取措施，支持、推动绿色包装、仓储、运输，促进电子商务绿色发展。"近几年，中国电商人从绿色生产、绿色包装、绿色物流、绿色仓储、绿色园区、技术支撑、平台行动等多个方面行动起来，促进中国电商的绿色进展。

1. 绿色生产

中国电商的高速发展孕育了一大批基于电商的品牌产品，这些品牌诞生于互联网，与互联网电商融为一体。随着电子商务绿色发展，互联网品牌产品开始建设绿色供应链，从产品生产开始就进入绿色电商的生态圈。

2. 绿色包装

传统的包装行业，历史悠久的物流行业，在互联网和电子商务时代焕发了无限生机。为促进电子商务的绿色发展，传统包装与物流需要思考如何将包装污染减小，因此也诞生了一批专注研发快递包装的公司。大型购物平台也普遍设立自己的包装研究机构，通过压缩包装耗材的尺寸和面积减少材料成本。大型购物平台的行动也带动了全行业包装瘦身，全行业普遍实施快递包裹包材减量，全行业推进并优化电子面单与电子发票使用。

3. 绿色物流

对于物流配送，行业巨头京东从2017年开始推动新能源车配运，与国内新能源车厂家合作，在未来将自营车辆全部更换为新能源车，减少对环境的污染。随着大数据技术的发展，快递行业对电子商务的派送也提出智能化解决方案：通过建设大数据分析中心，为城市末端派送提供全方位的智能化管理解决方案；通过智能化管理，合理安排配送作业，降低社会物流成本，缓解交通紧张状况。

4. 绿色园区、绿色仓储

电子商务产业园区是我国促进区域电子商务发展的重要推动力。近年来，全国各地大大小小不同层次、不同形式的电商产业园区大力整合资源，使电子商务产业园区成为区域的电商明星聚集地。园区作为推进电子商务的集合单位，在绿色电商方面有新的举措。大多数园区都实现了电商企业共享公共设施制度，提高了产业园设备设施的利用率，实现资源共享，并对园区仓储区域进行阶梯式划分，设立共享仓储，针对小微电商企业开展仓储托管业务，极致使用坪效，降成本，提能效，承载多家企业仓储需求。

1.4.2　促进电子商务向农业发展

我国电子商务呈现爆发式增长，为国民经济生产方式和人们生活方式带来空前的创新变革。《电子商务法》第六十七条提出："国家推动电子商务在国民经济各个领域的应用，支持电子商务与各产业融合发展。"农业作为国民生计之根本，电子商务模式对其发展带来了前所未有的机遇和挑战。

自2015年国家发布《推进农业电子商务发展行动计划》以来，我国关于农业电商发展的利好政策频出。2016年，《"互联网+"现代农业三年行动实施方案》出台，支持农业电子商务发展的具体扶持政策；2018年，《电子商务法》正式出台，其中第六十八条"国家促进农业生产加工、流通等环节的互联网技术应用，鼓励各类社会资源加强合作，促进农村电子商务发展，发挥电子商务在精准扶贫中的作用"，为我国农村电子商务提供了法治保障；2019年，中共中央、国务院发布《关于促进小农户和现代农业发展有机衔接的意见》，指出要开展电商服务小农户专项行动，深化电商扶贫频道建设，推动贫困地区农特产品与知名电商企业对接。如此密集的政策出台，凸显出国家对于农业电商空前的支持力度，有利于粮食产业在电商领域的开展与创新。

电子商务活动可以有效解决粮食产品供给与需求之间信息不对称的问题，突破了粮食产业与市场化发展的局限性，有效推动了粮食产业的健康发展，农户和消费者利益获得最大化，使粮食供需双方形成全新的供需平衡。推进"互联网+粮食"电商平台建设，可以有效打通一、二、三产业，提高粮食市场调控能力，提升"三农"服务水平，促进粮食产业转型升级。

1.4.3　促进电子商务向信用与安全发展

我国B2C与C2C等网络零售电子商务市场的诚信缺失严重，严重侵犯了消费者的权益，存在商家所售商品在网店上的宣传与实物不符的情况，消费者可能收到假货，甚至出现商家违背其承诺的情况，如商家延迟发货，商家原本承诺24小时发货，可是却迟迟不发，要消费者不停地催促发货；又如商家售前承诺无条件退换货，可是当消费者退款时又找各种理由坚持不退款；再如商家虚构消费评价，误导消费者，使消费者相信商家提供的商品是极受欢迎的；更有甚者，有些不法分子运用网络沟通工具联系买家，以系统升级、退货等理由骗取信用卡信息，诈骗钱财。我国电子商务市场信用的严重缺失，降低了消费者的交易积极性，阻碍了整个行业的健康发展。针对我国电子商务市场信用缺失情况，我国《电子商务法》第七十条提出："国家支持依法设立的信用评价机构开展电子商务信用评价，向社会提供电子商务信用评价服务。"

电子商务发展的同时带来用户信息安全方面的问题。网络环境下的隐私权表现出许多新的特征，如权利主体的双重性、客体的扩大化和数据化、隐私内容的复杂化、隐私侵权手段更加智能化及隐蔽化、侵权后果更加严重化等。网络环境下的隐私权应具有的新内容：网络个人信息资料收集权(包括知情权、选择权、控制权)、网络个人信息资料安全请求权、利用限制权、隐私收益权。网络环境下隐私权的侵权方式也发生了相应变化，例如个人未经隐私权人授权就公然在网络上宣扬他人隐私，进入他人系统收集他人资料或截获、复制他人传递的电子信息，制造并传播计算机病毒等；商业公司寄送垃圾邮件，利用他人隐私；软硬件设备供应商监视用户私人信息；网络服务商直接或间接侵害权利人隐私的行为等。

针对移动互联网和移动电子商务的安全状况，一些国家已经给予了高度的关注，不仅从技术层面加快防护体系的构建，还采用立法和政策手段为之筑造屏障。例如美国相继推出了《隐私权法》《个人隐私与安全法案》和《应用隐私、保护和安全法案》，将互联网监管范围扩展至移动互联网，并在隐私保护领域取得了重要的突破；又如韩国将现有的关于互联网、电信法律体系的适用范围加以扩大，主要表现在网络、手机实名制和对移动互联网的内容信息管理两个方面。我国最新《电子商务法》中第六十九条提出："国家维护电子商务交易安全，保护电子商务用户信息，鼓励电子商务数据开发应用，保障电子商务数据依法有序自由流动。"可见，国家将采取措施推动建立公共数据共享机制，促进电子商务经营者依法利用公共数据，保障消费者个人信息及相关数据不会被非法获取。

我国现有法律监管体系相对于快速发展的移动互联网，反应较为缓慢，尤其在移动电子商务蓬勃发展的今天，关于移动电子商务方面的法律法规监管还不健全。人们日益增长的信息安全需求与落后的法律监管体系之间的矛盾迅速凸显出来。

在移动互联网安全监管体系中，推行互联网、手机实名制是维护移动互联网安全的重要举措。我国可以效仿韩国的做法，推行实名制。实名制可以有效遏制手机或互联网的违法、犯罪，净化网络、手机环境，减少通过手机或互联网实施的违法犯罪，降低移动电子商务的安全风险。手机和网络实名制已经得到了我国立法机构的支持，拥有了法律依据，但仍需要国家立法机构对其制度的进一步完善。为了保护网络个人隐私，我国在立法上应当出台"个人信息保护法"，并从思想上树立起网络环境下的隐私权属于人格权但同时具有广泛的财产价值的观念，建立以法律规制为主、行业自律和政策引导为辅的隐私权保护制度，同时拓宽全球化视野，加强国际合作，以确保我国整个网络信息产业的发展以及广大网民的人格权受到保护。

1.4.4 促进跨境电子商务发展

当下正值数字经济发展的黄金时代，人工智能、大数据、云计算等数字技术的成熟和应用极大地推动了社会经济各个环节的深刻变革。跨境电子商务作为数字经济的重要组成部分，能够突破时空限制，满足消费者日趋个性化的需求，以独有的优势推动着国际贸易形态的急速转型。随着跨境电子商务发展的日益成熟，其数字化和平台化的阶段性特征愈发显著，并将在持续量变积累下实现质变，迭代为全球数字贸易。

从世界范围看，跨境电子商务主要兴起于世纪之交。随着亚马逊和eBay分别于1998年、1999年登陆欧洲市场，跨境电商的帷幕徐徐拉开。1999年，阿里巴巴国际站的成立标志着我国跨境电商的兴起，此后国内各类平台型企业开始不断涌现。我国跨境电子商务发展的各个阶段如图1-2所示。

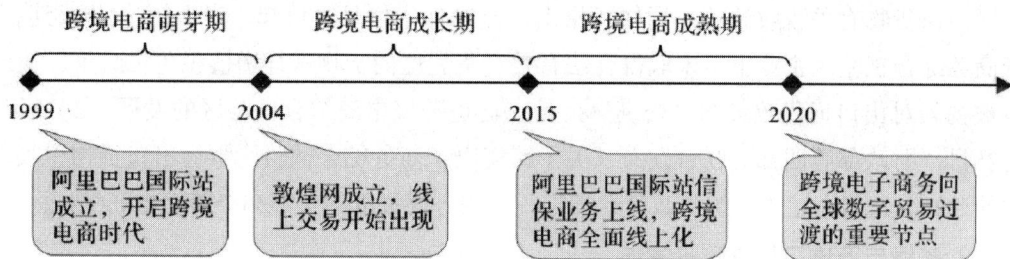

图1-2 我国跨境电子商务发展阶段

由图1-2可知，从阿里巴巴国际站成立到2004年，跨境电商处于萌芽期，只提供线上黄页服务，尚未出现线上交易；2004年敦煌网上线，标志着跨境电商线上交易的产生，跨境电商处于由信息撮合向线上交易过渡的阶段，进入成长期；2015年，阿里巴巴国际站的信保业务上线，标志着国内跨境电商向线上交易的全面转型，进入成熟期。

2015年，国务院办公厅发布《关于促进跨境电子商务健康快速发展的指导意见》(以下简称《指导意见》)，明确支持跨境电子商务发展。《指导意见》明确了跨境电子商务的主要发展目标，特别是培育了一批社会公共平台、外贸服务企业和自建平台，鼓励国内相关企业和海外电子商务企业实现强强联合。2016年1月，国务院常务会议上决定在广州、深圳、上海、天津等十二个城市新设一批跨境电子商务综合试验区，用新模式为国际贸易发展提供新支撑。2018年8月31日，备受关注的《电子商务法》经十三届全国人大常委会表决通过，并于2019年1月1日正式实施。这是我国电子商务领域第一部综合性法律。该法第二十六、七十一至七十三条提到了跨境电子商务，其中第七十一条法规提到："国家促进跨境电子商务发展，建立健全适应跨境电子商务特点的海关、税收、进出境检验检疫、支付结算等管理制度，提高跨境电子商务各环节便利化水平，支持跨境电子商务平台经营者等为跨境电子商务提供仓储物流、报关、报检等服务。"这在很大程度上推动了小型微型企业从事跨境电子商务的发展。同时第七十三条规定："国家推动建立与不同国家、地区之间跨境电子商务的交流合作，参与电子商务国际规则的制定，促进电子签名、电子身份等国际互认。"上述国家层面的宏观法律法规及政策的制定，对于完善相关法律规章制度，提高跨境电子商务服务水平和监管效率，加强区域间的交流合作，促进跨境电子商务的健康发展，都具有积极而深远的意义。我国跨境电商出口税收政策也随之发生以下演进。

1. 跨境电商出口税收政策演进

2013年12月30日，财政部和国家税务总局发布《关于跨境电子商务零售出口税收政策的通知》，对电子商务企业出口货物的退税和免税情形做出规定。其中，出口退税是指对于出口货物在国内生产流通各环节的增值税予以退税，出口免税是指对出口货物销售环节免征增值税(但需取得购进出口货物增值税专用发票、合法有效进货凭证等)。2015年12月18日，财政部和国家税务总局发布的《关于中国(杭州)跨境电子商务综合试验区出口货物有关税收政策的通知》指出，自2016年12月31日起，对中国(杭州)跨境电子商务综合试验区企业出口未取得合法有效进货凭证的货物试行增值税免税政策。该政策被视为对出口退税政策的"松绑"，旨在促进跨境电商综合试验区的发展。2018年9月28日，财政部等四部门联合发布《关于跨境电子商务综合试验区零售出口货物税收政策的通知》，将上述"松绑"政策继续推行到国务院批准的全部35个跨境电商综试区。

2. 跨境电商进口税收政策演进

2014年7月23日，海关总署发布的《关于跨境贸易电子商务进出境货物、物品有关监管事宜的公告》指出，对于电子商务企业办理进口申报手续的进口B2B业务，应按照一般进出口货物有关规定征收关税、增值税等，而对于个人办理申报手续的进口B2C业务，则按照进出境个人邮递物品有关规定办理征免税手续。在此政策下，个人跨境购买物品只需缴纳行邮税，应税额在50元以下的予以免税，由此激发国内跨境进口B2C业务快速发展，"海淘"业务火热，但造成的赋税不公平问题给传统进口渠道和跨境B2B进口业务带来冲击。为体现税负公平、堵塞税收漏洞、优化跨境进口电商结构，2016年3月24日，财政部、海关总署、国家税务总局联合下发的《关于跨境电子商务零售进口税收政策的通知》规定，从2016年4月8日起，跨境电商零售进口商品(B2C)按照"货物"征收关税、增值税、消费税等，不再按"物品"的行邮税规则征收，这被称为里程碑式的"四八新政"。

关联法条

1. 中国香港《电子交易条例》
2.《关于促进跨境电子商务健康快速发展的指导意见》
3.《关于跨境电子商务零售出口税收政策的通知》
4.《"互联网＋"现代农业三年行动实施方案》
5.《中华人民共和国电子商务法》第五章

扩展阅读

1. 朱妮娜，吴莉. "一带一路"倡议背景下我国跨境电商发展潜力及趋势分析[J]. 改革与战略，2015，31(12)：134-137.

2. 洪勇. 我国农村电商发展的制约因素与促进政策[J]. 商业经济研究，2016(04)：169-171.

第2章 电子商务主体法律制度

■ 导读案例1：16岁女孩打赏男主播65万元

2016年3月，刘女士称"00后"女儿小雅在加拿大留学期间迷上映客直播，三个月内打赏男主播65万元，母亲刘女士以女儿名义起诉映客直播的经营企业北京蜜莱坞网络科技有限公司，要求退钱，但一审败诉。庭审中，北京蜜莱坞网络科技有限公司辩称，首先，涉案的映客号是以刘女士身份证号码注册的，该公司与刘女士女儿之间无合同关系，而且该映客号使用微信和支付宝付款，回单显示账户户主为刘女士，所以消费行为应属于刘女士。其次，即使是起诉之后，涉案账户仍有充值行为，由此可以说明刘女士是认可充值行为的，另外，该公司也无法审查操作账户的人到底是谁，公司有理由相信账户的充值消费行为均为刘女士所为，双方的合同关系有效。最后，获得打赏的某些主播给刘女士回赠了礼物，明显存在意思联络，而且礼物可以转换为人民币提现，且涉案账户购买的钻石只剩下24个，价值2.4元，之前的充值基本消费完毕，不存在退款基础。针对被告的说法，刘女士表示，因为女儿是未成年人，所以支付宝、微信都是用自己的身份证做的实名认证；涉案账户有操作行为，是因为女儿将账号给了别人用。

经一审审理，法院认为，涉案映客号以及充值账户均为刘女士所有，仅凭小雅与刘女士之间的微信聊天记录，不足以证明小雅是在刘女士不知情的情况下私自登录并充值消费的，故小雅应自行承担举证不能的法律后果。小雅要求确认合同无效并返还款项及利息的诉讼请求，证据不足，法院不予支持。

资料来源：中国青年报. 16岁女孩疯狂打赏男主播65万元[EB/OL]. (2017-12-18) [2020-05-11]. https://baijiahao.baidu.com/s?id=15870777779068823012&wfr=spider&for=pc.

■ 导读案例2：首例云服务器侵权案

2015年10月，原告《我叫MT》游戏所有者乐动卓越因某游戏公司在云服务器上运营侵权游戏而控告云服务商阿里云公司侵权。乐动卓越公司认为，阿里云公司的行为涉嫌构成共同侵权，就此向北京市石景山法院提起诉讼，请求法院判令阿里云公司断开链接，停止为《我叫MT畅爽版》游戏继续提供服务器租赁服务，将存储在其服务器上的游戏数据库信息提供给乐动卓越公司，并赔偿经济损失共计100万元。

北京市石景山法院审理认为，阿里云公司作为云服务器提供商，虽然不具有事先审查被租用的服务器中存储内容是否侵权的义务，但应在他人重大利益因其提供的网络服务而受到损害时，其作为云厂商应当承担相关义务，采取必要、合理、适当的措施积极配合权利人的维权行为，防止权利人的损失持续扩大。2017年6月，北京市石景山区人民法院做出一审判决。法院认定阿里云公司构成侵权，赔偿乐动卓越公司经济损失和合理费用约26万元。一审判决引发轩然大波。法律界高度关注云服务商应当承担何种责任；用户数据与隐私的安全则成为全民关注的焦点。按照一审判决，云服务商在接到投诉后应当审查用户数据，将给数以百万计的用户的数据安全、商业秘密、用户隐私带来挑战。

阿里云公司表示："作为云服务器提供商，既没有任何权利去查看用户的信息内容，也没有任何理由去调用用户的数据。只有收到司法部门的正式裁决和通知，阿里云公司才会依照法律要求配合司法部门协助调查。"在此背景下，阿里云公司上诉至北京市知识产权法院。北京知识产权法院后经审理认为，阿里云公司在本案中提供云服务器租赁业务，不属于《信息网络传播权保护条例》规定的四类网络服务提供者的范畴。乐动卓越公司向阿里云公司发出的通知没有提供准确定位侵权作品的信息，也缺少构成侵权的初步证据，是不符合法律规定的不合格通知，故阿里云公司在接到该通知后未采取必要措施并不违反法律规定。

此外，北京知产法院认为，即便乐动卓越公司发出的通知符合法律规定，阿里云公司也不应采取"删除、屏蔽或者断开链接"或与之等效的"关停"服务器等措施。因为这与云服务器租赁服务提供者对云服务器中的具体信息内容无法直接控制的技术特征及维护用户数据安全的商业伦理要求是相违背的。

该案不仅为国内首例云计算服务责任案定纷止争，也为未来云计算行业发展确立了明确的法律规则，具有重大价值。

资料来源：法律读库. 国内首例云服务器知识产权侵权案[EB/OL]. (2019-06-23)[2021-05-01]. https://www.sohu.com/a/322369861_120032.

2.1 电子商务经营者概述

2.1.1 电子商务经营者概念和特征

1. 电子商务经营者概念

2019年实施的《中华人民共和国电子商务法》中，电子商务经营者是指通过互联网等信息网络从事销售商品或者提供服务的经营活动的自然人、法人和非法人组织，包括电子商务平台经营者、平台内经营者，以及通过自建网站、其他网络服务销售商品或者提供服务的电子商务经营者。

2. 电子商务经营者特征

(1) 电子商务经营者是从事商业活动的市场主体，即商业主体。

商业主体具备两个要素：一是交易的获利目的不同于参与交易的消费者和其他非商业用户；二是交易的定期性和可持续性，有时从事贸易活动的主体即使以营利为目的，也通常不被视为经营者，例如出售闲置商品。

(2) 电子商务经营者是通过互联网和其他信息网络从事商业活动的市场主体。

只要是通过因特网和其他信息网络达成的交易，就属于电子商务业务活动，并且不需要通过网络来进行所有活动。

(3) 电子商务运营商的业务活动不仅包括销售商品，还包括提供服务。

电子商务经营者概念中的"服务"，不仅包括作为交易本身的对象的服务，还包括诸如付款、物流、促销、咨询等相关服务。

(4) 电子商务经营者的存在形式可以是自然人、法人和非法人组织。

2.1.2 电子商务经营者的类型

根据《电子商务法》对电子商务经营者的定义，电子商务经营者有4种类型。

1. 电子商务平台经营者

电子商务平台经营者是指在电子商务中为交易双方或者多方提供网络经营场所、交易撮合、信息发布等服务，供交易双方或者多方独立开展交易活动的法人或者非法人组织。概括来讲，电子商务平台经营者的核心条件是创设和决定用户之间的交易模式和规则，并通过提供网络场所进行相应服务，但不参与用户之间的具体交易活动。

2. 平台内经营者

平台内经营者是指通过电子商务平台销售商品或者提供服务的电子商务经营者。平台内经营者可以是自然人、法人、非法人组织。平台内经营者销售商品或提供服务的范围，除了法律禁止从事的活动和需要取得行政许可的领域外，原则上不受限制。

3. 自建网站经营者

自建网站经营者是指经营者自己建立网络系统和网络经营场所，通过该网络信息系统以自己的名义销售商品和提供服务的经营者。

4. 通过其他网络服务销售商品或者提供服务的经营者

此类经营者主要是指通过社交平台、网络直播平台销售商品和提供服务的经营者。通过增加对这一类经营者的规定，把微商等经营者纳入调整范围，覆盖的主体范围更加全面。这也意味着社交平台作为其他网络服务提供者，与《电子商务法》中规定的电子商务平台经营者是两类不同的主体，在责任承担上应有所区别。

2.1.3　电子商务经营者的义务

电子商务经营者接受行政部门审核和监管，包括以下几个义务。

1. 市场主体登记

电子商务经营者应当依法办理市场主体登记，但是个人销售自产农副产品、家庭手工业产品，个人利用自己的技能从事依法无须取得许可的便民劳务活动和零星小额交易活动以及依照法律、行政法规不需要进行登记的除外。依法履行市场主体登记义务，是市场主体彰显其商事主体身份、提升信用程度的重要途径，不仅有利于市场监管，也是国家鼓励线上线下经营共同发展的重要体现。

2. 税务登记及纳税义务

电子商务经营者应当依法履行纳税义务，并依法享受税收优惠。不需要办理市场主体登记的电子商务经营者在首次纳税义务发生后，应当依照税收征收管理法律、行政法规的规定申请办理税务登记，并如实申报纳税。以上规定是概括性规定，具体实施时应适用税收法律的专门规定。

3. 依法取得行政许可的义务

电子商务经营者从事经营活动，依法需要取得相关行政许可的，应当依法取得行政许可。这一规定涉及两个方面的内容：经营活动设定取得行政许可的原则和依据、电子商务经营者应当依法取得行政许可的事项。

4. 销售的商品或提供的服务应符合法定要求

电子商务经营者销售的商品或者提供的服务应当符合保障人身、财产安全的要求和环境保护要求，不得销售或者提供法律、行政法规禁止交易的商品或者服务。

5. 经营主体身份及行政许可信息公示义务

经营者公示其经营主体身份和资质、资格有关的信息，简称为"亮照、亮证经营"，线下线上经营者均应承担此项义务。电子商务经营者应当在其首页显著位置，持续公示营业执照信息、与其经营业务有关的行政许可信息、属于依照《电子商务法》第十条规定的不需要办理市场主体登记情形等信息，或者上述信息的链接标志；前款规定的信息发生变更的，电子商务经营者应当及时更新公示信息。

6. 商品及服务信息披露义务及对刷单行为的治理

电子商务经营者应当全面、真实、准确、及时地披露商品或者服务信息，保障消费者的知情权和选择权。电子商务经营者不得以虚构交易、编造用户评价等方式进行虚假或者引人误解的商业宣传，欺骗、误导消费者。

7. 用户对其信息的支配权利及经营者相应的义务

电子商务经营者应当明示用户信息查询、更正、删除以及用户注销的方式、程序，不得对用户信息查询、更正、删除以及用户注销设置不合理条件。电子商务经营者收到用户信息查询或者更正、删除申请的，应当在核实身份后及时提供查询或者更正、删除用户信息。用户注销的，电子商务经营者应当立即删除该用户的信息；依照法律、行政法规的规定或者双方约定保存的，依照其规定。

8. 向主管部门提供数据信息的义务

有关主管部门依照法律、行政法规的规定要求电子商务经营者提供有关电子商务数据信息的，电子商务经营者应当提供。电子商务经营者能够控制有关的电子商务数据信息，其向主管部门提供有关的电子商务数据信息属于一种法定义务。这一义务的履行涉及以下几个方面。

(1) 主管部门要求电子商务经营者提供电子商务数据信息的，应当以法律、行政法规的规定为依据。

(2) 从立法目的解释的角度，这里"法律、行政法规的规定"，既包括其他法律、行政法规中的相关规定，也包括《电子商务法》中的有关规定。

(3) 其他法律、行政法规中所规定经营者应提供的内容，包含了电子商务数据信息的，可以作为适用依据。

法条链接

1.《中华人民共和国电子商务法》第二章电子商务经营者

2.《中华人民共和国民法典》第一编第三章

扩展阅读

陈晓敏. 论电子商务平台经营者违反安全保障义务的侵权责任[J]. 当代法学，2019，33(05)：27-36.

🔨 2.2 在线自然人用户的权利义务

2.2.1 在线自然人用户概念及其能力

1. 在线自然人用户概念

在线自然人用户是指通过电子方式参与建立，变更和终止电子商务法律关系的自然人。在参与电子商务法律关系的过程中，此类用户可以同时扮演卖方和买方的角色。他们是电子商务活动中必不可少的参与者，并且是电子商务的实际用户和受益者。

2. 在线自然人用户能力

(1) 民事权利能力。民事权利的能力是民事主体独立执行民事法律行为的资格。公民权利的能力意味着自然人获得参加公民活动的资格。但是，他是否可以使用此资格取决于主观条件，例如自然人的精神状态、心理状态和认知能力。如果一个智力不健全的人被允许独立参加民事活动，那么他可能会损害自己或他人。因此，那些具有公民权利的自然人，不一定具有民事行为能力，两者的确认标准也不相同。

自然人是否具有民事行为能力，与其意识能力有关。自然人是否具有意识能力属于事实问题，中国现行立法技术对心智正常人采取年龄主义划线的方法来判断其是否具有行为能力；而对成年精神病患者则采取个案审查制来判断其是否具有行为能力。

在线自然人用户仍然是自然人。因此，有关自然人的传统法律制度仍然适用于他们。这意味着，首先自然人权利和能力的平等和不可转让仍然适用于在线自然人用户；其次网络自然人用户的权利和能力从出生到死亡，与普通自然人相同。

(2) 民事行为能力。民事行为能力被称为"行为能力"，是指公民具有根据自己的行为依法行使权利和承担义务，以使法律关系发生、改变或消失的资格。自然人的行为能力分为三种情况：完全的行为能力、有限的行为能力和无行为能力。民事行为能力是民事主体能够通过自己的行为获得民事权利和承担民事义务的资格。简而言之，民事行为能力为公民主体享有公民权利和承担民事义务提供了现实。我国公民具有完全民事行为能力应当满足下列两个条件。

第一，成年或接近成年且有收入。18周岁是我国公民成年的界限，对于年满16周岁而不满18周岁，但是以自己的劳动收入为主要生活来源的公民，也是完全民事行为能力人。《民法典》第十八条规定："成年人为完全民事行为能力人，可以独立实施民事法律行为。16周岁以上的未成年人，以自己的劳动收入为主要生活来源的，视为完全民事行为能力人。"《民法典》第二十一条第一款规定："不能辨认自己行为的成年人为无民事行为能力人，由其法定代理人代理实施民事法律行为。"

第二，精神状况健康正常。公民能够正确理解法律规范和社会生活共同规则，理智地实施民事行为。患有精神病而不能理智地从事行为的人，即使年满18周岁，也不属于完全民事行为能力人。

(3) 民事责任能力。自然人的民事责任能力应当界定为自然人对其不法行为承担民事责任的资格或能力。具有民事责任能力的(含部分民事责任能力的)，应当在其民事责任能力范围内，对其违法行为造成的损害承担相应的民事责任；无民事责任能力的，不承担赔偿责任。侵权人或者监护人应当对造成的损害承担民事责任。自然人是否具有民事责任能力，不应以其"独立"承担其行为民事责任的能力为条件，即使他人对他的行为负有责任，他也负有补充责任或连带责任，承担相应的民事责任能力。关于民事责任能力的判断标准，以意志能力为基础确定的民事行为能力地位应为一般标准。同时，为贯彻公平原则，减轻监护人负担，还应根据无相应民事行为能力人的财产状况。

2.2.2 在线自然人用户的权利保护

在线自然人用户与传统自然人一样有着完整的为法律所保护的人身权利和财产权利。在这些权利中，较为独特的有两类：网络隐私权和虚拟财产权。

1. 网络隐私权

网络隐私权并不是一种全新的隐私权，这一概念伴随着互联网的出现而出现。它是互联网技术与传统隐私权的交叉结合。虽然网络隐私权有其自身的特点，但它与传统隐私权仍有重合之处。可以说，它是隐私权在网络环境中的延伸。许多国家在立法中都将网络隐私权纳入个人数据隐私权的范畴进行保护。因此，现代网络隐私权的概念主要属于个人数据隐私权的范畴。网络隐私权主要是保护网络个人数据。我们认为，网络隐私权是指公民享有在互联网上的个人信息和网上的个人活动受到法律保护，而不被他人非法侵犯、知悉、收集、复制、披露和公开的一种人格权。

1) 网络隐私权侵权的特征

网络隐私权经常受到各种形式的侵犯。与传统意义上的隐私权侵权相比，网络隐私权侵权具有以下几个特点。

(1) 侵权的便捷性。网络隐私的载体是虚拟网络，网络的不可触碰性使得隐私空间和隐私信息极易受到侵犯。互联网高度的开放性、流动性和传播特性决定了个人信息一旦在互联网上传播就无法控制，极易造成被侵权。

(2) 侵权主体和方法的隐匿性。网络的虚拟特性是侵权者用来保护他们身份的屏障。侵权者在窃取用户信息的时候不会留下任何痕迹，他们还可以运用先进的技术使侵权过程变得无声无息。即使留有痕迹，由于网络的快速更新速度，当用户发现被侵权时，"证据早就消失了"。网络用户在通过网络收发电子邮件、远程登录、网上购物、远程传输文件等活动中，可能会在不知情的情况下被他人非法收集个人信息，并非法利用。用户可能不知道整个过程，甚至在侵权结果发生后，仍然不知情。

(3) 侵权后果的严重性。由于网络易于发布和传播，网络信息的发布传播速度更快，传播范围更广，极有可能造成用户个人隐私信息的泄露，造成重大的财产损失。同时，个人隐私的泄露可能会对用户的声誉产生负面影响，对用户的身心造成极大的伤害。

(4) 侵权行为的空间特殊性。在网络上侵犯隐私权，侵犯对象必须以网络为载体，这不同于现实环境下的隐私权侵权。在现实环境中，侵犯隐私的载体广泛，可以是任何人，也可以是任何事，但网络隐私侵权发生的空间是特定的、独特的，这个空间即为网络。因此，网络隐私权可以通过很多的方式被侵犯，比如个人可以截取他人正在传递的信息，商业公司把个人信息的资料出卖给其他公司，这些行为都会侵犯网络隐私权。

2) 侵犯网络隐私权的类型

互联网作为一种全球性的媒介，没有国界，具有开放性。在开发了搜索引擎等网络搜索工具和相应的软件后，可以很容易地收集和存储相关信息。从行为角度来看，目前互联网对隐私权的侵害主要表现在以下几个方面。

(1) 通过互联网宣传、披露或转让他人的隐私，即在互联网上未经授权而公开、披露或转让他人或自己与他人之间的隐私。

(2) 未经授权访问他人的系统，收集、拦截、复制、修改他人信息，主要包括以下三种途径：黑客通过非授权的登录(如让"特洛伊木马"程序打着后门程序的幌子进入用户电脑)等技术手段攻击他人计算机系统，窃取和篡改网络用户的私人信息；大批专门从事网上调查业务的公司进行窥探业务，非法获取、利用他人隐私；网络公司为获取广告和经济效益，通过各种途径得到用户个人信息，后将用户资料泄露给广告商，而后者则通过跟踪程序或发放电子邮件广告的形式来"关注"用户行踪。

3) 国际上对网络隐私权的保护模式

(1) 以美国为代表的行业自律模式。美国政府在1996年底发布的《全球电子商务政策框架》一文确立了关于个人隐私保护方面的基本原则：只有当个人隐私和信息流动带来利益取得平衡时，建立在全球信息基础设施上的商务活动才有可能兴旺起来。该文明确了美国政府对互联网商业活动中隐私权保护主要采取行业自律、减少法律限制的态度，即政府支持私人企业开发有意义、使用方法简单的隐私权自律机制。对于自律机制不能解决的问题，政府将与产业合作，共同研讨解决策略。美国之所以这样规定，是为了鼓励和促进互联网产业的发展，避免给网络服务商施加过多压力。

(2) 软件保护模式。这种模式的特点是技术手段的使用，以网络消费者的自主选择和自我控制为主体。该模式将保护消费者个人隐私的希望寄托在消费者身上，通过一些隐私保护软件实现对网络用户个人隐私资料的自我保护。

(3) 以欧盟为代表的立法模式。在这种模式下，国家通过立法，依法确立保护网络隐私的基本原则和各种具体的法律规定和制度，并在此基础上建立相应的司法或行政救济措施。如欧盟1995年10月通过的《个人数据保护指令》，要求欧盟各国根据该指令调整制定本国的个人数据保护法。

以上三种保护模式各有利弊。行业自律模式表明，以美国为代表的国家的隐私权理念是以自由为基础的，有利于行业的发展，但在发生利益冲突时容易造成网络隐私权的侵犯。一方面，软件保护模式依赖于相关技术的发展，其安全性和可信度有待测试。另一方面，它增加了网络服务提供者的法律责任，可能会损害他们提供网络信息服务的热情，从而阻碍整个行业的发展。因此，对网络隐私权的保护可以采取立法为主、行业自律和技术为辅的模式。

4) 我国网络隐私权的立法保护与完善

从目前我国隐私权保护的立法来看，隐私权并未成为我国法律体系中一项独立的人格权。我国法律对隐私权的保护也没有形成一个完整的体系，其依据仅仅是《中华人民共和国宪法》所确立的《保护公民人身权的基本原则和民法通则》中所规定的个别条款。最高人民法院于1988年颁布的《关于贯彻执行〈中华人民共和国民法通则〉若干问题的意见(试行)》第一百四十一条以及1993年颁布的《关于审理名誉权案件若干问题的解答》虽然在一定程度上对隐私权的规定做了补充，但其所采用间接保护的方式明显不能全面保护个人隐私。2001年，最高人民法院在颁布的《关于确定民事侵权精神损害赔偿责任若干问题的解释》中隐含关于隐私权保护的内容，这不失为一种进步，但仍未从法律上明确隐私权作为一项独立民事权利的地位，这又不能不说是一种遗憾。关于我国网络隐私权的法律保护，1997年12月8日国务院信息化工作领导小组审定通过的《计算机信息网络国际联网管理暂行规定实施办法》第十八条规定："不得在网络上散发恶意信息，冒用他人名义发出信息，侵犯他人隐私"。1997年12月30日，公安部发布施行的《计算机信息网络国际联网安全保护管理办法》第七条规定："用户的通信自由和通信秘密受法律保护。任何单位和个人不得违反法律规定，利用国际联网侵犯用户的通信自由和通信秘密。"2000年10月8日，信息产业部第4次部务会议通过的《互联网电子公告服务管理办法》第十二条规定："电子公告服务提供者应当对上网用户的个人信息保密，未经上网用户同意不得向他人泄露，但法律另有规定的除外。"可见，在我国在一些部门规章中对这一问题有所涉及。但无论是在原则上还是在规范要件的构造方面，都存在明显的不足，甚至可以说，目前我国对网络隐私权的法律保护基本处于一种无法可依的状态。

我国制定网络隐私权保护的法律规范应当重点考虑以下几个方面。

(1) 采用综合模式，制定一些行业标准。从网络隐私权的立法趋势来看，主要有立法模式和行业自律模式两种。我国目前的网络经济还处于起步阶段，规范的合法运行模式所需要的配套机制还存在着巨大的差距。行业自律模式的最大优势在于既考虑了中国法制建设的需要，又考虑了中国长期以来的法律传统。我们应该先通过行业自律组织来设定一些行业标准，然后采用综合模式，充分利用两种模式的优势。

(2) 制定网络隐私权保护的专门法律。由于种种原因，我国立法中对公民隐私权的保护一直被忽视。宪法只规定保护公民的通信自由和隐私权，民法并未将隐私权作为一项独立的人格权予以保护。在司法实践中，侵犯隐私权的案件也是侵犯名誉的案件。在没有帮助的情况下，公民只会以隐私权受到侵犯为由提起诉讼。我国现有的相关法律法规均由国务院各部委制定，法律级别相对较低，无法有效保护公民的网络隐私。同时，中国各地都有保护网络隐私和安全的地方性法律法规。但很多网络侵权案件甚至跨越了国界，更不用说中国的跨行政边界了。这些地方性法规并不能很好地保护公民的网络隐私。随着网络技术的飞速发展，网络与人们的生活越来越紧密地联系在一起。国家制定保护网络隐私权的专门立法也恰逢其时。它为网络隐私权的保护提供了规范依据，也使侵犯网络隐私权的行为受到应有的法律制裁，使受害人得到应有的赔偿，保护屏障网络的可靠性。

(3) 完善相关配套法律法规，使网络隐私权的保护切实可行。首先，在相关法律中增加相关条文，要规定侵害公民个人隐私权的民事责任，任意或者不法侵害公民的隐私权造成损害的，受害人有权要求停止侵害，赔礼道歉，并可以要求赔偿损失，特别要规定对受害人精神损害的赔偿。其次，明确网络隐私权保护的基本边界，引入公共人物原则，纠正当前对官员、影视明星等公共人物保护过度，对普通网民隐私保护不足的现状。最后，完善相应的行政法律法规，规范并改善公权力部门的工作人员对公民隐私权的普遍轻视现状。现代监管社会是一个高度发达的信息集合社会，公权力部门接触、获得公民个人在互联网上产生的信息数据的机会很多，造成公民个人信息数据遗失、泄露的概率非常高。在这样一个背景下，与其片面强调网络服务提供商和广大网民的网络隐私权的安全保障义务，倒不如认真关注政府机构的角色以及相应的法律责任。

(4) 加强行业自律和政府管理。因为网络信息的虚拟性质，用法律法规的惯性来管理网络信息，必然会影响网络的顺利发展，所以在全球电子商务的发展中，通过政府管理来保护网络隐私权，促进行业自律已成为许多国家和地区的共识。一方面，经营者有保护隐私权的绝对义务，其中应包括信息收集者的告知义务、合法收集义务、依法使用义务和防止泄露义务。经营者应切实实施，即一旦违反规定，经营者应承担相应的赔偿责任，这样就不会损害网络用户的利益，建立真正的相互信任关系。另一方面，要明确政府的角色定位，构建一个促进市场自治和行业自律的主导型和服务型相结合的政府。

2. 虚拟财产权

虚拟财产是指狭义的数字化的、非物化的财产形式。它包括网络游戏、电子邮件、网络小说等一系列可以物化的信息产品。由于网络游戏的普及，虚拟财产在很大程度上是指网络游戏空间中存在的财产，包括游戏账号等级、游戏货币、游戏角色拥有的各种设备等，在一定条件下可以转化为不动产。"虚拟财产"具有以下几个特点。

(1) 存在于网络环境或网络空间中。网络空间从根本上讲具有技术性，即用bit-0-1的数字化方式对事物和事物之间的关系进行标记(表达和构成)，从而形成一个独立于现实世界而具有现实性的数字化社会空间。网络空间与物理空间具有明显的共生关系，是物理空间的延续。而"虚拟财产"就是存储在各种网络设备中并在网络空间中传播的各种信息的载体，它的外在形式是文字、数字、声音、图形、图像等。虚拟财产虽然存在于特定的网络空间，但它是客观的，而不是虚幻的。

(2) 以数字形式模拟真实事物。"虚拟财产"本质上是一种以计算机为媒介表达的数据组合，但这种数据组合有以下两个特点：一是有一定的视觉效果，是从视觉上感受某种事物，无论这个事物在视觉上表现为什么；二是由视觉感知的事物就如同现实环境中的真实事物一样，是对现实世界中的真实事物及其发展和变化过程的模拟再现。这种模拟不同于复制，现实中没有相应的对象要被复制或被映射。

(3) 具有相对独立性。相对独立性是指虚拟财产独立于其他网络资源或不动产的价值。虚拟财产不仅不同于网络提供商提供的操作环境，也不同于其他网络用户提供的资源。这是虚拟财产交易的前提。同时，虚拟财产必须具有独立于不动产之外的价值。没有独立价值的数字财产通常只是不动产的一种形式。以电子货币为例，电子货币具有数字化的表现形式，作为一种支付方式，其可以通过网络实现支付功能。然而，电子货币必须以实际货币为基础，没有独立于实际货币的价值。因此，电子货币并不是本文定义的虚拟财产。

(4) 可以独享。虚拟财产在特定领域是可以独享的。网络没有边界，不能具有排他性，但是存储在网络中的数据和信息可以具有排他性，可以独享，因此这些数据和信息就属于本书定义的虚拟财产。

需要注意的是，对于如何界定虚拟财产的产权属性以及应该提供什么样的保护标准，目前还没有明确的规定。然而，随着虚拟财产在网络世界中适用范围的不断扩大，其所带来的问题也不容忽视，必须在法律视野中扩大并准确定位。

2.2.3　在线自然人用户作为卖方从事电子商务的法律资格

C2C模式已成为电子商务活动的主要类型，大型在线电子商务平台只起到第三方服务平台的作用。在C2C模式下，卖方和买方都是自然人用户。然而，现实与法律规制的需要之间存在一个问题：作为电子商务当事人的网络自然人用户和作为电子商务法律关系中的卖方能否成为商业主体？《中华人民共和国民法典》第五十四条提出："自然人从事工商业经营，经依法登记，为个体工商户。"但对于未登记个体工商户的自然人从事商业活动并未有明确规定。

在中国的商业实践领域，长期以来的通行规则是，如果你想从事商业活动，必须通过工商登记取得相应的营业执照，否则就会构成非法经营。在相关工商法律法规的标准体系中，自然人仅以个人名义直接取得营业执照，不存在直接的法律依据。个人必须以个体工商户、个人独资企业、合伙企业的形式申请工商执照。根据我国现行法律法规，自然人从事的贸易活动是否构成经营性活动是判断其贸易活动是否合法的重要标准：如果不是，他们是合法的；如果是，那就是非法的商业活动。但事实上，在中国的相关法律中并没有明确的规定。偶然经营活动和连续经营活动没有明确的区分标准，给经营活动带来很大的不确定性和高风险：对于自然人来说，其经营性质明确的活动很可能面临有关发起人的法律风险；而按照现行法律法规进行相应的工商登记，往往意味着给普通民商事活动带来巨大的活动成本。

这种在现有法律体系中关于自然人能否成为独立的商业主体的规范缺失，使得现有的电子商务领域的规范仍须得到进一步加强。目前，我国电子交易平台上持续经营活动的主体大多是自然人，而个人(如个体工商户、个人独资企业或合伙企业等)则相对较多。因为这些从事持续经营活动的网络自然人用户既不是纯粹的自然人用户，也不是商法意义上的商业主体。在如此巨大的监管缺口下，地方立法出现混乱是不可避免的。例如，北京通过了地方性法规，要求所有电子商务卖家必须强制申请营业执照。但在一些地方，个体工商户不需要申请许可证。在国家层面，中国没有关于自然人用户是否需要申请营业执照的法律规定。国家工商行政管理总局(现为国家市场监督管理总局)2010年颁布的《网络商品交易及相关服务行为管理暂行办法》第十条只是指出："已经在工商行政管理部门登记注册并领取营业执照的法人、其他经济组织或者个体工商户，通过网络从事商品交易及有关服务行为的，应当在其网站主页面或者从事经营活动的网页醒目位置公开营业执照登载的信息或者其营业执照的电子链接标识。通过网络从事商品交易及有关服务行为的自然人，应当向提供网络交易平台服务的经营者提出申请，提交其姓名和地址等真实身份信息。具备登记注册条件的，依法办理工商登记注册。"从这一规定不难看出，在国家层面上，网络自然人用户在从事电子商务交易时不需要进行注册，因此不需要强制注册。此外，这些商业活动的从业人员的身份验证主要由大型电子交易平台服务提供商进行，一方面有效解决了自然人作为合法电子商务主体的法律限制；另一方面规范了自然人作为卖方的法律认定机制，保证了电子交易的安全性和可靠性。但是，仅仅依靠这样一个行政法规来解决大量自然人用户的网络商务行为是不合适的。

关联法条

1.《关于审理名誉权案件若干问题的解答》
2.《关于确定民事侵权精神损害赔偿责任若干问题的解释》
3.《网络商品交易及有关服务行为管理暂行办法》第十条
4.《中华人民共和国民法典》第一编第二章和第四编

扩展阅读

戴龙. 论数字贸易背景下的个人隐私权保护[J]. 当代法学，2020，34(01)：148-160.

2.3 在线交易企业的权利义务

2.3.1 网站概念

网站(website)，指的是互联网上的站点，通常是指Web服务器。网站是一种交流工具，人们可以通过它发布自己想要公开的信息，或者利用网站提供相关的网络服务。人们可以通过网络浏览器访问网站，获取所需信息或享受网络服务。

电子商务活动离不开网站。电子商务交易双方必须通过网站发布、管理或获取有关商品和服务的信息。可以说，网站是电子商务商家展示和分销其产品或服务的虚拟商业场所。随着互联网的发展，网站已经从最初的信息传递功能发展到能够处理和传递信息的多种功能。电子商务实体之间的信息发布、管理、信息交流、营销活动、售后服务等都可以通过网站来实现。

根据不同的标准，网站的类型也不同。例如，根据主体性质的不同，网站可以分为政府网站、企业网站、商业网站、教育网站、科研机构网站、个人网站等；根据服务模式的不同，网站可分为综合门户网站和专业网站等。

《互联网信息服务管理办法》是我国目前对互联网信息服务进行管理的主要行政法规。《互联网信息服务管理办法》中提到，互联网信息服务是指通过互联网向上网用户提供信息的服务活动。其中第三条规定："互联网信息服务分为经营性和非经营性两类。经营性互联网信息服务，是指通过互联网向上网用户有偿提供信息或者网页制作等服务活动。非经营性互联网信息服务，是指通过互联网向上网用户无偿提供具有公开性、共享性信息的服务活动。"

2.3.2 网站管理法律制度

网站管理制度主要包括对经营性网站实行许可制度，非经营性网站实行备案制度以及特殊互联网信息服务的审核、专项备案制度。

1. 对经营性网站实行许可制度

申请人从事经营性互联网信息服务，应当向省、自治区、直辖市电信管理机构或者国务院信息产业主管部门申请办理互联网信息服务增值电信业务许可证(以下简称营业执照)。省、自治区、直辖市电信管理机构或者国务院信息产业主管部门应当自收到申请之日起60日内完成审查，做出批准或者不批准的决定。批准的，发给经营许可证；不批准的，书面通知申请人并说明理由。申请人取得经营许可证后，应当持营业执照向企业登记机关办理登记手续。经营性网站应当具备以下几个条件：经营者为依法设立的公司；有与开展经营活动相适应的资金和专业人员；有为用户提供长期服务的信誉或者能力；有业务发展计划及相关技术方案；有健全的网络与信息安全保障措施，包括网站安全保障措施、信息安全保密管理制度、用户信息安全管理制度；服务项目属于《互联网信息服务管理办法》第五条规定的从事新闻、出版、教育、医疗保健、药品和医疗器械等互联网信息服务范围的，需要取得有关主管部门同意的文件；国家规定的其他条件。

2. 非经营性网站实行备案制度

《互联网信息服务管理办法》第四条规定："国家对非经营性互联网信息服务实行备案制度，未履行备案手续的，不得从事互联网信息服务。"从事非经营性互联网信息服务，应当通过其ISP(互联网服务提供商)向省、自治区、直辖市电信管理机构或者国务院信息产业主管部门办理ICP/IP地址/域名备案手续。办理备案时，应当提交下列材料：主办单位和网站负责人的基本情况；网站网址和服务项目；服务项目属于《互联网信息服务管理办法》第五条规定范围的，需要提供有关主管部门的同意文件。省、自治区、直辖市电信管理机构对备案材料齐全的，应当予以备案并编号。

非经营性网站备案的ICP/IP地址/域名信息备案管理系统如图2-1所示。

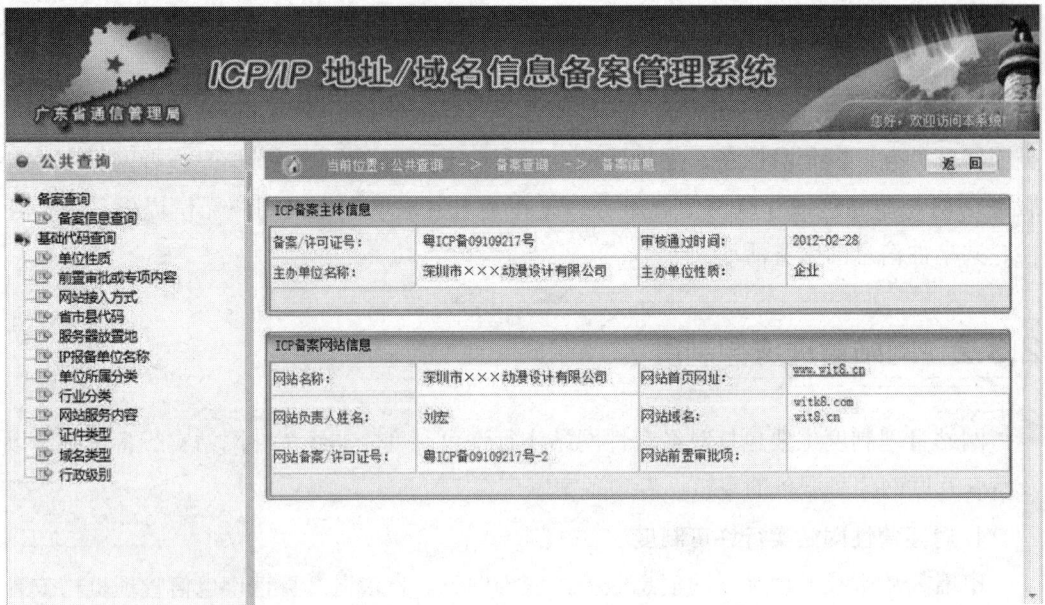

图2-1　非经营性网站备案管理

3. 特殊互联网信息服务的审核、专项备案制度

《互联网信息服务管理办法》第五条规定："从事新闻、出版、教育、医疗保健、药品和医疗器械等互联网信息服务，依照法律、行政法规以及国家有关规定须经有关主管部门审核同意，在申请经营许可或者履行备案手续前，应当依法经有关主管部门审核同意。"

《互联网信息服务管理办法》第九条规定："从事互联网信息服务，拟开办电子公告服务的，应当在申请经营性互联网信息服务许可或者办理非经营性互联网信息服务备案时，按照国家有关规定提出专项申请或者专项备案。"

2.3.3　互联网信息提供者的义务

《互联网信息服务管理办法》中明确了互联网信息提供者法定的义务和责任，具体包括以下内容。

1. 互联网信息服务提供者依法开展服务的义务

《互联网信息服务管理办法》第十一条规定："互联网信息服务提供者应当按照经许可或者备案的项目提供服务，不得超出经许可或者备案的项目提供服务。非经营性互联网信息服务提供者不得从事有偿服务。互联网信息服务提供者变更服务项目、网站网址等事项的，应当提前30日向原审核、发证或者备案机关办理变更手续。"同时第十九条规定："未取得经营许可证，擅自从事经营性互联网信息服务，或者超出许可的项目提供服务的，由省、自治区、直辖市电信管理机构责令限期改正，有违法所得的，没收违法所得，处违法所得3倍以上5倍以下的罚款；没有违法所得或者违法所得不足5万元的，处10万元以上100万元以下的罚款；情节严重的，责令关闭网站。违反本办法的规定，未履行备案手续，擅自从事非经营性互联网信息服务，或者超出备案的项目提供服务的，由省、自治区、直辖市电信管理机构责令限期改正；拒不改正的，责令关闭网站。"

2. 互联网信息服务提供者标明其身份的义务

《互联网信息服务管理办法》第十二条规定："互联网信息服务提供者应当在其网站主页的显著位置标明其经营许可证编号或者备案编号。"同时第二十二条规定，未在其网站主页上标明其经营许可证编号或者备案编号的，由省、自治区、直辖市电信管理机构责令改正，处5000元以上5万元以下的罚款。

3. 互联网信息提供者所提供内容合法的义务

互联网信息服务提供者应当向上网用户提供良好的服务，并保证所提供的信息内容合法。《互联网信息服务管理办法》第十五条规定，互联网信息服务提供者不得制作、复制、发布、传播含有下列内容的信息：反对宪法所确定的基本原则的；危害国家安全，泄露国家秘密，颠覆国家政权，破坏国家统一的；损害国家荣誉和利益的；煽动民族仇恨、民族歧视，破坏民族团结的；破坏国家宗教政策，宣扬邪教和封建迷信的；散布谣言，扰乱社会秩序，破坏社会稳定的；散布淫秽、色情、赌博、暴力、凶杀、恐怖或者教唆犯罪的；侮辱或者诽谤他人，侵害他人合法权益的；含有法律、行政法规禁止的其他内容的。同时第二十条规定："制作、复制、发布、传播本办法第十五条所列内容之一的信息，构成犯罪的，依法追究刑事责任；尚不构成犯罪的，由公安机关、国家安全机关依照《中华人民共和国治安管理处罚法》《计算机信息网络国际联网安全保护管理办法》等有关法律、行政法规的规定予以处罚；对经营性互联网信息服务提供者，并由发证机关责令停业整顿直至吊销经营许可证，通知企业登记机关；对非经营性互联网信息服务提供者，并由备案机关责令暂时关闭网站直至关闭网站。"

4. 互联网信息提供者的记录义务

从事新闻、出版以及电子公告等服务项目的互联网信息服务提供者，应当记录提供的信息内容及其发布时间、互联网地址或者域名；互联网接入服务提供者应当记录上网用户的上网时间、用户账号、互联网地址或者域名、主叫电话号码等信息。互联网信息服务提供者和互联网接入服务提供者的记录备份应当保存60日，并在国家有关机关依法查询时，予以提供。未履行以上规定的义务的，由省、自治区、直辖市电信管理机构责令改正；情节严重的，责令停业整顿或者暂时关闭网站。

5. 互联网信息提供者停止非法信息传输并报告的义务

互联网信息服务提供者发现其网站传输的信息明显属于《互联网信息服务管理办法》第十五条所列内容之一的，应当立即停止传输，保存有关记录，并向国家有关机关报告。违反该义务的，由省、自治区、直辖市电信管理机构责令改正；情节严重的，对经营性互联网信息服务提供者，并由发证机关吊销经营许可证，对非经营性互联网信息服务提供者，并由备案机关责令关闭网站。

法条链接

1. 国务院《互联网信息服务管理办法》
2. 信息产业部令《非经营性互联网信息服务备案管理办法》
3. 信息产业部令《互联网电子公告服务管理办法》第七条
4. 《中华人民共和国电信条例》

扩展阅读

王佩，孙建文. 国外政府网站建设及信息服务规范进展与启示[J]. 图书馆学研究，2015(22)：45-52.

2.4 电子商务市场主体的认定准入

电子商务主体是电子商务法律关系的参加者，是在电子商务法律关系中享有权利和承担义务的个人或者组织。电子商务主体的关系和行为规范，包括法律和相关的行政规定，如市场准入认定的工商等行政部门法规。

2.4.1 电子商务主体的特殊性

广义的电子商务主体既包括商事主体，也包括消费者、政府采购人等非商事主体；狭义的电子商务主体，仅指电子商务中的商事主体，即电子商务企业。电子商务企业有两种类型：一类是采取电子商务交易手段的传统企业；一类是为电子商务交易提供基础设施服务和辅助服务的现代互联网服务提供商(ISP)，如互联网联结商(IAP)与互联网内容提供商(ICP)、网吧等。

电子商务主体与传统商事主体既有共性，也有其特殊性。就共性而言，电子商务主体和传统商法中的商事主体(商人)行为都具有营利性，都要恪守法律和伦理规范。电子商务作为现代商事行为，与传统商事行为的区别与其说是本质层面的，不如说是现象和手段层面的。

一般来说,电子商务是一种具有"电子"手段和"利润"目的的商业行为。大多数甚至整个交易过程都是通过在网络上单击鼠标来完成的,具有虚拟的特征。但是,电子商务行为的有效性应最终在法律行为体系(尤其是合同法律体系)和侵权行为体系中实现,电子商务行为应最终建立债权人与债权之间的关系。电子商务行为的本质仍然是商业行为。电子技术和网络技术只是电子商务主体达到盈利目的的手段和载体。电子商务主体仍是商事主体,电子商务行为仍是商事行为。电子商务市场绝非空中楼阁、海市蜃楼,而是实实在在的市场,有实实在在的市场主体。之所以有人将电子商务市场称为"虚拟市场",将电子商务主体称为"虚拟主体",只不过是由于传统的商事行为主体往往近在咫尺,且交易伙伴较为固定、封闭,电子技术和网络技术有能力把人数众多的、远在天涯的陌生交易伙伴"拴"在一起而已。

2.4.2 电子商务主体实行市场准入制度

近年来,我国电子商务市场主体的数量不断增多,从事经营的领域不断拓宽,电子技术、信息技术和网络技术在推动投资贸易活动方面起到了举足轻重的推动作用。从法律调整的范围而言,传统商法的适用范围在向电子商务市场延伸。如《中华人民共和国公司法》(简称《公司法》)、《中华人民共和国合伙企业法》(简称《合伙企业法》)、《中华人民共和国个人独资企业法》(简称《个人独资企业法》)、《中华人民共和国消费者权益保护法》(简称《消费者权益保护法》)、《中华人民共和国反不正当竞争法》(简称《反不正当竞争法》)、《中华人民共和国广告法》(简称《广告法》)、《中华人民共和国产品质量法》(简称《产品质量法》)等现行立法中的多数法律规范适用于电子商务主体,因为电子商务主体的设立条件和市场准入条件依然要合乎法律保护的消费者利益与社会公共利益。例如,投资者要发起设立经营网站信息服务的有限责任公司,必须遵守《公司法》规定的条件与程序,投资者要设立以电子网络为唯一或者主要营销手段的商业流通公司,也要遵守《公司法》规定的条件与程序。

除了传统的民商事法律,《电子商务法》第九条特别规定:"本法所称电子商务经营者,是指通过互联网等信息网络从事销售商品或者提供服务的经营活动的自然人、法人和非法人组织,包括电子商务平台经营者、平台内经营者以及通过自建网站、其他网络服务销售商品或者提供服务的电子商务经营者。本法所称电子商务平台经营者,是指在电子商务中为交易双方或者多方提供网络经营场所、交易撮合、信息发布等服务,供交易双方或者多方独立开展交易活动的法人或者非法人组织。本法所称平台内经营者,是指通过电子商务平台销售商品或者提供服务的电子商务经营者。"在我国,除了公司企业登记注册的基本立法,有关电子商务主体的行政法规(如《电信条例》)和行政规章(如《互联网信息服务暂行条例》)也应予以遵守。总体看来,我国电子商务主体和市场准入的法律环境体系完整。

电子商务市场准入制度遵循并体现以下6项基本原则。

(1) 降低交易成本，提高交易安全性。降低交易成本并提高交易安全性是电子商务市场准入和退出立法系统设计的基本思想。

(2) 调节适度。适度监管的原则要求对电子商务市场的监管应得到良好的控制，既不能放松，也不过于严格，并应根据电子商务市场监管的实际需要进行监管。

(3) 分类监督。分类监管的原则是指根据电子商务主体的不同类型，进行不同的差别化监管。

(4) 线上线下市场的公平竞争。线上线下市场的公平竞争原则是指维护电子商务市场主体与线下市场主体之间的公平竞争，实现网络经济与实体经济的均衡发展。

(5) 鼓励创新。鼓励创新的原则是鼓励电子商务主体在业务内容和商业模式上进行创新，建立灵活开放的电子商务市场准入和退出体系。

(6) 社会共同治理。社会共同治理的原则是指通过行政机关外部的第三方主体，例如第三方交易平台运营商、行业协会等，对电子商务市场的进入和退出进行共同的监督和管理。

2.4.3 我国电子商务市场准入制度的现状

1. 我国电子商务主体市场准入相关法律法规

目前，我国网络市场经营主体准入涉及法律层面的有《电子签名法》；在行政法规层面有国务院颁布的《互联网信息服务管理办法》；在部门规章层面，商务部制定了《关于网上交易的指导意见》和《网络交易服务规范》，尤其是2010年6月，国家工商行政管理总局(现为国家市场监督管理总局)颁布了《网络商品交易及有关服务行为管理暂行办法》等。

从法律调整的范围而言，规范传统商事主体的法律适用范围在向网络市场延伸，《公司法》《合伙企业法》《个人独资企业法》《消费者权益保护法》《反不正当竞争法》《广告法》《行政许可法》和《中华人民共和国民法典》等现行立法中的多数法律规范涉及电子商务，因此在没有出台有关网络市场准入的特别规定之前，网络市场经营主体的设立条件和经营行为依然要合乎现行法律法规有关保护消费者利益与社会公共利益的一般原则性要求。

《电子商务法》第十条规定："电子商务经营者应当依法办理市场主体登记。但是，个人销售自产农副产品、家庭手工业产品，个人利用自己的技能从事依法无须取得许可的便民劳务活动和零星小额交易活动以及依照法律、行政法规不需要进行登记的除外。"企业进行登记一般遵循"三证合一、一照一码"的流程，如图2-2所示。

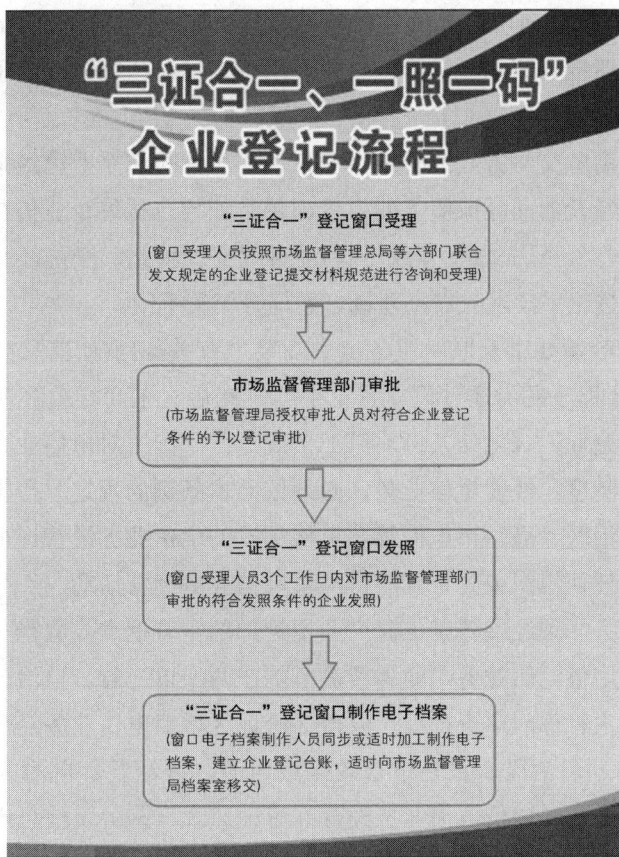

图2-2 企业登记流程

2. 我国电子商务主体的市场准入具体规定

我国现行立法允许设立的企业,既有法人企业,也有非法人企业。因此,各类电子商务企业可以依《公司法》登记注册为公司制企业,也可以依《合伙企业法》和《个人独资企业法》登记注册为非法人企业(如合伙企业、个人独资企业)。由于我国长期以来对外商投资企业实行分套立法的思路,《中华人民共和国全民所有制工业企业法》等按照投资者所有制性质分别制定的法律文件依然有效,有些电子商务企业的登记注册还应当适用这些按照投资者身份和所有制性质分别制定的法律和行政法规。无论是现代企业制度,还是传统企业制度,只要是有效的法律制度,都一体适用于各类电子商务企业。工商行政管理机关一如既往地按照企业立法规定的条件与程序做好电子商务企业的登记管理工作,建立与完善对各类电子商务企业的"经济户口"监管体系。

我国区分电子商务企业的不同性质,采取不同的市场主体准入政策。电子商务企业提供互联网信息服务有两种类型:一类是采取电子商务交易手段的传统企业,包括法人企业和非法人企业;一类是采取为电子商务交易提供基础设施服务和辅助服务的现代互联网服务商(ISP),主要有互联网联结商(IAP)、互联网内容提供商(ICP)等。其中,IAP提供计算机网络传输的基本通信服务,提供客户端和服务器之间的连接,支持用户访问网络信息；ICP通过互联网向用户提供各种信息服务，如发布、播放网络广告，代他人制作网页，租用服务器内存空间，托管，付费提供特定信息内容以及电子商务等在线应用服务。

对于采用电子商务交易方式的传统企业来说，虽然传统企业已经采用了电子商务交易平台，但无论所经营的商品或服务的内容、种类如何，传统企业仍在其批准的经营范围内开展经营活动，经营方式(批发或零售)没有改变。因此，变更经营范围无须到工商行政管理部门办理登记手续，只需办理域名登记等相关手续。

目前的立法和政策要求互联网服务提供商要去有关部门(如信息产业部门、文化部门等)执行预先批准程序之前通过设立登记手续，然后去工商行政管理局办理企业登记程序建立或改变的企业。《电信条例》第七条规定："国家对电信业务经营按照电信业务分类，实行许可制度。经营电信业务，必须依照本条例的规定取得国务院信息产业主管部门或者省、自治区、直辖市电信管理机构颁发的电信业务经营许可证。未取得电信业务经营许可证，任何组织或者个人不得从事电信业务经营活动。"同时第九条规定："经营基础电信业务，须经国务院信息产业主管部门审查批准，取得《基础电信业务经营许可证》。经营增值电信业务，业务覆盖范围在两个以上省、自治区、直辖市的，须经国务院信息产业主管部门审查批准，取得《跨地区增值电信业务经营许可证》；业务覆盖范围在一个省、自治区、直辖市行政区域内的，须经省、自治区、直辖市电信管理机构审查批准，取得《增值电信业务经营许可证》。"国务院信息产业主管部门或者省、自治区、直辖市电信管理机构应当自收到申请之日起60日内审查完毕，做出批准或者不予批准的决定。予以批准的，颁发《跨地区增值电信业务经营许可证》或者《增值电信业务经营许可证》；不予批准的，应当书面通知申请人并说明理由。申请人申领经营许可证，必须满足《电信条例》第十三条规定的条件：①经营者为依法设立的公司；②有与开展经营活动相适应的资金和专业人员；③有为用户提供长期服务的信誉或者能力；④国家规定的其他条件。申请人从事经营性互联网信息服务还应当具备《互联网信息服务管理办法》第六条规定的条件：①有业务发展计划及相关技术方案；②有健全的网络与信息安全保障措施，包括网站安全保障措施、信息安全保密管理制度、用户信息安全管理制度等。

申请人取得互联网信息服务许可后，可以向工商行政管理部门办理企业的设立或变更登记。工商行政管理部门规定，企业登记时应当实行严格的审查制度，企业已设立专门立法，而工业企业要建立法律规定的条件，特别是《公司法》规定的设立条件，例如，作为最低注册资本要求和营业场所，运营管理人员等的要求，防止虚假注册资本的"空壳公司"，危害电子商务。

根据特定行业法律，法规的特殊规定，申请人需要从电信监管部门以外的主管部门取得许可的，工商行政管理部门也应当要求申请人提交来自行业主管部门的许可文件。

根据互联网信息服务管理办法，例如，《互联网信息服务管理办法》第五条的规定：
"从事新闻、出版、教育、医疗保健、药品和医疗器械等互联网信息服务，依照法律、
行政法规的规定须经有关主管部门审核同意的，在申请经营许可或者履行备案手续前，
应当依法经有关主管部门审核同意。"出版物经营许可证如图2-3所示。

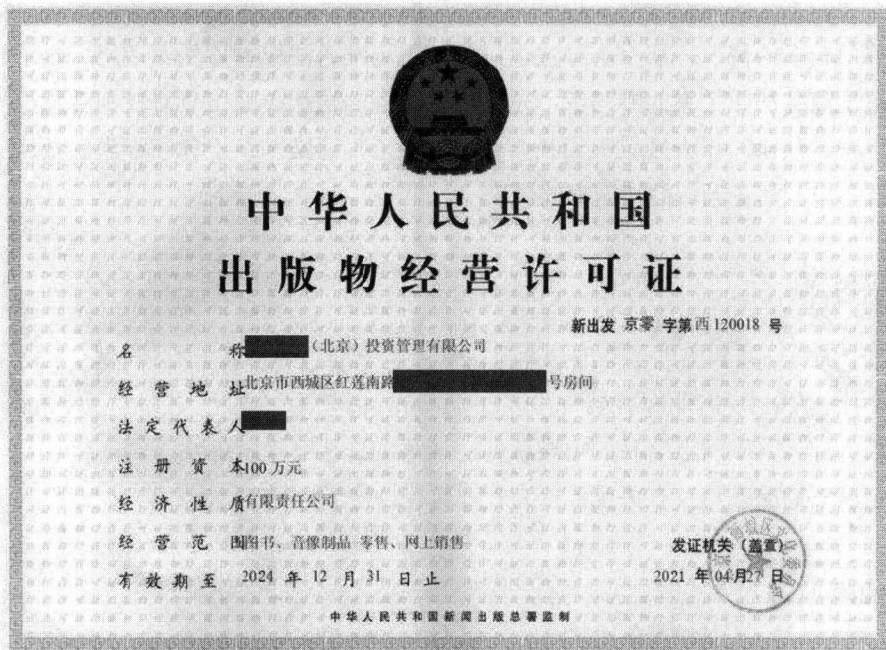

图2-3　出版物经营许可证

3. 现阶段我国电子商务市场准入法律制度存在的问题

现阶段我国电子商务市场准入法律制度存在的主要问题有如下几个方面。

(1) 立法中没有统一的企业市场准入法律体系。从目前的电子商务企业市场立法来
看，立法程序滞后，整个电子商务企业市场缺乏统一的企业市场准入法律制度。尽管电
子商务法相关法律规定了电子商务的主题，但是对于电子商务的主题并没有统一的访问
规则。

由于组织形式的不同，在建立电子商务企业时采用了不同的注册条件和程序，造
成了电子商务市场准入的不平等。这种现象不利于建立中国电子商务企业准入的法律
法规。

(2) 立法中存在很多漏洞，法律并不完善。在中国的电子商务领域，企业法人注册
管理规定、在线商品交易管理暂行办法及相关服务行为等法律法规均为行政法规或部门
规章。相关法律的立法水平相对较低，与中国电子商务企业在市场经济中的市场地位不
相称。相关法律法规不能有效保护中国电子商务企业的快速发展。2019年实施的《电子
商务法》大大提高了该领域的立法水平。

(3) 监管部门众多，审批项目众多，程序复杂。长期以来，在"严格市场准入"概念的影响下，中国对企业市场准入的管理一直非常严格。为了防止不合格企业进入市场，企业注册设立了很多监管部门，审批项目繁多，审批程序烦琐，导致企业注册效率极低，企业成立速度缓慢。电子商务市场是一种低成本、高效率、开放的市场，要求电子商务企业的准入条件要适度，程序高效。政府在管理和规范电子商务市场时，如果出现管理部门较多的情况，那么会导致电子商务市场准入法律制度的不适用。电子商务的主体是电子商务法律关系的参与者，是在电子商务的法律关系中享有权利并承担义务的个人或组织。法律，作为规范人们社会生活的规范，通常是从主体和行为的角度进行调整的，这与电子商务领域的情况相同。

法条链接

1.《中华人民共和国电子商务法》第二章"电子商务经营者"
2.《中华人民共和国公司法》
3. 商务部《关于网上交易的指导意见》《网络交易服务规范》
4.《网络商品交易及有关服务行为管理暂行办法》

扩展阅读

赵旭东. 电子商务市场准入及退出制度研究[J]. 中国工商管理研究，2015(02)：13-16.

2.5 网络服务提供商的侵权责任

2.5.1 网络服务提供商概述

1. 网络服务提供商的范畴

网络服务提供商是指专门为他人设立、经营网站或为其他网络通信提供服务的经营者。网络服务提供商是一个相对比较宽泛的概念。若从网络服务提供商在信息传输中的作用或对信息内容控制的角度来看，(在互联网上)提供网络服务的服务商细分两类：一是网络服务提供商(internet service provider，ISP)，又称网络连线服务提供商；二是网络在线服务提供商(online service provider，OSP)。网络连线服务一般分为以下三种方式：一是通过调制解调器用电话线路连接网络；二是通过电线专线等固定线路接通网络；三是让小型客户的网站挂在ISP的服务器下，向客户收取费用的同时向客户提供其服务器的部分记忆空间，放置客户网站。在线服务提供商则提供上网后网际网络数据库、查询、论坛等服务。不过，从广义的角度看，无论是局域网还是互联网，凡是提供在线服务的提供商都属于OSP，而ISP可以看作OSP中最具实力和前途的一种。

2. 网络服务提供商的分类

结合ISP的技术特征及其在互联网信息服务中所扮演的角色的不同网络服务提供商可分为以下几类。

第一类是网络基础设施提供商，即为互联网信息传输提供光缆、线路、交换机等基础设施的人。这类服务商应拥有"公共通道"的地位。根据世界知识产权组织的《世界知识产权组织版权条约》(WCT)第八项的议定声明："不言而喻，仅仅为促成或进行传播提供实物设施不致构成本条约或伯尔尼公约意义下的传播。"可见，设施提供人应被排除在网络信息责任人的圈子之外。

第二类是网络连接服务提供商(internet access provider，IAP)，这类服务商提供客户机器与服务器间的连接，以支持用户访问互联网上的信息，即用户是通过他们的服务器与互联网连接的。

第三类是网络内容提供商(internet content provider，ICP)，ICP是选择信息并使之传输的人，即向公众提供信息的人，或者说是选择某类信息上网供公众访问的人。一般地说，ICP提供的信息是单向的，因为用户只能浏览或下载，却不能改变服务商提供的内容。

第四类是服务商，服务商是电子布告板系统(BBS)经营者、邮件新闻组、即时聊天系统经营者等。所谓电子布告板系统是用户用来交换信息的场所，它为用户提供空间，供用户阅读上载的信息或自己发送信息，也可以进行实时信息交流。

除了上述4类主要分类之外，网络服务提供商还包括网络平台提供商(internet presence provider，IPP)、网络设备提供商(internet equipment provider，IEP)、网上媒体提供商(internet media provider，IMP)以及应用服务提供商(application service provider，ASP)等。

2.5.2　网络服务提供商作为公共信息提供者的义务

作为公共信息提供者，网络服务提供者主要承担两项基本义务：第一是服务行为的法律义务；第二是确保信息内容合法性的义务。这两项义务是网络服务提供商作为新媒体对公众的基本义务。

1. 服务行为的法律义务

(1) 网络服务提供商应按照营业执照范围提供信息服务。网络服务提供商应根据批准或归档的项目提供服务，并且不得提供许可或归档的项目以外的服务。非营利性互联网信息服务提供商不得从事付费服务。互联网信息服务提供者变更服务项目、网站地址等事项，应当提前30天按照原审批机关、发证机关或备案机关的规定办理变更手续。

(2) 网络服务提供商应宣传其服务身份的合法性。互联网信息服务提供商应当在其网站首页的醒目位置注明其营业执照号码或记录号。

(3) 从事特殊服务项目的网络服务提供商的注册义务。从事新闻、出版、电子公告等服务项目的互联网信息服务提供者，应当记录提供的信息内容、发布时间、互联网地址或者域名；互联网接入服务提供商应当记录互联网用户的上网时间、用户账号、互联网地址或域名、主叫电话号码等信息。互联网信息服务提供商和互联网访问服务提供商的备份记录应保存60天，并在有关国家机关依法查询时提供。

2. 保证信息内容合法性的义务

网络信息服务提供商应向互联网用户提供良好的服务，并确保所提供的信息合法。这意味着在我们国家所有网络服务提供商在提供公共信息时，都有基本义务确保其提供的信息内容符合法律规定。那么，如何确保所提供的信息合法？如果发现非法信息内容，如何确保将非法信息内容造成的损失降到最低？作为重要的公共信息提供者，网络服务提供商应采取两项措施来履行这一义务：一是不提供非法信息；二是发现违法信息后，停止发送违法信息，并报国家有关部门。

2.5.3 网络服务提供商与特定用户之间的网络信息服务合同

1. 网络信息服务合同概述

网络服务提供商为网络用户提供多种信息服务，总的来说包括两个方面：一方面是为网络用户提供基本服务，使用户能够借助网络在网上进行显示、传输、存储、交换等基本信息活动；另一方面可以向特定的网络用户提供付费的电子邮件传输、信息检索、信息查询等。信息服务活动都是通过签订合同的方式来实现的。合同分为两种形式：一种是快递合同；另一种是通过网络用户注册建立的合同。一般情况下，大多数互联网用户需要网站运营商提供一些信息提供或信息传输服务。他们通过网站运营商指定的网站来注册，提供姓名、性别、年龄、国籍、身份证号码、地址、电话等与身份识别有关的重要信息。在数据库中，这种注册行为意味着网络用户和网络服务提供者之间已经签订了一个完整的信息服务契约。

作为一种合同关系，网络服务提供者与网络用户之间的权利义务首先应受合同法中一般合同权利义务的约束。在此基础上，对于某些特殊类型的信息服务，也可以按照《民法典》的基本原则规定当事人。在这种情况下，双方应该就自己的特殊权利和义务达成一致。例如，作为信息服务提供者，网络内容服务提供者有义务在合理的时间内向网络用户传递信息，不得删除、遗漏、篡改所传递的信息。一般来说，网络服务提供者应当约定自己的义务，并按照约定履行。即使没有明确的法律要求，网络服务提供者也应参照民法的基本法律原则，结合相关交易实践和行业实践的基本要求来履行其义务。需要注意的是，网络信息服务合同大多是由网络服务提供商单方面制定的，因此网络应用广泛，选择余地很小。对于这类网络格式合同，网络服务提供者不能任意减少或放弃自己的合同义务，强加给网络用户不合理的义务。《民法典》第四百九十六条规定了格式合同。如果网络服务提供者在合同中减少或免除他们的义务和责任，加重网络用户的义务和责任，排除对方主要权利，那么该条款甚至整个合同将无效。

2. 网络服务提供商网络信息服务的义务

在缺乏明确的法律法规的情况下，要规范网络服务提供者和网络用户的权利和义务。目前大多数的信息网络服务提供商网络用户提供的服务是免费的，根据平等权利和义务的原则，这意味着不能向网络服务供应商施加过高标准的义务要求，但这并不意味着网络服务提供商可以免除其信息服务相关的义务。综上所述，网络服务提供商在签订网络信息服务合同时所承担的以下三项义务尤为关键。

(1) 关于信息内容方面应履行的义务。提供合法、真实、有效的信息是网络服务提供商的基本义务。所谓合法，是指网络服务提供商所提供的信息内容不能被法律明文禁止。也就是说，它不能是法律禁止传播的信息内容。所谓真实，是指网络服务提供商所提供的资料必须符合事实，不能是虚假或故意捏造的。所谓有效，是指网络服务提供商传输的信息要在有效期内，且不得超过有效期限。

(2) 服务瑕疵的赔偿义务。即使是免费的信息内容，网络服务提供商也必须在合法、真实、有效的标准范围内提供。因网络服务提供者提供的信息不合法、不真实或者无效，致使网络用户利益受到损害的，不管网络服务提供商提供的服务是否免费，都不能免除必要的赔偿。但是，基于权利义务平等的原则，提供免费服务的网络服务提供商可以在责任较轻的范围内扣留相应的赔偿。如果网络服务提供商提供的是有偿信息服务，则将因信息服务缺陷而对网络用户承担损害网络用户利益的责任。

(3) 暂停提供信息的义务。一方面，网络服务提供商有义务监控其所提供的网络信息的内容。因此，如果网络信息提供人已经通知网络服务提供者将信息删除，网络服务提供者应当删除信息内容。另一方面，网络服务提供商所提供的信息侵犯他人合法民事权益的，应当主动停止提供信息。网络服务提供者履行这一义务可以是主动的，也可以是被动的。但是，如果相关信息内容被认为是侵权的，则事后裁定不构成侵权，那么根据目前成熟的国际惯例，网络服务提供商不需要承担任何法律责任。相反，通知人做出虚假陈述的，应当承担相应的法律责任和侵权赔偿。

2.5.4 网络服务提供商的侵权责任

网络服务提供商在提供信息服务的过程中，不仅要承担相应的合同义务，更为重要的是其还会因为所处的信息优势者地位，对网络用户或其他因为网络信息的传播而遭受相应权益损失的人承担相应的安全责任。

全国人民代表大会常务委员会于2000年12月28日通过的《关于维护互联网安全的决定》在第六条规定了在线侵权责任，即"利用互联网侵犯他人合法权益的，构成民事责任的，依法承担民事责任"。2009年通过的《中华人民共和国侵权责任法》(以下简称《侵权责任法》)在第三十六条(现《中华人民共和国民法典》第一千一百九十四条)对网络用户和网络服务提供商民事侵权的责任做了更为细致全面的规范："网络用户、网络服务提供者利用网络侵害他人民事权益的，应当承担侵权责任。"2020年5月28日，第十三届全国人民代表大会第三次会议表决通过了《中华人民共和国民法典》(简称《民法典》)，自2021年1月1日起施行。《中华人民共和国侵权责任法》同时废止。

《民法典》第一千一百九十五条规定："网络用户利用网络服务实施侵权行为的，权利人有权通知网络服务提供者采取删除、屏蔽、断开链接等必要措施。通知应当包括构成侵权的初步证据及权利人的真实身份信息。网络服务提供者接到通知后，应当及时将该通知转送相关网络用户，并根据构成侵权的初步证据和服务类型采取必要措施；未及时采取必要措施的，对损害的扩大部分与该网络用户承担连带责任。权利人因错误通知造成网络用户或者网络服务提供者损害的，应当承担侵权责任。法律另有规定的，依照其规定。"

按照《民法典》的规定，利用互联网实施对他人合法权益的侵犯的主体包括网站经营者和网络用户两类，在网络民事权利中的"谁侵犯，谁担责"的基本法理仍然适用。但网络民事权利的独特处在于网络经营者所承担的民事侵权责任相比较传统侵权法上的单一规则要复杂，这主要体现在如下两个方面：第一，网站经营者利用互联网侵犯他人合法权益的时候，应当承担什么样的侵权责任；第二，如果是网络用户利用网站(网络经营者经营或所有的)实施民事侵权行为的时候，网站经营者应当承担什么样的侵权责任。

1. 网络服务提供商的合理定位

在探讨网络服务提供者在网络民事权利中的法律责任时，首先需要明确的问题是网络服务提供商的定位。理论上，争论的焦点为网络服务提供商仅仅是提供线路的传统电信从业者，还是提供内容的出版商。

1) 认为网络服务提供商属于传统的提供线路的电信从业者

这种观点是对网络服务提供商提供服务的"公共频道"性质的强调。所谓公共频道，是指运营商只提供频道，频道中的具体内容由公众自己设计，而运营商与内容本身无关。例如，电话公司是一个典型的公共频道。一般情况下，法律会为了公共利益对公共渠道进行特殊处理,以规避某些法律责任。网络服务提供商具有公共频道状态的原因可以归纳为以下几点。

(1) 网络或系统中的资料过多,网络服务提供商没有足够的能力控制这些信息。如果网络服务提供商的任务被设置为监视所有用户,这将大大超出网络服务提供商的能力范围。对于网络服务提供商来说,网络本身具有自我复制的特性,网页设置、电子邮件、上传、下载构成了一笔巨大而昂贵的交易。在典型的网络服务提供商中,网络服务系统中可能有数以千计的用户和web页面。构成一个网页的文本、图像、声音、各种设计和可下载文件通常可能涉及一般的公民权利,包括名誉权、肖像权、版权等。为了防止网络用户可能的侵权行为,网络服务商被要求对每个网页进行详细的筛选,这将使网络服务商承担与其网络运营成本收入完全不成比例的高监管。

(2) 交互性是网络传播的一个特点。若网络服务提供商对信息内容的控制是强制性的,这将阻碍信息的畅通。

(3) 互联网服务提供商不是法官。即使他们有权利和能力对自己所提供的网络平台或信息系统中的资料进行监控,也无法准确判断某一资料是否真正侵犯了他人的合法权益。

(4) 互联网服务属于高新技术产业,监管信息的过度负担将威胁到互联网服务提供商的生存,从而扭曲了互联网在人民和商业领域被引用的初衷。

(5) 法律应使在网络服务提供商提供的网络平台或信息系统上从事活动和发布信息的人承担自己的责任,而不应由网络服务提供商轻易承担。那些在互联网上输入信息的人应该承担自己的责任。这既符合传统的民事侵权责任原则,也应成为网络侵权行为的基本原则。

2) 认为网络服务提供商是出版商

该种观点与上述观点相反,认为网络服务提供商是传播者,其中具有代表性的观点是网络服务提供商是传播者中的发布者,原因主要有以下几点。

(1) 利用互联网向公众提供信息服务的行为属于电子出版,网络服务提供商在信息传递中的中介作用是发布者在互联网上发布行为的延伸。

(2) 网络侵权必须有人承担责任。整个法律责任制度旨在寻求制度上的平衡。如果说普通民事权利主体的权利扩张有其局限性,那么网络服务提供商在信息技术方面具有优势。不得降低网络服务提供商承担的民事侵权责任,使网络用户和相关公众的合法民事权益得到保障。

(3) 在实践中,相当一部分网络服务提供商积极采取措施,力图控制传播信息的内容,防止侵犯他人合法权益,而一些网络服务提供商尚未采取任何积极措施。前者试图控制信息领域,成为发布者,要承担法律责任;而后者无须承担责任,要从公共渠道上对其进行法律处理。这种不一致的做法将使那些不负责任的网络服务提供商获得更多的竞争优势。

(4) 网络服务提供商作为出版商，有现实基础。网络服务商在实际运营中提供信息服务，其信息服务的受众数量庞大，有资格进入出版商行列。

这两种关于网络服务提供商的定位看法都有其合理性，但都存在明显的偏颇。需要注意的是，网络服务提供商是一个较为宽泛的概念，它不是一个能够精确地表明其服务内容的概念。正因为如此，我们不能笼统地将其归入公共通道或传播者。由于不同的网络服务提供商经营业务的范围和性质不同，其是否具有筛选、过滤网络信息内容的能力，是否能及时得知网络上侵权内容并进行删除，是否具备法律上的判断力来判断特定信息内容的合法性并判断其合法与违法的程度，都存在极大的不同。简单地认为网络服务提供商就是公共频道或者就是出版商，仍不足以全面地展现网络服务提供商的全面性，也不足以概括网络服务提供商在电子商务活动中所扮演的复杂角色。网络服务提供商是公共频道还是出版商，必须结合具体的情景以及网络服务提供商在其中所扮演的角色和发挥的作用等方面来综合判断。

2. 网络服务提供商侵权责任及归责原则

网络作为一种全新的信息传播媒介，可能存在的民事侵权行为主要有以下几个方面：侵犯别人的版权，发布虚假和不真实的广告造成损害他人的权益，私人公布他人的隐私材料导致侵犯隐私在互联网上传播。

那么，对于网络服务提供商运营的网站上出现的民事侵权行为，如何追究相应的法律责任？《关于维护互联网安全的决定》第六条规定："利用互联网侵犯他人合法权益构成民事侵权行为，依法承担民事责任。"我国遵循在网络侵权领域适用"谁侵权，谁担责"的原则。但实际上，这一原则在互联网上的应用存在障碍：在互联网上实施侵权与在现实世界中实施侵权具有完全不同的条件。由于互联网本身固有的技术特性，往往无法追究侵权人的责任。

3. 网络服务提供商侵权形式与构成要件

网络服务提供商民事侵权的三种形式，即"自己侵权规则""明知规则"与"提示规则"下的民事侵权责任。

1) 自己侵权规则

我国《民法典》第一千一百九十四条规定："网络用户、网络服务提供者利用网络侵害他人民事权益的，应当承担侵权责任。法律另有规定的，依照其规定。"这一规定是对互联网领域民事侵权一般规范的适用。其主要目的是将网络用户和网络服务提供者的侵权行为纳入传统侵权法的轨道，运用传统侵权法的基本原则和基本规范，为网络权利传播的受害者提供基础教育。

2) 明知规则

我国《民法典》第一千一百九十七条规定："网络服务提供者知道或者应当知道网络用户利用其网络服务侵害他人民事权益，未采取必要措施的，与该网络用户承担连带责任。"本款的规范基础源于两个法律文本：第一，《最高人民法院关于审理涉及计算机网络著作权纠纷案件适用法律若干问题的解释》第四条前半段所规定的"提供内容服务的网络服务提供者，明知网络用户通过网络实施侵犯他人著作权的行为。"第二，《信息网络传播权保护条例》第二十三条规定："明知或者应知所链接的作品、表演、录音录像制品侵权的，应当承担共同侵权责任"，其民法学基础为帮助行为的共同侵权理论。在国外立法例中，美国《数字千年版权法》(DMCA)第512(e)(1)(A)、512(d)(1)(c)条和欧盟关于规定出版者责任的2000年第31号指令第44条，也均规定网络服务提供者在明知用户利用其服务进行侵权活动时，如不采取必要措施，将承担损害赔偿责任。

从理论上来说，作为网络信息发布和汇总平台管理者，网络服务提供商是可以对所有的信息进行监控和管理的。但在实践上，由于网络服务提供者所面对的信息流量巨大、信息种类繁多、更新速率飞快，要求其履行同传统的新闻出版业者一样的审查义务，通过以主动出击的方式去找在其网络平台上的侵权行为，这无疑意味着要求网络服务提供商在监管网络信息方面承担高额的监管成本。这样的规定如果在实践中得到贯彻实施的话，将使得网络服务提供商支付巨大的监管成本，与其取得的有效监管信息的价值不成比例。

当然，成本效益分析并不是衡量法律规范合理与否的唯一重要指标，网络服务提供商经营网络平台和提供信息服务的目的在于以最为合理的方式来促进互联网的发展，推动电子商务的飞速发展，但这个目的不能成为网络服务提供商逃避其应当承担的责任的借口。因此，本着最大限度救济受害人的立法目标，我国《民法典》规定，主观存有过错且对直接侵权行为具有帮助行为从而构成共同侵权行为的网络服务提供者，与直接侵权人承担连带责任，此即为明知规则。该规则通过扩大责任人范围的方式，保障受害人利益，其构成要件包括以下几项：主观过错、直接侵权行为成立、存在共同侵权行为以及共同侵权行为与直接侵权行为具有因果关系。

(1) 主观过错。如果网络服务提供商知道网络用户利用其提供的服务从事侵害他人民事权益的行为，那么其在技术上的垄断性便天然地要求其承担监管义务。当网络服务提供商知道其用户存在侵权行为之时，如果其不履行监管义务而将涉及侵权的内容进行适当处理，那么就可以合理地推断其对于该用户的侵权行为存在主观上的放任心理，从而构成了网络服务提供商自身的主观过错。

(2) 直接侵权行为成立。由于在《民法典》中，作为特殊侵权主体出现的网络服务提供者，应仅指没有直接从事侵权行为之人，故侵权责任的成立依赖于其用户直接侵权行为的成立。因此在明知规则中，已经明确规定网络服务提供者承担侵权责任的前提，是已发生了用户通过其提供的服务，进行了符合侵权行为法律构成要件的直接侵权行为。

(3) 存在共同侵权行为。《民法典》第一千一百六十八条规定："二人以上共同实施侵权行为，造成他人损害的，应当承担连带责任。"依据我国最高人民法院《关于审理人身损害赔偿案件适用法律若干问题的解释》第一条规定，共同侵权是指两个或两个以上的人对他人造成损害的共同意图或共同过失，或者虽然没有共同意图或共同过失，但其侵权行为直接结合，造成相同的损害后果。因此，我国民法对共同侵权的构成采用了客观标准。它不要求共同侵权的几个行为人具有共同过错，也不要求这些行为人必须具有共同侵权的意图。相应地，当网络服务提供者意识到他们的用户侵权时，如果他们采取自由放任的态度，让他们操作的平台传播侵权内容没有限制，就会客观地实施了共同侵权行为，通过提供一个信息发布平台帮助侵权人达成侵权目标。

(4) 共同侵权行为与直接侵权行为具有因果关系。试图通过网络进行侵权的行为人，由于其通常不具有独立架设网络平台的技术手段，因此绝大多数网络侵权行为，均是通过网络服务提供商所提供的服务达成其侵权目标的。因此，网络用户的直接侵权行为与其所使用的网络服务的提供者具有因果关系。

3) 提示规则

《民法典》第一千一百九十五条规定："网络用户利用网络服务实施侵权行为的，权利人有权通知网络服务提供者采取删除、屏蔽、断开链接等必要措施。通知应当包括构成侵权的初步证据及权利人的真实身份信息。网络服务提供者接到通知后，应当及时将该通知转送相关网络用户，并根据构成侵权的初步证据和服务类型采取必要措施；未及时采取必要措施的，对损害的扩大部分与该网络用户承担连带责任。权利人因错误通知造成网络用户或者网络服务提供者损害的，应当承担侵权责任。"

本款即为提示规则，在国外被形象地称为避风港规则。避风港规则最早由美国《数字千年版权法案》(DMCA)创立，其第二部分"在线版权侵权责任限制"一章，对四种不同的网络服务提供者分别设计了与其提供服务相适应的责任豁免条款。我国《信息网络传播保护条例》第二十条至二十三条最早引入该规则，目的在于将网络服务提供商与其用户的侵权行为分割开来。如果服务商满足了避风港条款中的豁免规定，则只有实施直接侵权行为的用户本人需要对其行为承担损害赔偿责任，而网络服务提供商并不因该用户使用其网络服务而承担侵权责任，从而保护和鼓励互联网行业的健康发展，给予其更为自由的发展空间。提示规则充分考虑了权利人与网络服务提供商在遏制侵权方面各自的优势：权利人一般均具有丰富的专业知识，且对自己的作品最为熟悉，提示规则将主动发现和监督侵权活动的责任分配给权利人；而网络服务提供商能够利用删除、屏蔽等技术手段有效制止侵权行为，因而提示规则要求其应协助权利人制止侵权，这种设计恰恰契合了法律的效率原则。

提示规则并非网络服务提供商消极不作为的理由，如果被侵权人将其受侵害事实告知了网络服务提供商则其对于在其平台上所进行的侵权行为便处于知晓状态，因而应自动适用《民法典》第一千一百九十五条的规定，对其因不作为而造成的损失扩大部分，与直接侵权人承担连带责任。但是，提示规则如何在具体的司法实践中适用，却颇有探讨的必要。图2-4为提示规则的形象体现。

图2-4 提示规则

在外国立法例中，真正的提示规则为网络服务提供商在共同侵权行为成立后的免责条款，该规则并不使网络服务提供商承担对侵权行为是否存在的审查义务。而在我国首先引进提示规则的《信息网络传播权保护条例》，其第十四条、十五条、二十二条第5项提到了"涉嫌"和"权利人认为"等词，这些词语的出现，使网络服务提供商对其用户的侵权行为承担了初步审查的义务，同时也为权利主张者提供了主张"可能存在的权利"的余地。该种相对模糊的规定，造成"当权利人主观认为存在侵权的行为时，便可向网络服务提供商发出通知，要求其对该'侵权行为'"进行处理的情况，而每当网络服务提供商面对这种模棱两可的权利通知时，要不然以认为该行为不构成侵权为由，拒绝权利人的主张，要不然由于对通知中的行为是否构成侵权无从判断，而陷入两难状态。《民法典》对于提示规则的规定更为宏观和开放，而且其可能面对的网络侵权类型也更加多样化。在这种情况下，法律应明确规定，网络服务提供商只有在权利人提供了符合法定标准或具有司法效力而非仅具有普通证明力的侵权行为认定文书后，仍然不采取相关行动的，才需要对侵害扩大部分承担连带责任。如果使网络服务提供商对侵权行为是否成立承担初步审查义务，并让其承担审查不准的后果，那么提示规则将无法真正发挥其平衡各方利益、促进互联网和谐发展的效果。

既然网络服务提供商无论从能力上还是从法理上均不能承担对权利要求者所提通知的审查义务，唯一的解决方案就是免除其该种义务，而代之以权利要求者的证明义务，以达成《民法典》第一千一百九十四条的立法目的。具体而言，我国在日后的配套立法或司法解释中，可以采取以下两种辅助措施。

(1) 明确权利要求人所提出的通知所应达到的证明标准，从而明确《民法典》第一千一百九十四条的免责条款性质，免除网络服务提供商对于侵权行为是否成立的审查义务，并在一定程度上防止权利要求人的权利滥用。其实，跟美国《数字千年版权法案》(DMCA)相似，我国《信息网络传播权保护条例》对权利人所提出的通知内容进行了规定，《最高人民法院关于审理涉及计算机网络著作权纠纷案件适用法律若干问题的解释》第七条亦规定："著作权人发现侵权信息向网络服务提供者提出警告或者索要侵权行为人网络注册资料时，不能出示身份证明、著作权权属证明及侵权情况证明的，视为未提出警告或者未提出索要请求。"这些规定均在一定程度上免除了网络服务提供商的审查义务。因此《侵权行为法》作为总揽绝大多数民事侵权行为的基础性法律，应在其条文或配套规范中规定权利通知内容和形式的基本要求，从而使网络服务提供商能够在收到权利通知时，有一个形式上的判断标准，为其是否能够适用免责条款提供明确的预期，并且也为权利要求人设定一个最低标准，防止其对权力的滥用。权利通知主要应包括以下内容：①权利人的姓名(名称)、身份证明及联系方式；②提供直接侵权行为的相关事实以及其在网络服务提供商网站或服务器中的位置；③权利人应提出被侵犯权利的法定或裁定的权利证明；④权利人对于其所提供信息真实性的保证声明，并愿意承担因提供虚假材料给网络服务提供商造成的损失。

(2) 作为总括全部民事侵权案件的《民法典》，如果想要将所有可能出现的侵权行为证明标准进行公约化处理的话，那么具体的规则恐怕也只能成为模糊的原则了，特别是在某些并没有预先明确规定权利冲突处理方法的法律制度中，如人格权，就将很难制定一个量化的证明标准，因此自由裁量的程度依然很高，从而使法定标准的可参考性降低。为解决这一问题，有必要在权利通知的标准中，引入类似于《中华人民共和国民事诉讼法》(简称《民事诉讼法》)第一百零七条中规定的先予执行制度，并针对网络侵权行为做出适当调整，规定较短时间，如四十八小时的裁定期限，以期通过公权力的权威，保证权利人向网络服务提供商发出的通知具有绝对的确定性和一定程度的正确性，消除网络服务提供商对于面对权利冲突问题时的两难局面。

关联法条

1. 《互联网信息服务管理办法》第十一条、第十二条、第十三条、第十四条
2. 《信息网络传播权保护条例》第十四条、第十五条、第二十二条第5项
3. 《中华人民共和国民法典》第三编
4. 《中华人民共和国民法典》第七编
5. 《关于维护互联网安全的决定》第六条
6. 《信息网络传播权保护条例》第二十三条

扩展阅读

杨立新. 网络服务提供者在网络侵权避风港规则中的地位和义务[J]. 福建师范大学学报(哲学社会科学版)，2020(05)：139-147，172.

第3章 电子合同法律制度

导读案例1：快递丢失谁负责

2019年5月20日，市民黄女士寄放在小区门卫室的快递包裹不翼而飞。黄女士平时上班忙，网购和代购是她主要的购物方式，每当接到快递员电话时，她都会习惯性地要求快递员将包裹放在小区的门卫室，待下班或空闲之时再去领取。网购多年，此前包裹都是放在小区门卫室的，从没丢失过。"快递员打过电话，业主让把快递放在门卫室的，若快递丢了，快递公司不会赔偿，而小区门卫室也不负责看管，我只能自认倒霉吗？"黄女士有些无奈。

2019年5月23日，记者来到黄女士所住小区的门卫室，不大的门卫室堆积了不少大大小小的包裹。门卫大爷告诉记者，包裹寄放在门卫室，他们也很无奈，有些包裹甚至存放好几天。当记者问道，居民来领快递包裹，是否需要出示相关证明，如果被冒领了怎么办时，门卫室大爷表示，包裹是免费寄放在门卫室，但是工作人员不帮保管，如果被冒领，就要自己负责。"我们小区算小的，但一天的包裹就有几十件，这么多人进进出出，哪里管得过来，是不是业主自己的包裹，我们也不知道，全靠业主自觉。"门卫大爷说，包裹一般被冒领、遗失的情况还是比较少见，如果担心被人拿走可以早点过来领取。

记者走访城区多个小区，门卫室基本上都堆积着居民的快递包裹，而对于包裹安全问题，不少门卫室工作人员表示，包裹存放在门卫室也是方便居民，但小区物业及门卫室工作人员没有义务帮忙看管业主的快递包裹，业主交纳的物业管理费只是用于公共部位的设施设备维修、环境养护等。

记者走访城区多家快递投递点了解情况，对于顾客发生快递丢失的情况，不少投递点表示，接到过不少这样的电话。南城区中通快递网点负责人告诉记者，小区门卫室快件丢失时有发生，而由于小区门卫不负责看管，不少业主就打电话给快递员或是快递投递点要求赔偿。"我们也很无辜，也是业主让寄放在小区门卫室的，而包裹丢失却要求我们赔偿，甚至还有去中国邮政管理局的网站申诉的。"该负责人无奈表示，快递公司除了要赔偿买家损失，还被邮政管理局处罚。

那么，如果包裹在小区门卫室遗失，该谁负责？

资料来源：掌上修水. 快递小区丢失，该谁负责？答案来了[EB/OL]. (2019-05-23) [2020-05-11]. https://www.sohu.com/a/316080332_712749.

■ 导读案例2：游戏装备被盗案

手游玩家蒋某因游戏账号绑定的装备丢失联系手游公司解决问题，但手游公司却称玩家账号系向他人购买，即使账号装备被盗，公司亦不存在过错。见双方无法就装备找回达成一致，蒋某遂诉至法院，要求手游公司恢复其游戏账号绑定的装备。

2021年7月13日，无锡市惠山区人民法院一审公开宣判了一起涉虚拟财产纠纷案。办案法官表示，法院经审理后，做出一审判决：手游公司于判决发生法律效力之日起恢复蒋某名下账号的装备数据。

蒋某此前向他人购买了一款手机游戏的账号。当时，蒋某还向他人购买了大量副将、武器、天赋石等游戏装备，交易方式为微信，未通过游戏内置交易平台交易。

2020年1月25日晚，蒋某发现其账号绑定的装备有丢失的情况，随即通过游戏客服、邮件、电话等方式联系手游公司，但对方数日未回复。蒋某于2020年3月向手游公司发送邮件，邮件列明了其丢失装备的情况，要求公司解决问题。

审理中，手游公司辩称，蒋某的账号是通过私下交易从他人处购得，并非正常注册或通过正规交易平台购得的账号，公司无法确认蒋某游戏用户的身份；蒋某私下购买账号，安全性无法保障，蒋某自身存在过错；公司无法确定蒋某账号装备被盗的事实是否存在，即使蒋某账号装备被盗，公司亦不存在过错。

同时，该手游公司还提出，事发期间正处于春节假期和疫情防控期间，工作人员均在休假，故无法联络，该公司不存在过错；副将、装备、天赋石等装备均可通过邮包邮寄、摊位售卖以及交易当铺进行转移，邮包邮寄和摊位售卖的数据保存时间为7天，交易当铺数据为永久保存，目前无法通过后台数据查询到蒋某所丢副将、装备和天赋石的转移情况；公司对游戏用户账号下的装备情况也未进行数据留存，现无法查证蒋某账号在事发前后的装备数据情况。

办案法官表示，根据《民法典》规定，网络服务提供者知道或者应当知道网络用户利用网络服务侵害他人民事权益，未采取必要措施的，与该网络用户承担连带责任。

"虽然蒋某的账号并非通过游戏内交易取得，但从现有证据来看，蒋某掌握有账号密码，且与身份证或手机号码绑定，在没有相反证据的情况下，蒋某应为该游戏用户。因此，蒋某具有主体资格。"办案法官认为，本案中，手游公司作为专业的游戏运营商，未能对此期间游戏管理做出妥善安排，未建立通畅有效的沟通联络渠道，负有过错。"从蒋某在事发后通过内置客服联络手游公司之时起，该公司即应知晓有关情况，而该公司未及时反馈处理流程，采取必要措施，应当与侵权人承担连带责任。"

资料来源：孙权，华茜. 手游装备被盗游戏公司不承认，法院判决：恢复玩家装备数据[EB/OL]. (2021-07-16)[2021-7-30]. https://news.ifeng.com/c/7fbZGPMkHJL.

3.1 电子合同概述

随着电子技术的发展，电子合同出现。电子合同不再以纸介质为原始凭据，而是以一组电子数据，即以数据电文的形式记载合同的主要内容。

3.1.1 合同的概念及合同条款内容

1. 合同的概念

关于合同的概念，《中华人民共和国民法典》第四百六十四条规定："合同是民事主体之间设立、变更、终止民事法律关系的协议。婚姻、收养、监护等有关身份关系的协议，适用有关该身份关系的法律规定；没有规定的，可以根据其性质参照适用本编规定。"根据这一规定，合同的概念可以确定为：合同是指民事等主体之间设立、变更、终止民事法律关系的协议。

在合同法理论上，合同又称契约，其本意为"共相交易"。然而，究竟应该如何给合同下定义，在大陆法系和英美法系中一直存在着不同的看法。大陆法系认为合同是当事人之间达成的协议，如法国《民法典》第一千一百零一条规定："契约是一种协议，依此协议，一人或数人对另一人或数人负担给付、作为或不作为之债务。"英美法系则认为合同是一种当事人之间的许诺。如美国《第二次合同法重述》规定："契约为一个或一组允诺。违反此一允诺时，法律给予救济；或其对允诺的履行，法律在某些情况下视之为一项义务。"《中华人民共和国民法典》第四百六十四条规定："合同是民事主体之间设立、变更、终止民事法律关系的协议。"可见，合同维护的是双方或多方当事人意思表示一致时的法律行为。在市场经济条件下，绝大多数交易活动都是通过缔结和履行合同来进行的，而交易活动是市场活动的基本内容，无数的交易构成了完整的市场，因此，合同关系是市场经济社会的基本法律关系。

2. 合同条款内容

合同条款是合同条件的表达和固定，是确定当事人权利和义务的基础。在法律文件方面，合同的内容指合同的条款和条件。因此，合同的条款应清晰、确定、完整，并且条款之间不应相互矛盾，否则会影响合同的成立、效力和履行以及订立合同的目的的实现。因此，准确理解合同条款的术语的含义很重要。

合同的内容由当事人约定，一般包括下列条款：当事人的姓名或者名称和住所；标的；数量；质量；价款或者报酬；履行期限、地点和方式；违约责任；解决争议的方法。

(1) 当事人的姓名或者名称和住所。当事人是指在合同中权利、义务的承担者或享有者。如果当事人是自然人，其住所就是其户籍所在地的居住地；自然人的经常居住地与住所不一致的，其经常居住地视为住所。如果当事人是法人，其住所是其主要办事机构所在地。

(2) 标的。标的是合同权利义务所指向的对象，是所有合同必须具备的主要条款。标的应在合同中明确规定。特别是由于产地和质量的差异，相同的商品将有所不同，因此有必要详细说明主题的具体条件。

(3) 数量。合同双方当事人明确的计量单位和计量方法，详细列清标的的数量，并允许规定合理的偏差。

(4) 质量。标的的质量一般由双方当事人自行约定，也可以参照国家标准、行业标准或合同的特定用途，一般是指标的物的物理和化学成分、规格、性能、款式等。

(5) 价款或者报酬。价款是购买标的物所应支付的代价，报酬是获得服务应当支付的代价，这两项作为合同的主要条款应予以明确规定。在大宗买卖或对外贸易中，合同价款还应对运费、保险费、装卸费、保管费和报关费做出规定。

(6) 履行期限、地点和方式。履行期限、地点和方式是指当事人履行合同义务或行使合同权利所规定的具体时间、具体履行地点和方法途径。履行期限可以是即时履行、定时履行或分期履行；履行地点可以是出卖人所在地，也可以是买受人所在地；履行方式可采取一次交付和分批交付两种方式，同时应明确规定合适的运输方式等。

(7) 违约责任。违约责任即违反合同应承担的民事责任，是指合同当事人因不履行合同义务或履行合同义务不符合合同规定，而需要向对方承担的民事责任。违约责任与合同债务有密切联系。当事人在签订合同时可以协议约定违约合同的赔偿金额、赔偿方法等，也可约定违约合同后的补救措施，以期降低违约损失，保护合同双方经济利益。

(8) 解决争议的方法。合同当事人可以约定在双方协商不成的情况下，是通过仲裁解决还是通过诉讼解决合同纠纷。当事人还可以在不违反法律强制性规定的前提下，事先约定解决纠纷的具体仲裁机构或诉讼法院。

上述条款涉及合同当事人的具体权利和义务，对合同的订立、履行及违约赔偿责任有着直接的影响，一般称为合同的必备条款或主要条款，在合同中一般应予以明确约定。另外，合同条款还可能根据合同性质及内容的不同，有次要条款或非必备条款，如根据《民法典》第五百九十六条的规定："买卖合同的内容一般包括标的物的名称、数量、质量、价款、履行期限、履行地点和方式、包装方式、检验标准和方法、结算方式、合同使用的文字及其效力等条款。"

3.1.2 电子合同的概念及特点

1. 电子合同的概念

电子合同(electronic contract)，又称电子商务合同，根据联合国国际贸易法委员会《电子商务示范法》以及世界各国颁布的电子交易法，同时结合我国《民法典》的有关规定，电子合同可以界定为："电子合同是双方或多方当事人之间通过电子信息网络以电子的形式达成的设立、变更、终止财产性民事法律关系的协议。"通过上述定义可以看出，电子合同是以电子的方式订立的合同，其主要是指在网络条件下当事人为了实现一定的目的，通过数据电文、电子邮件等形式签订的明确双方权利义务关系的一种电子协议。联合国《电子商务示范法》第二条规定："'数据电文'系指经由电子手段、光学手段或类似手段生成、储存或传递的信息，这些手段包括但不限于电子数据交换(EDI)、电子邮件、电报、电传或传真。"我国《民法典》第四百六十九条规定："书面形式是合同书、信件、电报、电传、传真等可以有形地表现所载内容的形式。以电子数据交换、电子邮件等方式能够有形地表现所载内容，并可以随时调取查用的数据电文，视为书面形式。"根据联合国《电子商务示范法》及世界各国所颁布的电子商务(交易)法，同时结合我国《民法典》的有关规定，本书认为，电子合同是平等民事主体之间通过电子信息网络，主要以电子数据交换形式设立、变更、终止财产性民事法律关系的协议。

2. 电子合同的特点

电子合同的标的可以为交付商品，也可以为提供服务。电子合同当事人对交付商品或者提供服务的方式、时间另有约定的，按照其约定。 电子合同是合同的一种特殊形式，具有以下特点。

(1) 通过网络签订。因为电子合同是利用网络和计算机设备发布各种信息，即电子合同的生成、储存和传递是通过计算机网络系统订立的。因此，电子合同被称为"无纸贸易"。

(2) 采用数据电讯(data message)的形式签订的合同。"data message"在联合国贸法会所制定的《电子商务示范法》译为数据电讯，同时赋予了数据电讯书面功能。我国较多将"data message"译为"数据电文"，我国《民法典》和《电子签名法》均采用了这一译文，并将其规定为书面形式。但是数据电讯与传统的书面形式仍然具有很大的区别，即电子合同是以电磁记录的方式保存，而这种方式不能被人直接感知。

(3) 电子合同订立成本低。因特网为电子合同的订立提供了广泛的客户市场和交易空间，尤其是电子商务不受时间和空间限制，交易快捷且高效。因此电子合同有着运营成本低的优势。

3.1.3　电子合同的分类

合同的分类就是将种类繁多的合同按照特定的标准进行的抽象性区分。如我国《民法典》依据合同所反映的交易关系的性质，把合同分为买卖、赠与、租赁、承揽等不同的类型；以双方权利义务的分担方式，合同可以分为双务合同与单务合同；以当事人是否可以从合同中获取某种利益，分为有偿合同与无偿合同；以合同的成立是否须交付标的物，分为诺成合同与实践合同；以合同的成立是否以一定的形式为要件，分为要式合同与不要式合同等。电子合同作为合同的一种，也可以按照传统合同的分类方式进行划分，但基于其特殊性，还可以将其分为以下几种类型。

(1) 根据电子合同客体的属性不同来划分，电子合同可分为网络服务合同、软件授权合同、需要物流配送的合同等。

(2) 根据电子合同订立的具体方式不同来划分，电子合同可分为利用电子数据交换订立的合同、利用电子邮件订立的合同、电子格式合同。

(3) 根据电子合同当事人之间关系的类型不同来划分，电子合同可分为B-C合同，即企业与个人在电子商务活动中所形成的合同；B-B合同，即企业之间从事电子商务活动所形成的合同；B-G合同，即企业与政府进行电子商务活动所形成的合同。

(4) 根据电子合同签订者的性质不同来划分，电子合同可分为电子代理人订立的合同和电子合同当事人亲自订立的合同。

关联法条

1. 联合国国际贸易法委员会《电子商务示范法》第一部分"电子商业总则"
2. 《中华人民共和国民法典》第三编

3.2　电子合同的成立

合同的成立一般要经过一系列磋商的过程，这一磋商过程主要包括要约和承诺两个阶段。我国《民法典》第四百七十一条规定："当事人订立合同，可以采取要约、承诺方式或者其他方式。"电子合同虽然采取了数据电文的表达方式，而且其订立过程也是以电子方式进行的，即通过互联网通信缔结合同，但电子合同的订立过程仍然遵循合同订立的基本过程，即要约、承诺过程。

3.2.1　电子合同的主体

电子合同的主体即电子合同的当事人。我国《民法典》及相关法律对自然人和法人的行为能力问题以及代理人的权利义务做了明确的规定，这些规定为传统合同在订立过程中确认当事人的身份及行为能力提供了明确的依据。

一般来说，电子合同的主体和传统合同的主体没有本质的区别，但在实践中却很难判断电子合同主体的身份和行为能力。因为，在电子商务交易模式下，合同当事人都是体现为一种身份识别代码，即用户名。该身份识别代码是将主体的信息以一组数据来体现，十分抽象和虚拟，不能具体反映出当事人的真实情况。因此，交易对象无法从该数据中相互判断对方是否具有行为能力，也无法确定发送和接受信息的一方是否为当事人自己或有无代理权。一般来说，法律要求参加民商事活动的主体应当具备相应的行为能力，否则，当事人的行为不能产生法律上的效力。

在合同的订立过程中，要求合同当事人应当具备相应的行为能力，即缔约能力。缔约能力是指当事人能够通过自己的行为缔结合同并享受合同权利和承担合同义务的资格。在传统合同中，当事人在民事行为能力上存在的缺陷一般容易被识别，但在电子合同中要准确地识别当事人的行为能力几乎是不可能的。因为，电子合同的当事人通常是不见面的，"基于网络上根本无法看到或辨识交易相对人，双方当事人是利用按键或鼠标来为意思表示，即便网络商店要求交易相对人输入身份证号码、出生日期或信用卡卡号以证实其为成年人，但仍有伪造或提供不实资料的可能性，故网络商家基本上无从得知另一方当事人究竟是否为成年人，且由于现在网络使用者年龄呈日趋下降之趋势，可以预见未来未成年人进行网络交易而发生争议之机会将大幅度增加"。由此可知，网络交易中当事人的行为能力问题是现实存在的。

在电子交易中确定当事人是否具备传统合同当事人应当具备的行为能力，在某些情况下是没有实际意义的。因为即使电子合同交易的一方当事人是不具备行为能力的，但只要交易成功且并未发生纠纷，合同得以顺利履行，就无须过多地去限制当事人的行为能力。对于通过电子合同形式订立的合同在履行过程中发生纠纷或造成损失，涉及当事人行为能力的确定时，仍应当依照传统合同法和民法的规定去认定，因为电子合同所适用的法律并不是一种全新的法律制度，它只是传统法律制度在新环境下的一种融合。只要是交易对象尽到了合理的注意义务，即便是当事人真的不具备合同的缔约能力，也应当认定合同有效。对于无行为能力人和限制行为能力人订立的电子合同应该区别对待，依据"意思能力"和年龄，判断当事人是否尽到了合理的注意义务，从而确定当事人的行为能力。当然，要最大限度地减少电子交易中由于合同当事人的缔约能力问题导致的合同效力纠纷，最终还是要依靠技术的进步和法律制度的不断完善，例如，通过电子认证的方式，由认证机构提供的服务来帮助确认当事人的身份及其缔约能力等。

3.2.2　电子合同中的要约

1. 要约的概念及其生效要件

我国《民法典》第四百七十二条规定：“要约是希望与他人订立合同的意思表示。”其中，发出要约的一方当事人为要约人，要约所指向的一方当事人为受要约人。要约要取得法律效力，一般应具备以下条件。

首先，内容具体确定。第一，要约必须是特定人的意思表示。一项要约可以由任何一方当事人提出，不管他是自然人还是法人。但是，发出要约的人必须是特定的，即人们能够确定发出要约的是谁。只有这样，受要约人才能对之承诺。第二，要约的内容必须包括足以决定合同内容的主要条款，因为订约当事人双方就合同主要条款协商一致，合同才能成立。因此，要约既然是订立合同的提议，就必须包括能够足以决定合同主要条款的内容。

其次，要约必须表明受要约人承诺，即要约必须具有缔结合同的目的。当事人发出要约，是为了与对方订立合同，要约人要在其意思表示中将这一意愿表示出来。凡不以订立合同为目的的意思表示，不构成要约。要约人以何种方式发出要约，一般可以分为两种，一种是口头形式，即要约人以直接对话或者电话等方式向对方提出要约，这种形式主要用于即时清结的合同；另一种是书面形式，即要约人采用交换信函、电报、电传和传真等文字形式向对方提出要约。

2. 要约与要约邀请

要约邀请又称要约引诱，根据我国《民法典》第四百七十三条，要约邀请是指希望他人向自己发出要约的表示。要约邀请只能唤起他人的要约，不可能导致他人承诺，不属于订立合同的行为。要约和要约邀请可以从如下几方面进行区别。

(1) 根据法律规定进行区分。法律如果明确规定了某种行为是要约或要约邀请，即应按照法律的规定做出区分。例如，我国《民法典》第四百七十三条规定：“拍卖公告、招标公告、招股说明书、债券募集办法、基金招募说明书、商业广告和宣传、寄送的价目表等为要约邀请。”但是，商业广告的内容符合要约规定的，如悬赏广告，视为要约。

在通过网络所进行的交易中，商家登载于互联网上的广告究竟应视为要约还是要约邀请，应当根据意思表示的内容、目的来区分。如果商家的广告内容十分详尽、具体，包括了标的物、价格、交货方法、时间及地点、付款方式，甚至包括售后服务、免责事由等事项的，应当视为要约。而且，网络广告发布者可以在网络广告中特别声明该网络广告为要约还是要约邀请，如果其公开表明"发布人愿意受该广告约束，与承诺者缔结合同"，则网络广告就可视为要约；如果其声明"不得就其提议做出承诺""此广告和信息的发布不承担合同责任"或"广告和信息仅供参考"等，则网络广告只能视为要约邀请。

(2) 根据当事人的意愿进行区分。如果当事人发出意思表示的目的是和对方订立合同，则该意思表示为要约；如果当事人发出意思表示的目的是希望对方向自己发出要约，则该意思表示为要约邀请。

在使用数据电文单独与特定人联系的情况下，一方发出的信息是要约还是要约邀请很容易判断，但是对于网页或网上公告登载的商务信息，我们很难区分其是要约还是要约邀请，一般需要根据网上登载信息的意图和该信息交易的性质来认定。如果信息登载者登载信息的意图是希望与他人订立合同，那么即使登载的是普通广告，也可以构成一个要约。

(3) 根据交易习惯进行区分。交易习惯常常能够真正体现订约当事人的意思表示，因此，可以用来区分要约和要约邀请。

3. 要约的生效时间及法律效力

我国《民法典》第一百三十七条规定："以对话方式作出的意思表示，相对人知道其内容时生效。以非对话方式作出的意思表示，到达相对人时生效。以非对话方式作出的采用数据电文形式的意思表示，相对人指定特定系统接收数据电文的，该数据电文进入该特定系统时生效；未指定特定系统的，相对人知道或者应当知道该数据电文进入其系统时生效。当事人对采用数据电文形式的意思表示的生效时间另有约定的，按照其约定。"

在要约的生效时间问题上，世界上主要有"发信主义"和"到达主义"两大派别的观点。"到达主义"认为，要约到达受要约人时生效；"发信主义"认为，要约人发出要约后，只要要约已处于要约人控制范围之外，要约即生效。《联合国国际货物销售合同公约》和《国际商事合同通则》都采取了"到达主义"观点，我国《民法典》也同样采取了"到达主义"观点。

在电子商务环境下，当事人一般以数据电文发出要约。要约一经生效，要约人即受到要约的拘束。要约人在要约有效期间内不得随意撤销要约或对要约内容加以限制、变更和扩张，避免影响交易安全。

4. 要约的撤回和撤销

(1) 要约的撤回。要约的撤回是指要约人的要约发出后，到达受要约人之前，取消其要约，从而阻止要约生效的意思表示。我国《民法典》第四百七十五条规定："要约可以撤回。"

但是，采用数据电文订立合同，由于信息传输的高速性，要约人一旦发出要约，受要约人即刻就可收到，要约发出后又要撤回，实际上是不可能的。这无疑对传统的要约理论造成了很大的冲击。因此，在电子商务环境下，要约能否撤回的问题上，存在两种截然不同的观点。一种观点认为，电子要约的撤回尽管十分困难，但并非完全不可能。在服务器发生故障或线路过分拥挤的情况下都可能耽搁要约的收到时间，使一份要约撤回通知先于或同时到达受要约人。另一种观点认为，撤回要约在电子商务环境中是不可能的，在电子合同中谈论要约的撤回是没有实际意义的。

(2) 要约的撤销。要约的撤销是指要约人在要约到达受要约人并生效以后，将该要约取消，从而使要约的效力归于消灭的意思表示。我国《民法典》第四百七十六条规定："要约可以撤销。" 同时《民法典》第四百七十六条还规定："但是有下列情形之一的除外：要约人以确定承诺期限或者其他形式明示要约不可撤销；受要约人有理由认为要约是不可撤销的，并已经为履行合同做了合理准备工作。"

在电子商务交易中，要约能否撤销取决于交易的具体方式。从合同法的规定来分析，受要约人收到要约后在做出承诺之前，一般有一个承诺期限，在承诺期满前，要约人可以撤销要约。因此，如果是通过电子邮件方式订立合同，在一般情形下，要约是可以撤销的。因为要约人通过以电子邮件方式发出要约后，受要约人并不一定立即承诺，因而在发出要约与最终做出承诺之间可能会有一段间隔，在此期间内，要约人可以撤销要约。但如果当事人采用电子自动交易系统从事电子交易，承诺的做出是即刻的，要约人则没有机会撤销要约。

5. 要约的失效

要约的失效，是指要约丧失法律效力。要约失效后，要约人不再受其约束和限制，受要约人也终止了承诺的权利。要约失效后，合同即失去了成立的基础，受要约人即使承诺，也不能成立合同。《民法典》第四百七十八条规定，有下列4种情形之一的，要约失效。

(1) 要约被拒绝。拒绝要约包括明确表示拒绝，或对要约进行了修改、限制或扩张。要约人一旦收到受要约人不接受或不完全接受要约的通知，要约即因被拒绝而终止效力。受要约人拒绝要约后即使在承诺期限内又表示同意的，其意思表示也为新的要约。

(2) 要约被依法撤销。根据《民法典》的规定，撤销要约的通知应当在受要约人发出承诺之前到达受要约人。因此，只要撤销行为符合法律规定，并且不属于《民法典》第四百七十六条不允许撤销的情形，已生效的要约即失去法律效力。

(3) 承诺期限届满，受要约人未做出承诺。要约的有效期限也就是受要约人可以承诺的有效期限。在该期限届满时，受要约人未做出承诺的，要约就失去效力。在该期限届满后，受要约人又表示接受要约的，该意思表示不做出承诺，只能看作一种新要约。

(4) 受要约人对要约的内容做出实质性变更。我国《民法典》第四百八十八条规定："承诺的内容应当与要约的内容一致。受要约人对要约的内容作出实质性变更的，为新要约。有关合同标的、数量、质量、价款或者报酬、履行期限、履行地点和方式、违约责任和解决争议方法等的变更，是对要约内容的实质性变更。"第四百八十九条规定："承诺对要约的内容做出非实质性变更的，除要约人及时表示反对或者要约表明承诺不得对要约的内容做出任何变更外，该承诺有效，合同的内容以承诺的内容为准。"因此，如果受要约人对要约的内容做出了实质性变更，那么，修改后的"承诺"是对原有要约的拒绝，原要约因受要约人的拒绝而失效，修改后的"承诺"应视为受要约人对要约人发出的新的要约。

3.2.3 电子合同中的承诺

1. 承诺的概念及有效要件

承诺是指受要约人同意接受要约的条件，从而订立合同的意思表示。承诺的法律效力在于一经承诺并送达要约人，电子合同即告成立。在法律上，承诺必须具备如下条件，才能产生法律效力。

1) 承诺必须由受要约人向要约人做出

承诺只能由受要约人做出，因为只有受要约人享有承诺的资格。这是由要约人必须向特定的相对人发出要约的这一特点所决定的。受要约人通常是指受要约人本人，但也包括其授权的代理人。代理人在授权范围内所做出的承诺与受要约人的承诺具有同等的效力。受要约人的承诺必须向要约人发出，向非要约人做出同意要约的意思表示，不是承诺，但向要约人的代理人做出承诺，视为向要约人做出。

在电子商务环境下，承诺由受要约人的电子代理人做出的应视为受要约人的行为。同样，承诺也可向要约人的电子代理人做出。

2) 承诺必须在要约的有效期限内到达要约人

有效期限是指要约指定了承诺期限的，所指定的期限即为有效期限；要约未指定期限的，通常认为合理的期限即为有效期限。合理期限是指按照通常情形可期待承诺到达的期间，一般包括受要约人做出承诺的期间、要约到达受要约人的期间、承诺通知到达要约人的期间。也就是说，如果要约确定了承诺期限，则承诺应当在要约确定的期限内到达要约人。如果要约没有确定承诺期限，以对话方式做出的，应当即时做出承诺，但当事人另有约定除外；以非对话方式做出的，承诺应当在合理期限内到达。

3) 承诺的内容必须与要约的内容一致

承诺要取得成立合同的法律效果，必须在内容上与要约一致。但是在实践中，承诺有时并非简单地表现为对要约一字不差地接受，受要约人可能对要约的文字及至内容做出某些合理修改，这时就须对承诺是否具有法律效力加以确认。如要求承诺必须与要约内容绝对一致，会影响合同及时成立，不利于交易正常的进行，对受要约人也不够公平。为此，《民法典》针对受要约人对要约内容修改的性质做出相应规定："受要约人对要约的内容做出实质性变更的，为新要约。有关合同标的、数量、质量、价款或者报酬、履行期限、履行地点和方式、违约责任和解决争议方法等的变更，是对要约内容的实质性变更。"同时，《民法典》第四百八十九条规定："承诺对要约的内容做出非实质性变更的，除要约人及时表示反对或者要约表明承诺不得对要约的内容做出任何变更外，该承诺有效，合同的内容以承诺的内容为准。"

4) 承诺的方式必须符合要约的要求

承诺的方式是指受要约人通过何种具体的表现方式将承诺的意思表示送达给要约人。若要约人规定了承诺的方式，则承诺应该符合该方式的要求；若没有规定则应以合理方式做出。作为意思表示的承诺，其表示方式应与要约相一致，即要约以什么方式做出，承诺也应以什么方式做出。承诺的方式应注意以下几点。

(1) 承诺的表示一般应以通知的方式做出。通知可以是口头的或书面的，但依法必须以书面形式订立的合同，其承诺必须以书面形式做出。

(2) 要约以对话方式做出的，除当事人另有约定的以外，承诺人应即时做出承诺的意思表示，过后承诺的，要约人有权拒绝。

(3) 当事人可约定数据电文作为承诺方式。在电子商务的交易环境下，一个以电子邮件方式收到的要约应当以电子邮件的方式承诺。

(4) 根据交易惯例或要约表明可以通过行为做出承诺的，行为也可作为承诺的表示方式。如网上交易的按键合同，只要在某一网页上单击"同意"按钮，这个行为就完全可以构成一个有效的承诺。通常情况下，为了避免纠纷，网站运营人应当在其网站上加入一个法律性的告知页面，提醒浏览者注意，对该网址的任何使用行为将构成其对该网页所列条款的承诺。

电子承诺至少应该具备上述承诺的一般构成条件。此外，在电子商务环境下，承诺由受要约人的电子代理人做出的应视为受要约人的行为。同样，承诺也可向要约人的电子代理人做出。

2. 承诺延迟

所谓承诺迟延是指受要约人未在承诺期限内做出承诺。承诺迟延一般不发生承诺生效的法律后果。承诺的期限通常是由要约规定的，如果要约中未规定承诺时间，则受要约人应在合理期限做出承诺。超过承诺期限做出承诺，该承诺不产生效力。根据《民法典》第四百八十六条规定："受要约人超过承诺期限发出承诺，或者在承诺期限内发出承诺，按照通常情形不能及时到达要约人的，为新要约；但是，要约人及时通知受要约人该承诺有效的除外。"如果受要约人不愿承认其为承诺，则该迟到的承诺为新要约。

受要约人在承诺期限内发出承诺，按照通常情形能够及时到达要约人，但因其他原因使承诺到达要约人时超过承诺期限的，除要约人及时通知受要约人因承诺超过期限不接受该承诺的以外，该承诺有效。

3. 承诺撤回与撤销

承诺撤回，是指受要约人在发出承诺通知以后，在承诺正式生效之前撤回其承诺。《民法典》第四百八十五条规定："承诺可以撤回。"电子承诺撤回存在着与电子要约撤回同样的问题。虽然法律并不禁止电子承诺的撤回，但通过网络通信订立合同，电子承诺的做出是在瞬间完成的，在实际上承诺的撤回几乎是不可能的。但也有观点认为，不管电子信息传输速度有多快，总是有时间间隔的，而且也存在网络故障、信箱拥挤、停电断电、计算机感染病毒等突发事件，导致承诺不可能及时到达。因此，存在电子承诺撤回的可能性和必要性。撤回承诺作为承诺人的一项权利是保障其与要约人同等受法律保护的一项权利，不应随意加以剥夺。

由于当事人一旦做出承诺，合同即告成立，当事人不可能撤销承诺，撤销承诺的行为通常造成违约。但是，进行在线交易时存在这样一种情况：可能会因单击时间短暂而未对合同条款进行仔细思考，也可能因为网络交易者在单击时，各种原因而发生错误。因此，单击成交时，承诺人的意思表示可能并不完全真实。据此，有学者建议在单击成交后，应给客户一段考虑是否最终决定成交的期限。如果在该期限内，客户不愿意成交，可以撤销承诺；如果愿意成交，则不必再做出任何表示。

这一观点有其合理性，因为在单击成交以后，合同即告成立，客户即使可以以重大误解为由申请撤销合同，也只能向法院提起诉讼，不但手续烦琐，而且费用较高。如果允许客户可以撤销承诺，确有利于尊重其真实意思，保护客户的利益，但却给网络经营者带来极大的风险。因为网络经营者在单击成交以后，将要从事一些履约的准备，如准备货物等。如果允许客户可以在一段相当长的时间内撤销其承诺，网络经营者则承担的风险过大，网上的交易便很难进行。所以，可考虑在单击成交后，允许客户在短暂的期限内(如一天内)有权决定是否撤销承诺，在该期限内，客户可以不必付款，而经营者也不必负有准备履约的义务。

4. 确认收讫

确认收讫是指在接收人收到发送的信息时，由其本人或指定的代理人或通过自动交易系统向发送人发出表明其已收到的通知。

当事人可以很好地利用确认收讫制度解决发信后的不确定问题。确认收讫是通过发回的信息来证实信息是否到达以及传递中有无错误和缺漏发生问题。因此，就发送人而言，确认收讫有利于减少发送人的风险，这在商业上和法律上都具有重大的价值。

《电子商务示范法》对确认收讫的应用规定了几项主要原则。

(1) 确认收讫可以用任何方式或行为进行；

(2) 发送人要求收件人收讫为条件的，在收到确认之前，视信息为未发送；

(3) 发送人未要求以确认收讫为条件，并在合理期限内未收到确认的，可通知接收人并指定期限，在上述期限内仍未收到的，视信息为未发送；

(4) 发送人收到确认的，表明信息已由收件人收到，但不表明收到的内容与发出的内容一致；

(5) 确认收讫的法律后果由当事人或各国自己决定。

我国法律中与此类似的规定是《民法典》第四百九十一条："当事人采用信件、数据电文等形式订立合同要求签订确认书的，签订确认书时合同成立。"

综合所述，数据电文的确认收讫问题应包括以下内容：

(1) 收件人知道数据电文不属于发件人的，不可将该数据电文视为发件人发送；

(2) 电子根据双方约定或法律规定，需要确认收讫的，应当确认收讫；

(3) 数据电文根据双方约定需要确认收讫，但未约定确认收讫方式的，收件人可通过足以向发件人表明该数据已经收到的方式确认收讫；

(4) 发件人收到收件人的收讫确认，即可推定有关数据电子已由收件人收到。

3.2.4　电子合同成立的时间和地点

1. 电子合同成立的时间

合同成立的时间是由承诺实际生效的时间所决定的。承诺的生效时间就是合同的生效时间。《民法典》第一百三十七条规定："以非对话方式作出的意思表示，到达相对人时生效。以非对话方式作出的采用数据电文形式的意思表示，相对人指定特定系统接收数据电文的，该数据电文进入该特定系统时生效；未指定特定系统的，相对人知道或者应当知道该数据电文进入其系统时生效。当事人对采用数据电文形式的意思表示的生效时间另有约定的，按照其约定。"

2. 电子合同成立的地点

《民法典》第四百九十二条规定："承诺生效的地点为合同成立的地点。采用数据电文形式订立合同的，收件人的主营业地为合同成立的地点；没有主营业地的，其住所地为合同成立的地点。当事人另有约定的，按照其约定。"主营业地一般为其在工商行政管理机关的登记注册地。由于合同的成立地点有可能成为确定法院管辖权及选择法律的适用等问题的重要因素，因此明确电子合同成立的地点十分重要。

扩展阅读

王洪亮. 电子合同订立新规则的评价与构建[J]. 法学杂志，2018，(04)：32-42.

🔍3.3 电子合同的生效

3.3.1 电子合同的生效要件

合同生效是指已经成立的合同在当事人之间产生了一定的法律拘束力。合同的生效需要行为人具有相应的民事行为能力、意思表示真实、不违反法律和社会公共利益等要件。

1. 行为人具有相应的民事行为能力

在电子交易中，由于电子商务活动是在虚拟的空间进行的，当事人基于对自身隐私的考虑，或者防止他人冒用自己的身份等原因，可能以代码或化名进入某商业网站，所登录的身份与真实情况往往不符。在这种情况下，当事人一方若想得知对方是否具有相应的民事行为能力存在很大困难。因此，在电子交易中，如何识别当事人的身份是一个十分重要的问题。此外，在电子商务中，当事人常采用智能化交易系统来自动发送、接收或处理交易订单，这就是"电子代理"问题。对于电子代理人，法律应当如何规定，也是一个难题。

2. 意思表示真实

意思表示是指行为人将其设立、变更、终止民事权利义务的内在意思表现于外部的行为。电子合同成立的前提是当事人就电子合同的主要条款达成合意。我国《民法典》第四百七十条规定："合同的内容由当事人约定，一般包括下列条款：当事人的姓名或者名称和住所；标的；数量；质量；价款或者报酬；履行期限、地点和方式；违约责任；解决争议的方法。当事人可以参照各类合同的示范文本订立合同。"只有当事人对以上主要条款意思表示一致，电子合同的成立才具备意思要件。但是，当事人之间通过电子媒介作为意思表示，在涉及电子错误以及因诈欺、胁迫而撤销的问题时，是否适用民商法有关错误的规定，是一个值得探讨的问题。

3. 不违反法律和社会公共利益

电子合同以当事人意思自治为基本原则，但电子合同的内容不得违反法律的强制性规定和社会的公共利益，否则电子合同因欠缺合法性要件而无效。

3.3.2 可变更或者可撤销的电子合同

可变更或可撤销的合同，是指合同成立后，存在法定事由，当事人有权请求人民法院或者仲裁机构变更有关内容或撤销的合同。当事人请求变更的，人民法院或仲裁机构不得撤销；当事人请求撤销的，人民法院或仲裁机构可酌情变更或撤销。被撤销的合同，自始无效。

1. 申请变更或撤销合同的法定事由

(1) 因重大误解订立的合同。

(2) 在订立合同时显失公平的。

(3) 一方以欺诈、胁迫的手段或者乘人之危，使对方在违背真实意思的情况下订立的合同。

电子合同的当事人如果遇到上述情形之一，就可以向人民法院或共同选定的仲裁机构申请变更或撤销合同。

2. 撤销权的消灭

依法享有撤销请求权的一方，如果有下列情形之一，撤销权即消灭。

(1) 具有撤销权的当事人自知道或者应当知道撤销事由之日起1年内没有行使撤销权的。

(2) 具有撤销权的当事人明示或以自己的行为放弃撤销权的。

3.3.3 无效电子合同

无效合同是指不发生法律效力的合同。电子合同一旦被确认为无效，从订立时起就没有法律效力，不受法律保护，即自始无效。合同尚未履行的，不再履行；正在履行的，停止履行；已经履行的，恢复原状，不能恢复原状的，根据各自的责任折价补偿或者承担其他法律后果。

合同无效区分为全部无效和部分无效。合同部分无效，不影响其他部分效力的，其他部分仍然有效。我国《民法典》第五百零六条规定："合同中的下列免责条款无效：造成对方人身损害的；因故意或者重大过失造成对方财产损失的。"

《电子商务法》第四十九条规定："电子商务经营者不得以格式条款等方式约定消费者支付价款后合同不成立；格式条款等含有该内容的，其内容无效。"

合同无效的情形是法定的，除了人民法院依法确认符合上述情形的合同无效外，其他任何组织无权确认或宣布当事人签订的合同无效。

电子合同被依法确认为无效合同，或者电子合同被依法撤销后的法律后果如下所述。

(1) 返还财产或折价补偿。

(2) 赔偿损失。过错方应当赔偿对方因此所受到的损失。双方都有过错的，依过错大小各自承担相应的主次责任。

(3) 追缴。当事人恶意串通，损害国家、集体或者第三人利益的，因此取得的财产收归国家所有或者返还集体、第三人。

(4) 合同无效或者被撤销后，合同中解决争议方法条款的效力不受影响。

🔧3.4 电子合同的履行与违约救济

合同的履行，是指合同当事人按照合同的约定或者法律的规定，全面适当地完成各自承担的合同义务，使债权人的权利得以实现的过程。合同的订立是前提，合同的履行是关键。我国《民法典》第五百零九条第一款规定："当事人应当按照约定全面履行自己的义务。"这是法律对于合同履行的基本要求。

3.4.1 电子合同的履行

尽管电子合同的表现形式和订立过程与传统合同有些不同，但在其履行、终止、违约救济等方面基本上可以适用普通合同法的一般规则。

1. 电子合同履行的原则

合同的履行原则是指合同当事人在履行合同过程中所应当遵循的基本准则。我国《民法典》虽然没有明确规定合同履行的原则，但是，通常认为合同的履行原则主要有全面履行原则和协作履行原则，这两个基本原则同样适用于电子合同的履行。

1) 全面履行原则

《民法典》第五百零九条第一款规定："当事人应当按照约定全面履行自己的义务。"这就是全面履行的原则。全面履行原则是判定合同当事人是否全面履行了合同义务以及当事人是否存在违约事实、是否承担违约责任的重要法律准则。

对于电子合同而言，如果是在线交付，交货一方应给予对方合理检验期，应保证交付标的质量，而付款一方则应依约定按时付款；如果是离线交付，债务人必须由债权人自提或者按照约定发货。

2) 协作履行原则

协作履行原则是指当事人不仅全面履行自己的合同债务，还应基于诚实信用原则，要求对方协助其完成履行。协作履行原则是诚实信用原则在合同履行方面的具体体现。

《民法典》第五百零九条第二款规定："当事人应当遵循诚实信用原则，根据合同的性质、目的和交易习惯履行通知、协助、保密等义务。"具体包括以下几项义务：债务人履行合同债务，债权人应给予适当的便利条件；一方因故不能履行或不能完全履行时，应积极采取措施避免或减少损失；债务人履行合同债务，债权人应适当受领给付等。

在电子合同履行过程中，当事人仍应遵循协作履行原则，如当事人一方在线收集的另一方当事人的有关资料不得被非法利用；为便于债务人发货，债权人应及时告知其身份信息和地址等。

2. 电子合同履行的基本方式

从我国目前电子商务的运行情况看，基本上有三种履行方式：第一种是在线付款，在线交货。此类合同的标的是信息产品，例如，计算机软件、音乐、音像产品的下载。第二种是在线付款，离线交货。第三种是离线付款，离线交货。后两种合同的标的可以是信息产品，也可以是非信息产品。对于信息产品而言，当事人既可以选择离线交货的方式，也可以选择在线下载的方式。

3. 电子信息的交付

1) 合同标的物的交付地点

(1) 以有形介质为载体的信息的交付。当交易的信息的载体是有形介质时，必须按照合同的约定履行，当事人就合同的内容没有约定或约定不明确，应首先达成补充协议，不能达成补充协议的，按交易习惯确定，仍然不能确定的，按照《民法典》第五百一十一条的规定履行："履行地点不明确，给付货币的，在接受货币一方所在地履行；交付不动产的，在不动产所在地履行；其他标的，在履行义务一方所在地履行。"

(2) 以数字化信息形式的交付。对于通过网络在线传输电子信息，如果仍然适用上述履行规则，既违背电子信息的客观规律，同时也会给当事人带来诸多不便。因此，美国《统一计算机信息交易法》第六百零六条规定：以电子方式交付复制的地点为许可方指定或使用的信息处理系统；所有权凭证可以通过惯用的银行渠道交付。基于此，它是与数据电文的发送、接收时间的确定方式是一致的，即以信息系统作为其参照标准。从交付完成的标准看，则是"提交并保持有效的复本给对方支配"，其最终落脚点，是让信息使用人能有效地支配合同项下的电子信息。

2) 对合同标的物的接收及价金的支付地点

(1) 接收标的物的地点。如果合同标的物是电子化的交付，交付地点是由买方指定的信息处理系统；如果电子合同标的物是有形化的交付，则买方应在合同约定或法律规定的履行交付的地点接收该标的物。因此，买方有使其信息处理系统处于可接受卖方履行交付的义务并给卖方适当的通知。如果由于买方信息系统的原因使卖方无法履行其义务或不适当履行其义务，则卖方可以免责。

(2) 价金的支付。价金的支付可以采用网上电子支付的形式。目前各大银行都开辟了网上银行业务，通过电子资金划拨方式可以很便利、快速地完成网上支付。买方按照卖方提供的账号，通过计算机向银行文件转账系统发出指令，银行在核实买方的客户身份后，即可从买方账户上划拨相应资金至卖方账户。当然，当事人也可以采用传统的方式支付价金。

3.4.2 电子合同的违约救济

1. 违约归责原则

归责原则是指据以确定侵权民事责任由行为人承担的理由、标准或者最终决定性的根本要素。合同违约的归责原则主要有过错责任原则和无过错责任原则。过错责任原则，是指以行为人的过错为承担民事责任要件的归责原则，即无过错即无责任。无过错责任原则，是指没有过错造成他人损害的，依法律规定应由与造成损害原因有关的人承担民事责任的原则，英美法称之为"严格责任"。《民法典》第一千一百六十五条规定："行为人因过错侵害他人民事权益造成损害的，应当承担侵权责任。依照法律规定推定行为人有过错，其不能证明自己没有过错的，应当承担侵权责任。"第一千一百六十六条规定："行为人造成他人民事权益损害，不论行为人有无过错，法律规定应当承担侵权责任的，依照其规定。"

尽管电子合同的违约责任主要适用无过错责任，但是由于网络及技术的特殊性，导致极易产生不归属于合同任何一方的错误，为有效保护发展初期的电子商务，学界及实践中普遍采用参照《民法典》基本原则，对比双方权利义务和扩大免责范围等方法鼓励电子合同的订立。

2. 免责事由

免责事由是指免除违约方承担违约责任的原因和理由，包括法定免责事由和约定免责事由。合同责任的免责事由既包括法定的责任事由，如不可抗力；也包括约定的责任事由，如免责条款。

1) 不可抗力

所谓不可抗力，是指不能预见、不能避免并不能克服的客观情况。不可抗力主要包括以下几种情形：自然灾害，如台风、洪水、冰雹；政府行为，如征收、征用；社会异常事件，如罢工、骚乱。合同中是否约定不可抗力条款，不影响直接援用法律规定。约定不可抗力条款如小于法定范围，当事人仍可援用法律规定主张免责；若大于法定范围，超出部分应视为另外成立了免责条款。不可抗力作为免责条款具有强制性，当事人不得约定将不可抗力排除在免责事由之外。

在网络中，下列情形被认为是不可抗力。

(1) 电子文件感染病毒。文件感染病毒的原因可能是遭到恶意攻击，也可能是意外感染，但不论是何种原因，若许可方采取了合理与必要的措施防止文件遭受攻击，如给自己的计算机设备安装了符合标准或业界认可的保护设备，有技术人员定期检查安全设备或对防火墙、杀毒软件等进行升级，仍不能避免被攻击的，由此导致该文件不能使用或无法履行合同义务(如下载服务、浏览服务)的，许可方不承担违约责任。因此，许可方只要尽到了合理注意义务的，不承担违约责任。

(2) 非因自己原因的网络中断。因不可预见和控制的网络传输中断，无法访问或下载许可方的服务信息及产品的，许可方不承担违约责任。网络传输中断大体有物理中断和网络攻击中断，如电缆中断、停电、水淹、黑客攻击等。

(3) 非因自己原因引起的电子错误。本书所指电子错误往往不涉及当事人的意思表示，纯由计算机系统自主做出表示行为。若邮箱发信迟延，第三方支付平台因未知错误未将消费者的价款移转至商家账户，致使商家未履行交货行为的，商家不应承担违约责任。

本书所指电子合同的不可抗力，主要是指电子合同的双方无主观过错或行为，发生此类行为的概率较小且原因一般不明的，如果对此不以法定的不可抗力条款认定，会极大提升电子合同的风险。因不可抗力不能履行合同的，根据不可抗力的影响，部分或全部免除责任。但以下两种情况除外：金钱债务的迟延责任不得因不可抗力而免除；迟延履行期间发生的不可抗力不具有免责效力。

2) 约定的免责条款

约定的免责条款是指当事人在合同中约定免除将来可能发生的违约责任的条款，其所规定的免责事由即约定免责事由。免责条款不能排除当事人的基本义务，也不能排除故意或重大过失的责任。这表明：其一，免责条款是合同的组成部分，是一种合同条款。它既然是一种合同条款，就必须是经当事人双方同意的，具有约定性。其二，免责条款的提出必须是明示的，不允许以默示方式做出，也不允许法官推定免责条款的存在。其三，免责条款旨在排除或限制未来的民事责任，具有免责功能，这是免责条款最重要的属性，是区别于其他合同条款的明显特征。

判断免责条款是否成为合同的组成部分，适用《民法典》关于合同订立的规定。免责条款以格式条款的形式表现时，判断它是否成为合同条款，适用格式条款成为合同的组成部分的规则。

3. 违约救济的主要方式

违约救济，是指一方当事人违反合同约定或法律规定义务的情况下，另一方当事人依照合同约定或法律规定，以保障合同的法律约束力，以维护其合法权益为目的而采取的各种措施的总称。违约救济的目的是保护受害方的权益，使其尽量避免或减少违约造成的损失。《民法典》第五百七十七条规定："当事人一方不履行合同义务或履行合同义务不符合约定的，应当承担继续履行、采取补救措施或赔偿损失等违约责任。"结合电子合同的特点，可认为，电子合同的违约救济还应该有实际履行、停止使用、继续使用、中止访问和损害赔偿等措施。

1) 实际履行

对于信息产品而言，实际履行给了守约方较大的选择权，使得守约方可以在权衡利弊的基础上，选择实际履行或其他补救方式。具体来看，实际履行有着其他补救方式所难以具备的现实意义：第一，信息产品本身的易复制性和不可磨损性使得它不易灭失，这就使违约方在违约后仍然有条件继续履行，对被许可方而言，可以继续得到所需要的信息，这符合被许可方订立合同的基本目的。第二，信息产品多数具有较高的技术含量，守约方难以在短时间内另寻其他替代品，显然对守约方不利。同时，信息产品的销售、许可与服务是浑然一体的，这使得信息产品合同当事人的权利义务比其他合同更复杂，涉及当事人的多种利益，实际履行有利于减少当事人尤其是接受方的利益损失。第三，对于信息访问合同，被许可方的目的是获得相关信息或在线服务，只要不是因为信息内容上或服务难以为继的原因而违约，进行实际履行对当事人双方都具有重要意义。

2) 停止使用

停止使用是指因被许可方的违约行为，许可方在撤销许可或解除合同时，请求对方停止使用并交回有关信息。在传统合同中，因违约而往往采取停止使用并交回标的的情况，例如，房屋的承租方违反约定改变用途，出租方可以解除合同并要求对方交回房屋。当标的为信息产品时，交回的只是信息产品的载体，而信息产品的可复制性使得信息备份基本没有任何成本，所以交回产品的实际意义并不大，只有停止使用才能保护许可方的利益。停止使用的内容包括被许可方将所占有和使用的被许可的信息及所有的复制件、相关资料退还给许可方，同时被许可方不得继续使用。许可方也可以采用电子自助措施停止信息的继续被利用，但是行使该电子措施不得损害被许可方的合法利益，如侵害或损坏了被许可方的计算机设备及程序。

3) 继续使用

继续使用是指在合同终止或许可方有违约行为时，被许可人可以继续使用许可方的信息产品。继续使用不同于继续履行，继续履行的内容是强制违约方交付按照合同约定本应交付的标的，是实际履行原则的补充。因此，继续履行是违约方的一种责任，而继续使用是赋予守约方的一种特殊权利。对于信息许可使用和信息访问而言，如果许可方违约，未按照合同约定提供服务或产品，只要受害方认为必要，可以要求违约方继续履行。但是在被许可方实际使用或获得许可后，许可方的违约并不需要继续履行，而是被许可方继续使用即可满足违约救济的目的。被许可方的继续使用不排除寻求因违约行为导致的其他救济。

4) 中止访问

中止访问是对信息许可访问合同的救济，当被许可方有严重违约行为时，许可方可中止其获取信息或使用该信息产品。中止访问不同于实际履行或继续履行，中止访问是许可方对被许可方的一种抗辩行为，是履行中的抗辩。

作为一种抗辩，中止访问必须符合以下具体条件。

(1) 合同当事人双方具有对待给付的义务，即信息许可访问合同是双务合同。

(2) 合同约定的义务已届履行期。

(3) 未按合同的约定履行相应义务，如杀毒软件的使用方未按规定的时间交付使用费，许可方可以中止其升级、维护的权利。

(4) 在许可方采取中止措施之前，应通知被许可方并给其留有一定的履行时间。如果被许可方在通知规定的时间内，消除了违约行为则中止访问的措施不应采用。

5) 损害赔偿

在电子合同违约救济中，损害赔偿也是一种常用的救济方式，是违约方以支付金钱的方式弥补受害方因违约行为所减少的财产或所丧失的利益。损害赔偿是最基本和最重要的违约救济方式，它与上述几种违约救济方式是互补的，一方违约后，除了可要求其采取特定补救方式外，对已造成的损害，违约方还应予以赔偿。

扩展阅读

王伟. 论在线履行数字电子合同的履行地确认机制[J]. 政法论丛，2003，(04).

第4章 电子签名与电子认证法律制度

■ 导读案例：韩女士通过手机短信向杨先生借钱

2004年1月，杨先生结识了女孩韩某。同年8月27日，韩某发短信给杨先生，向他借钱应急，短信中说："我需要5000元，刚回北京做了眼睛手术，不能出门，你汇到我卡里。"杨先生随即将钱汇给韩某。一个多星期后，杨先生再次收到韩某的短信，又借给韩某6000元。因两次借款都是短信来往，杨先生没有索要借据。此后，因韩某一直没提过借款的事，第三次向杨先生借款时，杨先生产生了警惕，于是向韩某催要借款，但一直索要未果，于是起诉至北京市海淀区人民法院，要求韩某归还其11 000元钱，并提交了银行汇款回执单两张，但韩某却称这是杨先生归还以前欠她的欠款。

为此，在庭审中，杨先生在向法院提交的证据中，除了提供银行汇款回执单两张外，还提交了自己使用的号码为"1391166××××"的飞利浦移动电话一部，其中记载了部分短信息内容。后经法官核实，杨先生提供的发送短信的手机号码拨打后接听者是韩某本人，而韩某本人也承认，自己从2003年七八月份开始使用这个手机号码。

法庭判决：

法院经审理认为，依据《最高人民法院关于民事诉讼证据的若干规定》中的关于"承认"的相关规定，"1391173××××"的移动电话号码是否由韩女士使用，韩女士在第一次庭审中明确表示承认，在第二次法庭辩论终结前韩女士委托代理人撤回承认，但其变更意思表示未经杨先生同意，亦未有充分证据证明其承认行为是在受胁迫或者重大误解情况下做出，因此原告杨先生对该手机号码是否为被告所使用不再承担举证责任，应由被告对该手机其没有使用过承担举证责任，而被告未能提供相关证据，故法院确认该号码系韩女士使用。

依据2005年4月1日起施行的《中华人民共和国电子签名法》(简称《电子签名法》)第二条规定："电子签名，是指数据电文中以电子形式所含、所附用于识别签名人身份并表明签名人认可其中内容的数据。本法所称数据电文，是指以电子、光学、磁或者类似手段生成、发送、接收或者储存的信息。"移动电话短信息即符合电子签名、数据电文的形式。同时移动电话短信息能够有效表现所载内容，并可供随时调取查用；能够识别数据电文的发件人、收件人以及发送、接收的时间。经本院对杨先生提供的移动电话短信息生成、储存、传递数据电文方法的可靠性，保持内容完整性方法的可靠性，用以鉴别发件人方法的可靠性进行审查，可以认定该移动电话短信息内容作为证据的真实性。根据证据规则的相关规定，录音、录像及数据电文可以作为证据使用，但数据电文可以直接作为认定事实的证据，还应有其他书面证据相佐证。

通过韩女士向杨先生发送的移动电话短信息内容中可以看出：2004年8月27日，韩女士提出借款5000元的请求并要求杨先生将款项汇入其卡中；2004年8月29日，韩女士向杨先生询问款项是否存入；2004年8月29日，中国工商银行个人业务凭证中显示杨先生给韩女士汇款5000元；2004年9月7日，韩女士提出借款6000元的请求；2004年9月8日，中国工商银行个人业务凭证中显示杨先生给韩女士汇款6000元；2004年9月15日至2005年1月，韩女士屡次向杨先生承诺还款。

杨先生提供的通过韩女士使用的手机号码发送的移动电话短信息内容中载明的款项往来金额、时间与中国工商银行个人业务凭证中体现的杨先生给韩女士汇款的金额、时间相符，且移动电话短信息内容中亦载明了韩女士偿还借款的意思表示，两份证据之间相互印证，可以认定韩女士向杨先生借款的事实。据此，杨先生所提供的手机短信息可以认定为真实有效的证据，证明事实真相，本院对此予以采纳，对杨先生要求韩女士偿还借款的诉讼请求予以支持。

资料来源：找法网.电子签名法第一案解析：手机短信息也可作证据[EB/OL]. (2009-11-27)[2020-05-11]. https://china.findlaw.cn/jingjifa/dianzishangwufa/dzqm/qmxl/498.html.

4.1 电子签名法律制度

在电子商务领域，电子签名对金融借款合同的成立及由此产生的法律责任至关重要。电子商务活动是通过电子商务平台开展的，在贸易磋商、合同订立等整个贸易过程中，参与交易的各方可能自始至终不需要见面，且各方交换的信息都是以数据电文的形式通过互联网在不同的计算机之间进行传递，这使得传统贸易方式下基于纸质环境的签名表现出不适用和不可能性。目前，在网络环境下，通过电子签名的方式来确定交易各方的身份，这种电子签名是由符号及代码组成的，它具备了传统签名的以下3个功能：确定一个人的身份，肯定是该人自己的签名，使该人与文件内容发生关系。对每一方来讲，具体采取什么符号或代码，将根据现有的技术、相关经验、可应用标准的要求及使用的安全程序来做出决定。2004年8月28日，第十届全国人民代表大会常务委员会第十一次会议通过的《中华人民共和国电子签名法》(简称《电子签名法》)规范了电子签名行为，确立电子签名的法律效力，维护有关各方的合法权益；2019年4月23日，第十三届全国人民代表大会常务委员会第十次会议对《电子签名法》进行了最新修订，以下内容均依据最新版《电子签名法》进行讨论。

4.1.1　电子签名的概念

2001年，联合国贸易法委员会颁布的《电子签名示范法》对"电子签名"进行了界定，提出，"电子签名"指在数据电文中，以电子形式所含、所附或在逻辑上与数据电文有联系的数据，此种数据具有签名的功能，即可用于识别与数据电文有关的签名人的身份并表明签名人认可数据电文所含信息。《电子签名法》总则第二条也规定："电子签名，是指数据电文中以电子形式所含、所附用于识别签名人身份并表明签名人认可其中内容的数据。本法所称数据电文，是指以电子、光学、磁或者类似手段生成、发送、接收或者储存的信息。"

电子签名的概念包括广义和狭义的两种。广义的电子签名一般包括各种电子手段在内的电子签名。《电子签名示范法》和《电子签名法》中对电子签名的定义即属于广义的电子签名，这表明了联合国和我国在电子商务立法上的态度，对电子签名的定义采取了外延广阔的概念而不是限制其采用的某种特定技术方法，以便为其他技术或未来新技术的发展留下空间。而狭义的电子签名是指以一定的电子签名技术为特定手段的签名，通常指数字签名，它是以非对称加密方法产生的数字签名。

狭义的电子签名定义只明确采用某种特定技术的电子签名的法律效力，对采用其他技术的电子签名的法律效力未做规定，一般指目前实践中应用得较多、较广的数字签名方式。这种签名只有信息发送者才能生成，别人无法伪造，生成的该数字串同时也是对发送者发送的信息的真实性的证明。联合国国际贸易法委员会《电子签名统一规则草案》采用这种定义。狭义的电子签名以特定的技术作为有效签名手段，以保障签名的安全性，这种方法采用统一的技术与标准，容易规范商务活动中的签名。它所使用的技术要比广义电子签名所使用的技术更确定、更趋于成熟，其适用范围要比广义电子签名广泛一些。

数字签名(又称公钥数字签名、电子签章)是一种使用了公钥加密领域的技术实现，类似写在纸上的普通的物理签名，用于鉴别数字信息的方法，是非对称密钥加密技术与数字摘要技术的应用。通俗来讲，数字签名就是只有信息的发送者才能产生的、别人无法伪造的一段数字串，这段数字串同时也是对信息的发送者发送信息真实性的一个有效证明。一套数字签名通常定义两种互补的运算，一个用于签名，另一个用于验证。

4.1.2　电子签名的实现方式与特征

1. 电子签名的实现方式

《电子签名法》的定义从形式(数据电文中以电子形式)和功能(用于识别签名人身份并表明签名人认可其中内容)两个角度对电子签名进行了界定，说明电子签名在本质上是一种"数据"。我们所看到的呈现在用户面前的电子印章等，是电子签名这种数据的一种图像化的表现形式。

电子签名的实现方式并不唯一，主要有三种：①基于指纹、虹膜等生物特征的签名；②基于个人识别码等约定记号的签名；③基于非对称加密的数字签名。前两者在形式上与传统签名(如手写签名、按手印、盖章等)相似。基于非对称加密的数字签名是目前使用最广泛的电子签名方法，其可靠性源自"加密"过程与传统签名过程的相似：首先，传统签名的签字人具有一个专属的手写签名或印章，加密的发起人同样可以选择一种专属的加密方法；其次，签字或盖章表示文件来自一个明确的签字人且签字人知悉并认可文件内容，而采用事先约定好的方法加密的电子文件同样有着明确的来源；最后，文件在签字和盖章以后难以被修改，而加密后的电子文件无法被修改，擅自修改会使其无法被正常解密而失效。

不同电子签名应用场景下的司法证明责任不同，常见的电子签名场景分为三种。

第一种是单方电子签名。单方电子签名的特点是有效签名人往往只有一方。比如时间戳服务就是由用户向时间戳公司提交数据，时间戳公司通过技术手段"签收"数据就表明时间戳公司于某年月日收到了某样"东西"。当然，如果将来公证机关开展类似的网上数据"提存公证"服务，也属于单方电子签名。实践中，这种单方签名还有很多。比如，工信部起草的"手机App预置管理规定"就提到建议App的开发者对所开发的App进行数字签名以确保App不会被人恶意篡改，确保App的完整性。另外，操作系统软件也是可以进行类似的系统"签名"的。单方电子签名与传统领域签收快递包裹很相似。收件人收到包裹时，收件人单方需要签字，但快递员是不需要签名的，这就是典型的单方签名。传统领域里有签名的地方，网络里就会有电子签名。那么，单方电子签名的证明价值是什么呢？它就是用于证明签名人自己签收、固定"特定"的电子数据。这种电子数据可以是一个电子文件、一个应用软件、一个操作系统软件，或者是任意一段数据电文。

第二种是双方电子签名。双方电子签名一般发生在双方交易里。在这种交易中，因为没有第三方认证者介入，其中一方签名人需兼具认证者的身份。比如有些没有第三方认证介入的电子商务公司或者网上银行，电商公司或银行他们既是交易的相对方，同时又承担识别用户的"认证方"。那么，在这种情形下，当发生交易纠纷时，电子商务公司或银行既要证明交易行为的存在，还要证明交易行为是与某个特定的人所完成的。换言之，没有第三方认证者介入的电商公司或银行，既要证明交易行为"本身"，还要证明"人-机器-数据-行为"的同一性。

第三种是三方电子签名。三方电子签名也是发生在双方交易里，但在这种交易中，由于第三方认证者的介入，签名人与认证者的身份不再"同一"。也就是说，不管是用户，还是电商公司，或是银行，他们都是纯粹的交易相对方，而身份的认证者由专门的机构承担。这里的身份认证者就是《电子签名法》第十六条"电子签名需要第三方认证的，由依法设立的电子认证服务提供者提供认证服务"里所规定的"电子认证服务提供者"。当然，这些电子认证服务提供者需要承担相应的证明责任。这个证明责任就是前面所说的"人-机器-数据-行为"的同一性。也就是说，在有第三方认证者介入的交易场景里，电商公司或银行只要承担交易行为"本身"的证明责任，而"人-机器-数据-行为"的证明责任则由电子认证服务提供者来承担。

数字签名通常使用哈希(Hash)函数来产生和检验。数字签名技术就是将摘要信息用发送者的私钥加密，与原文一起传送给接收者；接收者只有用发送者的公钥才能解密被加密的摘要信息，然后用哈希(Hash)对收到的原文产生一个摘要信息，与解密的摘要信息对比；如果相同，则说明收到的信息是完整的，在传输过程中没有被修改，否则说明信息被修改过。因此，数字签名能够验证信息的完整性。

2. 电子签名的特征

基于电子签名特殊的实现方式，电子签名具有三大特征：①私有性。电子签名本质上属于一种数据，这种数据是私人专有的，应属于个人信息的一种，自然人的个人信息受到法律保护，他人不得非法收集、使用、买卖、公开他人个人信息。因此该电子签名只能归电子签名人本人所拥有，其他任何人都没有使用权利。②唯一性。电子签名一经设定，便具有了唯一性，其他任何钥文均不可能被网银系统所识别、验证。③秘密性。电子签名人用私钥加密电子文件，仅自己知悉该私钥。在网银业务中，电子签名主要表现为一组数字、符号组成的私人密码，该密码除非由本人告知他人或者通过极其复杂的过程被破译，他人不会知晓，因此处于保密状态下的电子商务活动具有"不可抵赖性"。

4.1.3　电子签名的法律效力

随着电子商务的发展，电子签名被越来越多地使用，其涉及的法律问题也显得日益突出，交易安全愈发无法得到保障。所以，电子签名不仅是一个技术安全问题，还需要相关法律赋予电子签名合法的地位，保障使用者的权益。

《民法典》第四百六十九条规定："书面形式是合同书、信件、电报、电传、传真等可以有形地表现所载内容的形式。以电子数据交换、电子邮件等方式能够有形地表现所载内容，并可以随时调取查用的数据电文，视为书面形式。"表明电子合同与传统的纸面合同在内容上并无区别，只是载体的不同。电子签名是在互联网时代对传统签名的发展，它在电子合同中所要实现的同样是上述两个功能：一是电子签名的使用表明对电子签名人身份的鉴别；二是电子签名的使用表明电子签名人对信息的发送予以认可，系电子签名人的意思表示。

《电子签名法》第十三条规定，电子签名同时符合下列条件的，视为可靠的电子签名："电子签名制作数据用于电子签名时，属于电子签名人专有；签署时电子签名制作数据仅由电子签名人控制；签署后对电子签名的任何改动能够被发现；签署后对数据电文内容和形式的任何改动能够被发现。当事人也可以选择使用符合其约定的可靠条件的电子签名。"《电子签名法》第十四条规定："可靠的电子签名与手写签名或者盖章具有同等的法律效力。"由此可见，电子签名是否可靠决定了其是否能与传统手写签名或者盖章具有同等的法律效力，同时受到法律保障。

电子签名具有以下法律特征：①电子签名存在于数据电文中，是一种特殊的书面签名；②电子签名具有保密性，电子签名是在保密状态下进行的，签署者本人享有拒绝、排斥任何未经法律批准的监视、窥探及披露的权利；③电子签名具有可识别性，使用者可以以此表达身份；④电子签名的方式具有多样性，包括个人口令、密码、特定加密技术、生物特征鉴别等；⑤电子签名具有不可否认性，由于电子签名采用了特定的加密技术，只有发送者才知道产生电子签名的密钥，所以发送者无法否认已经签过电子签名后发出的数据电文；⑥任何其他人均不能伪造电子签名，如果当事人就签名的真伪发生争执，能够由公正的第三方进行裁决，通过验证签名来确认其真伪。从电子签名的法律特征可以看出，电子签名具备了传统签名的所有功能，用电子签名替代传统签名不存在任何功能上的障碍。

4.1.4　电子签名立法

随着政府电子政务活动的兴起，电子签名法也必然在其中起到重要的作用。2000年6月30日，美国《全球及全国商务电子签名法案》的签署，标志着以美国为首的西方国家在电子签名法律领域的相对完备。作为我国首部信息安全相关法律，2004年《中华人民共和国电子签名法》的制定，标志着我国在信息法律领域空白的结束，对我国电子商务的发展具有划时代的意义。

1. 我国《电子签名法》概述

电子商务法中的电子签名立法问题是核心内容，很多国家都制定了相关法律。但是，在我国，电子签名及其所涉及的种种相关问题在一开始并未制定相关法律法规去进行监管。从2002年开始，当时国务院信息办委托有关单位开始起草《中华人民共和国电子签章条例》，最初的定位是行政法规，但在网络经济迅猛发展的背景下，国务院决定直接将该立法的层级提高为法律。在对原来起草的条例内容进行了较大幅度的修改后，形成了《中华人民共和国电子签名法(草案)》。2004年8月28日，第十届全国人民代表大会常务委员会第十一次会议通过了《中华人民共和国电子签名法》(简称《电子签名法》)，明确《电子签名法》自2005年4月1日起施行。这是我国第一部真正意义的电子商务法，对于规范电子签名和电子认证具有重要的作用。我国在规范电信企业、互联网服务提供者和上网用户的行为方面，已先后制定了30多部法律、法规和规章，但在信息化立法方面，《电子签名法》是首部信息安全相关法律。因此，它的制定是我国电子商务发展的里程碑，它的颁布和实施必将极大地改善我国电子商务的法制环境，促进安全可信的电子交易环境的建立，从而大力推动我国电子商务的发展。

2.《电子签名法》的立法特点

我国《电子签名法》的制定采用了联合国及其他一些国家电子签名法常用的立法技巧。总体来看，电子签名法的制定具有三个共性。

一是技术问题复杂，但法律问题相对简单。因为商务活动的绝大多数法律问题在传统法律中已经解决，电子签名法只要解决因商务活动信息载体的变化所涉及的法律问题，而这些问题大多只要采用"功能等同"的办法做出相应规定。

二是具有很强的国际统一趋势。因为电子商务的显著优势就在于利用不受国界限制的全球性网络方便地进行网上交易，这就必然要求电子签名法律制度应当是国际统一的。

三是采取了"技术中立"的立法原则，即法律只规定作为安全可靠的电子签名所应达到的标准，至于采用何种技术手段来实现这一标准，法律不做规定。

从法律条文内容来看，《电子签名法》具有三个方面的特点：一是引导性。法律对于交易活动是否使用电子签名、使用电子签名是否需要第三方认证，并未做强制性规定。二是开放性。法律条文主要适用于电子商务活动，但又不局限于电子商务。三是原则性。法律对一些条件的设置只做了原则性的要求，并未做出具体化的规定，给执行部门留出了一定的操作空间。

3.《电子签名法》的立法目的

(1) 规范电子签名行为。在传统的交易过程中，为了保证交易安全，交易中的文件一般都要由当事人签字或者盖章，以便能够确认签名人的身份，并保证签字或者盖章的人认可文件的内容。当交易通过电子的形式进行时，传统的手写签字和盖章无法进行，必须依靠技术手段替代。这种在电子文件中识别交易人身份，保证交易安全的电子技术手段，就是电子签名。

随着电子商务和电子政务的迅猛发展，电子签名的应用范围愈加广泛。但是，电子签名是一个新兴事物，在传统的法律环境下，电子签名的应用也遇到了一些法律上的问题：一是电子签名、数据电文是否具有法律效力无明文规定，造成了电子商务和电子政务发展的法律障碍，客观上制约了电子商务和电子政务的发展；二是电子签名的规则不明确，对电子签名人的行为缺乏规范，发生纠纷后责任难以认定；三是电子认证服务提供者的法律地位和法律责任不明确，行为不规范，认证的合法性难以保证；四是电子签名的安全性、可靠性没有法律保障，交易方对电子交易的安全没有信心。

电子签名法通过确立电子签名的法律效力和签名规则，设立电子认证服务市场准入制度，加强对电子认证服务业的监管，规定电子签名安全保障制度等，来规范各方当事人在电子签名活动中的行为，确立其行为准则。

(2) 确立电子签名的法律效力。电子签名的法律效力是电子签名法所要解决的最重要问题。确立电子签名的法律效力，关键在于解决两个问题：一是通过立法确认电子签名的合法性、有效性；二是明确满足什么条件的电子签名才是合法的、有效的。

(3) 维护有关各方的合法权益。这里讲的"有关各方"包括电子签名人、电子认证服务提供者以及与电子签名人进行交易的电子签名依赖方等参与电子签名活动的当事人。有关各方在电子签名活动中的合法权益都受到法律的保护。电子签名法规定了各方在电子签名活动中的权利义务，明确了电子签名活动规则，确立各方当事人在电子签名活动中的行为准则，并规定违反法定义务和约定义务的当事人要承担相应的法律责任，以达到平等保护各方当事人合法权益的目的。

4. 电子签名立法的模式

关于电子签名立法的模式，根据不同的技术方案，综合世界各国几十部电子商务法，大致可以分为以下三种。

(1) 技术特定化立法模式。技术特定化立法模式，即法律只明确采用某种特定技术的电子签名的法律效力，对采用其他技术的电子签名的法律效力未做规定。

目前采取这种模式的国家都着眼于数字签名技术，这种模式的立法实际上是数字签名的立法，因为它将数字签名技术作为电子签名的法定技术，集中规定了数字签名技术规则和法律效果，只承认数字签名的法律地位，因此也称数字化签名立法模式。数字化签名立法模式又可以具体分为三种类型：纯技术标准型、确认法律效果型和组织机构型。纯技术标准型的立法是通过立法手段为数字签名确定一个技术标准，这样的立法一般不涉及电子签名的法律后果，尽管有时可以从其立法中隐含地推出来。如韩国电子署名法只承认数字签名为合法的电子签名。韩国电子署名法规定：与公认认证机关颁布的认证书所包含的电子署名检证键一致的电子署名生成键所生成的电子署名，可视为依法而定的署名或印章。确认法律效果型的立法不但规定了对于数字签名的法律确认，使数字签名取得与传统的手书签名相同的法律地位，而且提供了有关责任分配的规则。组织机构型的立法既不为数字签名设定一个技术标准，也不明确地承认数字签名的法律地位，而是对数字签名之认证机构这一组织提出一系列要求，对其进行许可、监督和管理等，其目的是通过确保认证机构的可能性与安全性来加强人们对电子商务的信心。技术特定化立法模式对使用数字签名的法律后果并无规定。

(2) 技术中立型立法模式。技术中立型立法模式，也称最低限度方案。它确立技术的"中立"地位，认为电子签名存在多种技术手段，应由市场和消费者去做出判断和选择，立法者只需要提出原则性要求，政府不应对具体技术做出选择。这种立法模式并不强调某一种特定的技术方案，而对广义范围的电子签名给予法律承认。因为这种立法模式主要关注签名相应的功能以及这些功能所借以转化为技术应用的方法，因此也被称为功能等同方式。

"技术中立"原则，也称"不歧视(平等对待)原则"或"媒介中立"原则，它是电子签名法所独有的法律原则，是指不应歧视不同的通信技术，任何技术(如数字签名技术或生物识别技术)都应在法律上享受同等待遇，以及不应歧视不同的媒介，纸张文件和电子记录都应享受平等待遇。例如在电子签名法的发源地美国，政府在这一问题上持下列观点："技术中立指所有的规则都不应当限制或暗示某种认证技术的使用和发展。国家应当预料到认证方式会随着时间发生变化，并避免出现可能妨碍技术革新与应用的立法。此外，还应当避免出现那些法律，它们在有意无意之间驱使私人机构采用某种特定的电子认证技术同时却排除了其他可能的认证方法。"

技术中立型立法的目标是通过扫除电子商务的法律障碍，避免建立新规则，来实现电子签名的统一使用、认证和实施。采用技术中立型立法模式的有联合国贸易法委员会《电子签名示范法》、澳大利亚《电子交易法案》、加拿大《统一电子商务法(草案)》等。《电子商务示范法》是技术中立型立法的代表，该法包括了电子签名的功能及其约束力，承认电子形式产生和签订文件的完全法律效力。另外，经济合作与发展组织(OECD)也持相同的观点，强调电子数据完整性和安全性的重要意义以及对一个减少干预但值得信赖的认证系统的需求。

(3) 双轨制立法模式。"双轨制方案"是一种混合型的折中方案，即一方面，它为电子签名技术设定要求，赋予其最低限度的法律效力；另一方面，赋予某些广泛使用的技术以更大的法律效力。与"数字签名方案"不同，此方案为科技将来的发展留下空间，以建立一套不受时间淘汰的规则体系。通过这种立法模式，立法者一方面在其立法中对电子签名提出某种技术要求，另一方面又为新的技术发展留下空间，使得他们的立法更具有持久性。

通过这种立法模式，立法为电子签名方式提出了法律上的要求。这使电子签名获得某种最低的法律地位的同时，又被赋予了某种电子认证技术更大的法律效力。这种被赋予了更高的法律地位的技术被称为"强化电子签名"(enhanced electronic signature)，有时又称为"安全电子签名"。"强化电子签名"是指经过了一定的安全应用程序，能够达到传统签名的等价功能的电子签名方式。强化电子签名的具体形式是开放型的，任何能够达到同一效果的技术方式都可囊括于内。与电子签名、数字签名的概念相比较，强化电子签名是一种折中式的概念。电子签名、数字签名以及强化电子签名三者之间的关系如下：强化电子签名是电子签名的下位概念，在电子签名所执行的基本功能和技术手段方面，两者是一致的，但在安全程度方面，强化电子签名增加了对电子签名安全性的要求。数字签名是安全电子签名的下位概念。从效果上看，强化电子签名与数字签名的要求是基本一致的，都必须达到一定的安全水准，但两者所肯定的技术范围不同，数字签名指定了某种技术为有效的电子签名，而强化电子签名则只是概括地提出安全签名的基本标准，凡是达到这个标准的，都可以被称为强化电子签名。

双轨制立法模式的突出代表是新加坡的《电子交易法案》，除此以外还有欧盟的《关于建立电子签名共同法律框架的指令》等。这种立法模式不仅规定了技术中立，承认大多数的技术，还通过承认身份认证系统的自由选择，设定了一个创新的法律环境。目前，"双轨制方案"已成为各国电子签名立法关注的焦点，但它也容易导致各国政策的分歧，这些分歧可能阻碍统一、和谐的电子签名规范制度的建立，给电子商务市场带来严重的后果。

5. 我国《电子签名法》的立法模式

从《电子签名法》的内容来看，我国采用的是双轨制的立法模式，即一方面规定了电子签名的一般效力，保持技术中立性，适用于以任何技术为基础的电子签名；另一方面对"可靠电子签名"做出了特别规定，对符合特定条件的电子签名赋予其明确的法律地位，指出"可靠的电子签名与手写签名或者盖章具有同等的法律效力"(第十四条)。这样既保持了法案的技术中立性，不拘泥于某种特定的技术，使法律规定具有开放性和前瞻性，同时又不失现实性，法律可以全面支持业已成熟的或正在被普遍接受的非对称性公开密钥加密技术的使用。《电子签名法》第二条对"电子签名"下了一个明确的定义："本法所称电子签名，是指数据电文中以电子形式所含、所附用于识别签名人身份并表明签名人认可其中内容的数据。"该定义很好地运用了技术中立的立法技巧，运用功能等同法赋予了电子签名与传统手书签名同等的法律效力。

该法案的第十三条还规定："电子签名同时符合下列条件的，视为可靠的电子签名：电子签名制作数据用于电子签名时，属于电子签名人专有；签署时电子签名制作数据仅由电子签名人控制；签署后对电子签名的任何改动能够被发现；签署后对数据电文内容和形式的任何改动能够被发现。"

另外，虽然该法案第十三条对于什么是可靠的电子签名做了详细的规定，并明确"可靠的电子签名与手写签名或者盖章具有同等的法律效力"，但同时又在该条款中明确规定"当事人也可以选择使用符合其约定的可靠条件的电子签名"，只有具备相当严格的条件(如该法十三条规定的4个条件，缺一不可) 的电子签名才能完全与手写签名或者盖章具有同等的法律效力，如果由当事人任意设定的条件都可以使之成为可靠的电子签名的理由，那就会使可靠电子签名的认定条件形同虚设，容易在具体运用中造成混乱。

4.1.5　电子签名双方的义务和责任

1. 电子签名人的义务和责任

1) 电子签名人的义务

我国《电子签名法》第十五条就电子签名人在电子签名活动中应当承担的义务进行了明确的规定："电子签名人应当妥善保管电子签名制作数据。电子签名人知悉电子签名制作数据已经失密或者可能已经失密时，应当及时告知有关各方，并终止使用该电子签名制作数据。"

(1) 电子签名人的基本义务是妥善保管好电子签名制作数据，这项义务在有关电子商务法签名的相关法律规范以及在电子银行交易中都已经普遍存在。根据《电子签名法》第十五条的规定以及《电子签名示范法》第八条第一款的规定，这一义务是所有使用电子签名来代替手写签名的签名人所应当负有的，其目的就是要保证交易双方对电子签名交易安全的信赖，降低当事人双方因信赖对方所制作的电子签名而可能产生的法律风险，从而促使更为简便有效的电子签名在电子商务领域的大面积使用。

(2) 电子签名人的危险通知义务。《电子签名法》第十五条还规定，电子签名人已经知悉其电子签名制作数据已经失密或者可能已经失密，应当及时通知各方当事人，并终止使用该电子签名制作数据。事实上，要求签名人全方位地通知所有可能的电子签名依赖方是不太现实的，但其应尽最大合理努力通知合理设想范围内可能依赖其电子签名进行活动的电子签名依赖方。

(3) 电子签名人的信息内容真实、完整、准确的保证义务。电子签名人不仅仅要妥善保管其电子签名制作数据，还应当保证其所提供的电子签名制作数据的真实、完整和准确，尤其是在电子签名人向电子认证服务提供商提交有关电子签名制作数据的时候。为此，《电子签名法》第二十条明确规定："电子签名人向电子认证服务提供者申请电子签名认证证书，应当提供真实、完整和准确的信息。"

2) 电子签名人的责任

我国《电子签名法》第二十七条规定："电子签名人知悉电子签名制作数据已经失密或者可能已经失密未及时告知有关各方，并终止使用电子签名制作数据，未向电子认证服务提供者提供真实、完整和准确的信息，或者有其他过错，给电子签名依赖方、电子认证服务提供者造成损失的，承担赔偿责任。"根据该条规定，电子签名人由于未履行前述第十五条规定的法定义务造成他人损失的，应当承担相应的民事赔偿责任。

(1) 电子签名人作为电子签名活动中的一方当事人，除了享有法律赋予的权利以外，还应当履行法律规定的义务。电子签名人应当妥善保管电子签名制作数据。电子签名人知悉电子签名制作数据已经失密或者可能已经失密时，应当及时告知有关各方，并终止使用该电子签名制作数据。如果电子签名人未妥善保管电子签名制作数据，知悉电子签名制作数据已经失密或者可能已经失密时，未及时告知有关各方，则可能使电子签名活动中的其他各方当事人因信赖所使用的电子签名制作数据而遭受损失，对于所造成的损失，电子签名人应承担赔偿责任。

(2)电子签名人向电子认证服务提供者申请电子签名认证证书时，应当提供真实、完整和准确的信息。电子签名人由于其提供的信息不真实、不完整、不准确，给电子签名活动的其他各方当事人造成损失的，应承担赔偿责任。

(3) 电子签名人由于自己的过错给电子签名依赖方、电子认证服务提供者造成损失的，承担赔偿责任。《电子签名示范法》对电子签名人的义务也做了类似《电子签名法》的规定，签名人知悉签名制作数据已经失密或者签名人知悉导致签名制作数据可能已经失密的重大风险情况时，应毫不迟疑地做出合理的努力，向签名人可以合理预计的依赖电子签名或提供支持电子签名服务的任何人发出通知。如果未满足以上要求，应承担由此引起的法律后果。

(4) 电子签名人承担赔偿责任的前提条件是主观上必须有过错。可以看出，《电子签名法》对电子签名人承担民事责任实行的是过错责任原则。如果电子签名人主观上没有过错，则不承担赔偿责任。

2. 电子签名依赖方的义务和责任

1) 电子签名依赖方的义务

电子签名依赖方是指可能根据某一证书或电子签名行事的人。电子签名依赖方应当采取合理的步骤审查电子签名的可靠性；或者在电子签名有证书支持的时候采用合理的步骤审查证书的有效性或证书是否存在被撤销或吊销的情形，按照证书的实际状态或其存在的法律限制采取相应的行动。

2) 电子签名依赖方的责任

电子签名依赖方如果违反上述义务，本身并不需要承担真正的民事责任，但可能会引起未能尽到合理的审查义务而承担无法追究签名人或电子认证服务提供者的法律责任的后果。具体如何确定电子签名依赖方的不利后果，《电子签名法》并无明确的规定。在这方面，《电子签名示范法》第十一条做出一个比较好的示范作用，规定："依赖方应当对其未能做到如下承担法律后果：采取合理的步骤查验电子签名的可靠性；在电子签名有证书支持时，采取合理的步骤；核查证书的有效性、证书的暂停或撤销；遵守对证书的任何限制。"

3. 电子签名人及电子签名依赖方的违约责任

在司法实践中会存在诉称自己的电子签名被冒用而进行取款、借贷的案件。在此类案件中存在两种形态：一是电子签名人作为原告起诉电子签名依赖方(如银行)违约；二是电子签名依赖方作为原告起诉电子签名人违约。这两种形态的案件都是合同纠纷中的违约责任承担问题。判断违约责任是否构成，应当具备三个构成要件：合同成立、有效，这是判断违约责任的基础和先决条件；须有违约行为；须违约方没有法定或者约定的免责事由。

在判断违约责任承担的三个要件时，首先应当判断合同是否成立，否则违约责任无从谈起。在电子商务交易过程中，电子合同订立的形式要件已经被固定，合同成立的关键点在于基于电子签名认定该交易行为能否代表交易主体真实的意思表示。《电子签名法》第十三条从专有性、可控性、改动易被发现等方面规定了何为可靠的电子签名，但是只要是通过数字签名技术生成并由认证机构所认证的电子签名均具备上述三种性质，均无法基于该条款对标准化量产的电子签名进行效力判定，因此《电子签名法》第十三条的规定在实践中难以作为诉讼依据。

1) 电子签名人及电子签名依赖方违约行为与免责事由

(1) 违约行为。违约行为的体现在以下两类案件之中并不相同：第一类，在电子签名人作为原告起诉电子签名依赖方(如银行)违约的案件中，违约行为是指电子签名依赖方未尽到善意管理人注意义务，未按合同约定妥善履行保证存款安全性和流动性义务，导致合同存款被冒名领取。在司法实践中，该诉讼请求成立情况较少。第二类，在电子签名依赖方作为原告起诉电子签名人违约的案件中，违约行为是指电子签名人在合同成立后，未在法定期限内及时履行合同义务(如还款义务)。

(2) 免责事由。《电子签名法》第十五条规定了电子签名人在知悉电子签名泄露的情况下应当履行的及时告知义务，电子签名人履行了该项义务(如电子签名人在银行卡密码泄露后及时向银行进行了挂失)，则可以作为其免责事由。

2) 电子签名使用即为本人行为原则

电子商务的交易模式有别于传统商务模式面对面的磋商，如何判断电子签名是否为电子签名人自己发出的尚存在困难，因此只要在客观上使用了电子签名，就应当认为是电子签名人本人从事了交易行为，并对内容进行了认可且对此次签名行为承担后果。这便是电子签名使用即为本人行为原则。该原则在司法实践中也被认可，如在中国建设银行太仓分行与太仓某包装制品有限公司陈某某等金融借款合同纠纷一案中，被告陈某某主张其个人网银置于他人控制之下，但并未要求银行终止其个人网银盾制作数据，被告陈某某作为完全民事行为能力人，无论自行操作抑或授权他人操作，均应预见并承担相应法律后果，故法院对被告陈某某不应承担还款责任的抗辩意见未予采纳。

电子签名使用即为本人行为原则的理由有以下几点。

(1) 外观主义原则的体现。外观主义原则是指对于做出如同某权利或者法律关系等存在的虚假外观负有责任的人，应当由信赖该外观的人承担与该外观相应的责任。外观主义是民事法律规范体系中的一般性原则，旨在保护有理由信赖某特定外观的当事人一方。《民法典》规定的表见代理制度、越权行为效力规则，《物权法》中的公信原则、善意取得制度等，也体现了外观主义原则。电子签名依赖方基于电子签名的行为外观签订合同，产生了对此行为的合理信赖。若电子签名人主张非为自身操作而签订合同，但基于外观主义预设的交易规则，电子签名依赖方对此不应承担责任，否则将会给电子签名依赖方造成不利，违反了商事交易的规则，不利于交易的安全。

(2) 由电子签名的功能及特点所决定。电子商务是通过数据电文进行的无纸化交易，那么如何鉴别交易人的身份与意思表示是十分重要的，而电子签名则具备表明电子签名人身份、电子签名人对信息的发送予以认可的功能，弥补了电子商务存在的缺陷，使得电子商务能够在安全可信的环境下进行。不对电子签名的使用即为本人行为的原则予以确定，电子商务便无法有序进行。也正因为电子签名对电子商务具有重要影响，电子签名人对电子签名具有比一般财产更加严格的保管、保密义务。由于个人原因将电子签名泄露，也应当承担由此造成的后果，这是责任自负原则的体现。即使电子签名人声称自身并没有泄露电子签名，但相对于数字系统被侵犯泄露电子签名的小概率事件，个人因过失(如无意告知他人、被他人偷窥等)泄露电子签名具有极大可能性。

(3) 电子认证服务提供者认证服务的保障。在实践中，为了保证电子签名达到前述可靠的电子签名标准，往往由依法设立的电子认证服务提供者提供认证服务。尽管电子认证并非法律法规的强制性要求，但经有资质的第三方电子认证服务提供者提供认证后的证明力更强。从事电子认证服务的机构具备法律规定的条件，并获得国务院信息产业主管部门颁发的许可证，具有公信力。电子认证服务提供者签发的电子签名认证证书记载了公钥和证书所有者，因此可以进一步保障电子签名是可靠的。

4. 电子签名人及电子签名依赖方的举证责任

举证责任分配的基本原则如下：主张法律关系存在的当事人应当对产生该法律关系的基本事实承担举证证明责任。在合同纠纷案件中，主张合同关系成立并生效的一方当事人对合同生效的事实承担举证责任。基于举证责任分配原则和电子签名使用即为本人行为原则，电子签名依赖方承担证明合同成立并生效的举证责任，电子签名人仅对自己的免责事由承担举证责任。

1) 电子签名人的举证责任

电子签名人仅对自己的免责事由承担举证责任。基于电子签名使用即为本人行为原则，电子签名是否为电子签名人本人使用，并不能影响违约责任的承担，因此电子签名人不需要更无必要对他人冒名使用电子签名承担举证责任。若电子签名人在电子签名泄露或失窃后已向交易对方挂失，即为履行了及时告知义务，此时主张对违约责任的承担具有法定免责事由，但电子签名人应承担免责事由的举证责任。如交易对方在接收到了电子签名人的告知后仍然进行了交易，应对此承担相应的责任。

2) 电子签名依赖方的举证责任

电子签名依赖方应承担证明合同成立并生效的举证责任。电子签名依赖方只需证明交易存在(如银行流水记录)，且该交易是凭电子签名完成的，即可证明合同成立并生效。至于电子签名是否为电子签名人本人使用，电子签名是否被委托使用、出借、转让、失窃等，与电子签名依赖方无关。

4.2 电子认证法律制度

电子签名认证借鉴了传统手书可借由第三方机构进行认证来增强其安全性的做法，在电子签名和签名人之间建立可靠的联系，给予了交易双方确认签名人真实身份的查询渠道。这一做法解决了网络交易中因为非对面交易产生的信用问题，同时也产生对相关责任方的法律责任及义务权利的问题讨论。

4.2.1 电子认证的概念

电子认证服务是指为电子签名的真实性和可靠性提供证明的活动，包括签名人身份的真实性认证、电子签名过程的可靠性认证和数据电文的完整性认证三个部分，涉及数据电文的生成、传递、接收、保存、提取、鉴定各环节，涵盖电子认证专有设备提供、基础设施运营、技术产品研发、系统检测评估、专业队伍建设等方面，是综合性的高技术服务。电子认证是以核心电子书(又称数字证书)为核心技术的加密技术，它以PKI(public key infrastructure)技术为基础，对网络上传输的信息进行加密、解密、数字签名和数字验证。通常来讲，电子认证是指从事认证服务的第三方机构对电子签名所做的鉴别活动。电子认证服务按照我国信息产业部颁布的《电子认证服务管理办法》第二条规定："本办法所称电子认证服务，是指为电子签名相关各方提供真实性、可靠性验证的活动。"电子认证有狭义和广义之分，狭义的电子认证仅指电子认证行为，即由认证机构采用电子方法以证明电子签名人的真实身份或电子信息真实性行为；广义的电子认证则包括认证机构、电子认证行为和数字证书在内的一整套法律制度。

电子认证是电子政务和电子商务中的核心环节，可以确保网上传递信息的保密性、完整性和不可否认性，确保网络应用的安全。认证作为一种服务，其作用主要表现在对外防止欺诈，对内防止否认两方面。对外防止欺诈是防范交易当事人以外的人故意入侵而造成风险所必需的；而对内防止否认是针对交易当事人之间可能产生的误解或抵赖而设置的，以便在电子商务交易当事人之间预防纠纷。由于认证工作是提供一种服务，因此我国《电子签名法》将认证机构界定为电子认证服务提供者。我国《电子认证服务管理办法》第二条将电子认证服务提供者界定为："本法所称电子认证服务提供者，是指为电子签名人和电子签名依赖方提供电子认证服务的第三方机构(以下称为'电子认证服务机构')。"

电子认证的操作程序一般如下：发件人在电子签名前，签署者必须将他的公共密钥送到一个经合法注册、具有从事电子认证服务许可证的认证机构，登记并由该认证机构签发电子签名认证证书。然后，发件人将电子签名文件同电子签名认证证书一起发送给对方，收件方查验证书及电子签名，即可确信电子签名文件的真实性和可信性。

4.2.2　电子认证的技术——PKI

1. PKI 的概念

认证机构提供的认证服务活动是建立在公钥基础设置(public key infrastructure，PKI)体系基础之上的。PKI是一种遵循既定标准的密钥管理平台，能够为所有网络应用者提供加密和数字签名等密码服务及所必需的密钥和证书管理体系。PKI是一个利用公开密钥加密技术来实施和提供网络信息传输服务的安全基础设施，已得到国际上的普遍认可。PKI是一种框架体系，支持身份认证、信息传输，具有存储的完整性、存储的机密性和操作的不可否认性。

2. PKI 的组成

PKI遵循标准的、利用公钥技术为电子商务、电子政务的开展提供一整套安全的基础设施。一个完整的PKI系统由认证机构和数字证书、数字证书库、密钥备份及恢复系统、证书作废系统、客户端证书处理系统组成。

(1) 认证机构和数字证书。认证机构(certification authority，CA)是PKI的核心，它是能签发数字证书并能确认用户身份的服务机构，是交易双方依赖的具有权威性、可信性和公正性第三方。认证机构的主要任务是制作、签发、管理证书，并提供证书生命周期内的管理服务。数字证书是由认证机构签发的包含公开密钥拥有者信息以及公开密钥的数据文件，用来在网络环境下确认持有密钥者的身份。认证机构对含有公钥的证书进行电子签名，使证书无法伪造。电子认证的基本活动是通过认证机构颁发数字证书实现的，通过证书使交易双方互相信赖。认证机构和其签发的数字证书在电子认证及电子商务交易中占有重要地位。

(2) 数字证书库。数字证书库是集中存放认证证书的地方。它是因特网上的一种公共信息库，用户可以从数字证书库中获得其他用户的证书和公钥。系统必须确保数字证书库的完整性，防止被伪造和篡改。

(3) 密钥备份及恢复系统。密钥备份及恢复系统由认证机构来管理，它是在用户丢失用于验证签名的公共密钥的情况下恢复其密钥的有效机制。密钥备份与恢复仅针对公共密钥，签名私钥不能备份。

(4) 证书作废系统。作废证书是通过将证书列入作废证书表(certificate revocation list，CRL)来完成的。通常由认证机构负责创建并维护一份及时更新的CRL，而用户在验证证书时负责检查该证书是否在CRL内。CRL一般存放在目录系统中供用户查询，系统应保证CRL的完整性、及时性。

(5) 客户端证书处理系统。客户端证书处理系统是由相应的电子商务软件和认证证书(从认证机构下载)组成，通常是按照认证机构的说明在客户端计算机系统中安装有关证书文件和签名及验证组件等。证书申请人可通过浏览器申请、下载证书，并安装在浏览器上使用。

4.2.3　电子认证机构概述

1. 认证机构的定义

认证机构(CA)是能够签发数字证书，并确认用户身份，由交易双方信赖的，居于第三方地位的中介机构，在电子商务中具有特殊的地位。它是为了从根本上保障电子商务活动顺利进行而设立的，主要解决电子商务活动中参与各方的身份认定，维护交易安全。我国《电子认证服务管理办法》第二条规定："本办法所称电子认证服务提供者，是指为需要第三方认证的电子签名提供认证服务的机构。"

2. 认证机构的特点

提供信用服务的认证机构在电子商务中具有特殊地位，具有以下几个特点。

(1) 中立性与可靠性。认证机构独立于交易双方，在交易过程中，不代表任何一方的利益，仅以中立机构的身份提供信用服务。中立性与可靠性是认证机构参与并促成电子商务交易的重要保证。

(2) 权威性。权威性是一个认证机构所必需的，否则其签发的电子认证证书就无公信力，该认证机构就失去了存在的意义。权威性主要来自两方面：其一来自认证机构本身的服务，依靠给用户提供值得信赖的信息，逐步提高自己的权威性；其二来自认证机构的地位，政府机关或主管机关核准设立的认证机构，其权威性更易于实现。

(3) 真实性。认证机构提供的认证服务是进行电子交易所必需的前提条件，因此它所提供的各种信息必须真实、完整、准确，严禁为客户提供虚假信息。

(4) 安全性和机密性。认证机构的安全性是人们信赖它的主要原因之一。为保证其安全性，认证机构必须采用相当程度的安全技术及配套设备，有效地防范黑客对认证系统及资料的非法存取或入侵。同时，认证机构掌握了大量的电子签名人的个人信息和隐私资料，其工作人员应当具有良好的职业道德，保证信息不会泄露给任何非授权个人或实体。

3. 认证机构的设立条件与终止程序

1) 认证机构的设立条件

考虑到目前中国社会信用体系还不健全，为了确保电子交易的安全可靠，《电子签名法》设立了认证服务市场准入制度，明确由政府对认证机构实行资质管理的制度。

基于认证业务的特殊性，首先应对其发起人有一定的要求。我国的《电子签名法》规定："从事电子认证服务的申请人应当持电子认证许可证书依法向工商行政管理部门办理企业登记手续。"这就是说，从事认证业务的机构应以具备独立法人资格的组织作为发起人。同时，电子认证的业务经营应实行许可制度，认证机构从事数字认证活动必须取得信息行政管理部门颁发的认证业务经营许可证，许可证中应明确颁发机关、证书机构的发起人名称、证书等级等事项，并向国家工商行政管理部门申请营业执照。未取得经营许可证和营业执照的任何组织和个人都不得从事电子认证活动。我国《电子签名法》第十八条规定："从事电子认证服务，应当向国务院信息产业主管部门提出申请，并提交符合本法第十七条规定条件的相关材料。国务院信息产业主管部门接到申请后经依法审查，征求国务院商务主管部门等有关部门的意见后，自接到申请之日起45日内做出许可或者不予许可的决定。予以许可的，颁发电子认证许可证书；不予许可的，应当书面通知申请人并告知理由。"

《电子认证服务管理办法》第六条也规定，申请电子认证服务许可的，应当向信息化部提交下列材料：书面申请；人员证明；资金证明；经营场所证明；国家有关认证检测机构出具的技术、设备、物理环境符合国家有关安全标准的凭证；国家密码管理机构同意使用密码的证明文件。

根据《电子签名法》，认证机构的设立条件主要包括资产、营业场所、设备以及系统安全性、从业人员资格、内部工作程序和标准等几个证明。我国《电子签名法》第十七条对提供电子认证服务应当具备的条件做出了如下规定。

(1) 应当具有与提供电子认证服务相适应的专业技术人员和管理人员。提供电子认证服务是一项复杂的技术工程，仅从数字签名技术的实现来看，它运用了一系列复杂的加密算法。电子认证服务提供者在提供电子认证服务的过程中涉及多级认证和交叉认证等多种技术手段。这就需要有一批懂技术的专门人才从事电子认证服务工作，才能保障电子认证活动的开展。同时，作为权威的第三方认证机构，不仅应当具备可靠的技术条件，更重要的是在策略、管理、运营等诸多方面具备良好的条件，具有合格的管理人员也是电子认证服务提供者应当具备的一个重要条件。

(2) 应当具有与提供电子认证服务相适应的资金和经营场所。具备必要的资金是电子认证服务提供者开展业务的前提条件，也是电子认证服务提供者承担法律责任的重要保证。同时，由于提供电子认证服务对于安全性、保密性的要求较高，电子认证服务提供者相比较于一般企业，对经营场所的防火、防盗、防电磁辐射等方面的要求更高。电子认证机构对经营场所的安全条件一般都制定有严格的标准，以保障电子认证服务的顺利开展。

(3) 应当具有符合国家安全标准的技术和设备。国家为了保障信息技术产品的安全性，先后制定了一系列的国家标准。电子认证服务提供者在提供电子认证服务过程中使用的技术和设备，应当符合国家已经制定的安全标准。

(4) 应当具有国家密码管理机构同意使用密码的证明文件。我国商用密码条例规定，商用密码技术属于国家秘密。国家对商用密码产品的科研、生产、销售和使用实行专控管理。任何单位或者个人只能使用经国家密码管理机构认可的商用密码产品。由于电子认证服务提供者在经营过程中必然要使用密码技术和密码产品，电子认证服务提供者必须具有国家密码管理机构同意使用密码的证明文件。

2) 认证机构的终止程序

认证机构是一个营业性实体，它所从事的信用服务，是一般交易的基础条件，涉及商业交易的通畅与安全。认证机构一旦终止其业务，它过去签发的证书的有效性就无法再由其给予证明，这将会给证书持有人和证书依赖方带来不便或损害。因此，认证机构的不间断运作与社会公众的利益密切相关，其业务终止不像一般营利性企业一样，在清算之后完全结束，而应做出必要的预先安排和相应程序，建立使其营业持续进行的机制，一般应包括以下程序：第一步，事前通知。在终止认证机构之前，必须通知用户和潜在依赖方；同时报告主管机关。第二步，安排业务承接。为了提供不间断的认证机构服务，终止的认证机构可与其他认证机构就业务承接进行协商，妥善安排。

我国《电子签名法》第二十三条对该问题进行了规定："电子认证服务提供者拟暂停或者终止电子认证服务的，应当在暂停或者终止服务90日前，就业务承接及其他有关事项通知有关各方。电子认证服务提供者拟暂停或者终止电子认证服务的，应当在暂停或终止服务60日前向国务院信息产业主管部门报告，并与其他电子认证服务提供者就业务承接进行协商，做出妥善安排。电子认证服务提供者未能就业务承接事项与其他电子认证服务提供者达成协议的，应当申请国务院信息产业主管部门安排其他电子认证服务提供者承接其业务。"

4.2.4 电子认证机构的管理

认证机构提供的信息服务不同于单纯的商事交易，它在电子交易中起着重要作用。为了确保认证机构的技术、管理能够达到一定的安全水准，以保障使用者的权益，各国一般都建立了一套针对认证机构的监督管理制度，通过主管部门向认证机构颁发营业许可，或规定一定的标准(符合该标准的主体皆可从事认证服务)。例如，在PKI标准化方面，我国已经完成了9个技术标准，在认证机构互联互通方面，国家正在实施"认证机构互联互通示范工程"，从而规范和构建了国内认证机构系统的总体布局。

目前，国际上对电子认证服务的管理模式大概分为三种。

第一种是行业自律型模式。这是市场自由、技术中立原则的充分体现，即政府完全不介入、不干预，认证机构通过市场竞争建立信誉，以求生存和发展。采用这种管理模式的多为拥有先进技术和雄厚资金、市场发育成熟、社会信用保证制度健全、民间认证体系已趋完善的国家和地区，如澳大利亚、美国的加利福尼亚州均采用这种模式。

第二种是政府监管与市场培育相结合模式。采用这种管理模式的国家多数规定了自愿认可制度，即法律规定认证机构并不一定取得许可，但经过政府许可的认证机构可享受责任限额等优惠条件。政府对认证机构管理进行有限的介入，不进行全面干预，如新加坡、英国、奥地利等国家均采用这种模式。

第三种是政府主导型模式。大多数发展中国家受技术、资金的限制，市场发育不完善，大多采用政府干预来发展本国认证体系，如马来西亚。有些发达国家也采用了政府干预的政策，规定由信息通信部或者相关部门颁发许可证，如韩国、日本等都属于对认证机构实施许可、审批的国家。

我国市场尚未成熟，企业信誉相对较弱，因此在电子认证中需要以政府的信誉作为补充。我国《电子签名法》规定的电子认证属于政府主导型，并对电子认证服务应当具备的条件做出了规定，只有以国家名义存在或由主管部门颁发经营许可证的认证机关，或国家相关部门授权经营的电子认证公司，其颁发的数字证书才最有权威性。同时，在一国范围内，还有必要建立国家级的总的认证中心，对一般认证机构的认证进行确认或协调。

在国家指导与监督下建立的认证机构必须保持权威性、中立性与公正性，避免将传统经济体制下的行业分割、地区垄断等弊端带入这一新型的商务活动中。例如，我国商务部、信息产业部、银行等部门都在建立自己的认证中心，如果缺乏统一协调，就会带来管理混乱，增加交易成本。因此，由国家建立强有力的专门机构进行统一领导，制定统一的政策法律框架就显得非常必要。

4.2.5 电子认证的法律关系

在电子商务活动中，由于交易双方互不谋面，识别交易主体的身份具有重要的意义。根据《电子签名法》第十四条的规定："可靠的电子签名与手写签名或者盖章具有同等的法律效力。"同时第十三条规定："电子签名同时符合下列条件的，视为可靠的电子签名：电子签名制作数据用于电子签名时，属于电子签名人专有；签署时电子签名制作数据仅由电子签名人控制；签署后对电子签名的任何改动能够被发现；签署后对数据电文内容和形式的任何改动能够被发现。"是否具有可靠的电子签名是识别交易主体的身份的重要方法。《电子签名法》第十七条规定了提供电子认证服务应当具备的条件，要求电子认证服务提供者必须取得企业法人资格。《电子签名法》第十八条规定了认证机构的设立程序。设立认证机构须在征求国务院商务主管部门等有关部门的意见后，由国务院信息产业主管部门依法审查，自接到申请之日起45日内做出许可或者不予许可的决定。因此，电子商务不仅产生了第三方平台等为交易提供"中介服务"的主体，还产生了认证机构等为交易提供"信任服务"的主体。

电子签名认证机构的法律权利和义务的来源有两个方面：一是法律法规的直接规定，赋予了其法定的权利和义务；二是认证机构与证书用户之间签订的合同和颁发的证书中的业务规则，赋予了其约定的权利和义务。

1. 电子签名认证机构的法律权利

具体而言，认证机构享有的权利有以下几个。

(1) 要求证书申请人提供真实有效的资料并对资料进行调查核实，根据调查结果自行决定是否颁发证书的权利。我国《电子签名法》第二十条规定："电子签名人向认证机构申请电子签名认证证书，应当提供真实、完整和准确的信息。"

(2) 向证书申请人和证书用户收取合理服务报酬的权利。

(3) 对本机构已颁发的数字证书进行管理和撤销的权利。认证机构在颁发了数字证书后，可经证书用户请求或者在特定的情况下自行决定，对证书内容进行修改、更新或予以撤销。我国《电子认证服务管理办法》第二十九条规定了认证机构可行使撤销权利的具体情况。

(4) 请求赔偿权。根据我国《电子签名法》第二十七条的规定："认证机构在电子签名人知悉电子签名制作数据已经失密或者可能已经失密未及时告知有关各方，并终止使用电子签名制作数据，未向电子认证服务提供者提供真实、完整和准确的信息，或者有其他过错，给电子签名依赖方、电子认证服务提供者造成损失时，承担赔偿责任。"

2. 电子签名认证机构的法律义务

从法律规定、电子签名认证机构的职责分析，认证机构应承担的义务有以下几个。

(1) 安全保障的义务。设立认证机构就是为了增强电子签名的安全性，保证签名人的身份信息真实可靠，公私钥一一对应，防范使用过程中的信用风险等，因此安全保障义务是认证机构承担的首要义务，这是认证机构的法定义务、强制性业务。具体而言，这要求认证机构做到以下几点：在颁发、更新和撤销证书时，对证书申请人或者证书用户提供的资料真实性、可靠性进行谨慎的审核；当私钥丢失、遗忘、被盗用、被解密或者证书用户请求时及时中止、撤销证书，以防止产生损失。当然，风险消失后，也应当及时恢复证书的效力。

(2) 及时告知的义务。《电子认证服务管理办法》第二十一条规定，认证机构应当向证书申请人告知的事项，这实际上是要求专业的认证机构提醒非专业的申请人其享有的权利和义务，具体内容有以下几项：电子签名认证证书和电子签名的使用条件、服务收费的项目和标准、保存和使用证书持有人信息的权限和责任、电子认证服务机构的责任范围、证书持有人的责任范围等。

(3) 对掌握的用户信息进行妥善保存和保密的义务。认证机构在运作的过程中能够接触到很多的用户信息，认证机构应当妥善保存这些信息，保存的期限至少为证书失效之后5年。

(4) 提供安全、可靠的认证系统，并保障其正常运转的义务。认证机构的业务活动大多通过网络开展，必须借助认证机构的系统才能完成，因此认证机构必须保障其认证系统是安全、可靠的，且应建立系统备份机制，以防突发情况导致整个认证系统瘫痪。

(5) 信息披露的义务。既然电子签名认证机构所提供的是信用服务，证书申请人、用户和信赖方都是基于对认证机构的信赖而进行活动的，因此认证机构理当主动进行信息披露以维护自己的权威性和公信力。《电子认证服务管理办法》第十二条规定了一部分信息披露的范围，主要以认证机构自身的信息为主。

关联法条

1.《电子认证服务管理办法》
2.《中华人民共和国电子签名法》

扩展阅读

1. 郝雪，刘玉婷，周欢. 信息时代网络公证与电子认证的融合与发展[J]. 法制博览，2020(16)：75-76.

2. 吕尧，周鸣爱，李东格. 国际电子认证服务现状分析[J]. 网络空间安全，2019，10(10)：33-37.

第5章 电子支付法律制度

■ 导读案例1：买卖个人信息盗取第三方支付账户案

2015年6月，珠海市公安机关侦破一宗横跨广东、黑龙江、四川、上海和浙江等5省(市)的特大利用黑客手段盗取支付宝资金系列案件，打掉一个非法买卖公民个人信息、制作扫描探测软件和实施网络套现的犯罪团伙，抓获关键犯罪嫌疑人6名，缴获作案计算机等工具一大批。

该案是比较常见的支付账户盗窃案件，犯罪嫌疑人通过网上购买他人提供的账号、密码信息，使用扫号软件批量测试是否与支付机构支付账号、密码一致，比对成功后实施盗窃。公安部门初步查明，犯罪嫌疑人涉嫌盗窃支付宝账户117个，涉案金额7万余元。

此外，嫌疑人电脑硬盘中存储各类公民个人信息40多亿条，涉及支付宝、京东和Paypal等支付账户达1000多万个，初步估算账户涉及资金近10亿元。

■ 导读案例2：第三方支付平台违规盗转购物款案

2014年7月，张先生在某购物网站上和卖家协商购买价值27 500元的照相机一台，双方约定分多笔交易付款。后根据支付机构网页提示登录到网上银行进行付款操作，收款方名称为"××支付科技有限公司"。

付款后该购物网站显示"等待买家付款中"，张先生到银行查询，被告知钱款已经打到支付机构。后张先生发现打入支付机构的钱款被转入另外一个工商银行账户，而此账号并非本次交易卖方的账户。

按照支付机构交易规则，在买方没有确认收货前，支付机构不能将货款转出。张先生诉至人民法院，认为该购物网站和支付机构作为交易平台的提供方和第三方资金管理方，未尽到安全管理义务，致使己方购物款被盗转，要求法院判决该购物网站和支付机构赔偿其相应损失。

经法院查明，支付机构未将货款转入卖方而转入他人账户，法院认定支付机构未尽到安全注意义务。其经营的网络系统、服务器和程序的安全性不足，或他人利用网络技术非法入侵，均有可能导致张先生的财产受到损失。最终法院判决支付机构应赔偿张先生相应损失，共计20 129元。

资料来源：搜狐网. 网络支付八大风险案例[EB/OL]. (2015.8.10)[2021.9.8]. https://www.sohu.com/a/26567935_126471.

5.1 电子支付概述

20世纪90年代，互联网正迅速流行起来，逐渐从大学和科研机构向企业和家庭转移，互联网的功能也从信息共享演变为信息传播，商业贸易活动逐渐进入王国。通过互联网的使用，商业贸易活动降低了成本，创造了更多的商机。电子商务技术随之发展，逐渐成为互联网应用的最大热点。为了适应电子商务的市场趋势，电子支付随之发展起来。电子支付是电子商务系统的重要组成部分，日益成为当今社会普遍使用的支付方式。

5.1.1 电子支付的概念及特征

1. 电子支付概念

电子支付，是指通过电子支付结算系统，个人、单位直接进行或者授权他人发出支付指令，实现货币支付结算和资金转移的行为。中国人民银行《电子支付指引(第一号)》第二条第一款规定，电子支付是指单位、个人(以下简称"客户")直接或授权他人通过电子终端发出支付指令，实现货币支付与资金转移的行为。

中国人民银行《电子支付指引(第一号)》第二条第二款规定："电子支付的类型按电子支付指令发起方式分为网上支付、电话支付、移动支付、销售点终端交易、自动柜员机交易和其他电子支付。"其中，网上支付是指通过互联网等网络浏览、选择、购买商品后所选择的一种网上支付结算工具的支付结算方式；电话支付是指通过电话购买商品所选择的支付结算工具的一种支付结算方式；移动支付是指通过移动互联网等网络浏览、选择、购买商品后选择的一种在线支付结算工具的支付结算方式；销售点终端交易是指通过销售点终端购买商品后所选择的支付结算工具的支付结算方式。

2. 电子支付特征

电子支付与传统支付方式相比具有以下特征。

(1) 电子支付采用先进技术，通过数字流通完成信息传输，其各种支付方式采用数字电子信息指令进行支付；而传统的支付方式通过现金和票据的流通来完成。转账和银行汇款是实物实体完成转账支付的方式。

(2) 电子支付的工作环境是基于一个开放的系统平台，通过无形但先进而准确的数字流完成相关支付信息的传输，即利用数字手段完成支付结算；而传统的支付方式更多的是在一个封闭的银行系统中进行。

(3) 电子支付采用最先进的通信手段，如互联网、企业外部网络等；而传统支付则使用传统的传播媒介。

(4) 电子支付具有方便、快捷、高效、经济的优点。只要用户有一台联网的电脑，他就可以在几秒钟内完成在线支付，无须出门。而传统的支付方式，不管是现金交易、票据转让还是银行汇款，均不同程度地受到支付时间和支付空间的限制。

(5) 电子支付成本较低；传统的支付方式成本较高。

(6) 电子支付涉及多方，主要包括消费者、商品或服务提供者、金融机构和认证机构。传统的支付方式主要包括消费者、商品或服务的提供者或金融机构。

5.1.2 电子支付工具及流程

1. 电子支付工具

随着计算机技术的发展，出现越来越多的电子支付工具。这些支付工具可以分为三类：电子货币，如电子现金、电子钱包等；电子信用卡，包括智能卡、借记卡、电话卡等；电子支票，如电子支票、电子转账等。

2. 电子支付流程

支付流程包括支付的发起、支付指令的交换与清算、支付的结算等环节。其中，清算(clearing)，指结算之前对支付指令进行发送、对账、确认的处理，还可能包括指令的轧差。结算(settlement)，指双方或多方对支付交易相关债务的清偿。严格意义上，清算与结算是不同的过程，清算的目的是结算，但在一些金融系统中清算与结算并不严格区分，或者清算与结算同时发生。电子支付具体流程如图5-1所示。

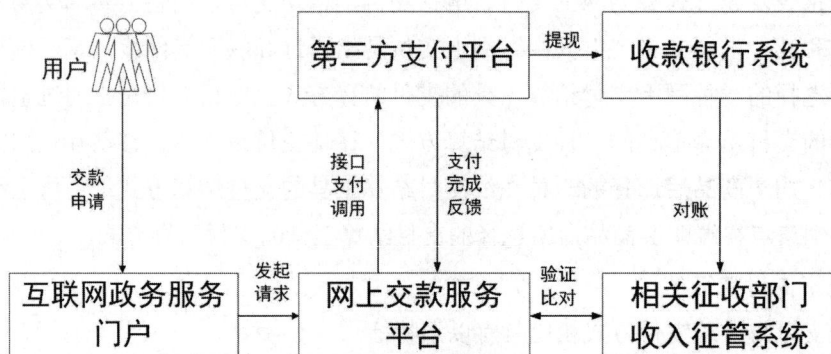

图5-1　电子支付流程

5.1.3 电子支付相关法律法规

1. 电子支付结算的申请

1) 对办理电子支付业务的银行的要求

按照相关法律法规和《电子支付指引(第一号)》的规定,办理电子支付结算的银行,应当符合相关要求和规定。

(1) 符合要求,公开信息。银行开展电子支付业务,应当遵守国家有关法律、行政法规,不得损害客户和社会公共利益。银行与其他机构合作开展电子支付业务的,合作机构的资质要求应当符合有关法律法规的规定。银行应当按照公平交易的原则,签署书面协议并建立相应的监督机制。办理电子支付业务的银行应当公开披露下列信息:一是银行名称、营业地址和联系方式;二是客户办理电子支付服务的条件;三是提供电子支付服务的种类、操作程序和收费标准;四是电子支付交易品种可能存在的各种风险,包括产品的操作风险、尚未采取的安全措施、无法采取安全措施的安全漏洞;五是客户使用电子支付交易可能产生的风险;六是提醒客户妥善保管、使用或授权他人使用电子支付交易接入工具的警示信息(如卡、密码、钥匙、电子签名生产数据等);七是纠纷和错误处理方法。

(2) 签署合同方面。银行应按照审慎原则,为客户决定办理电子支付服务的条件。银行应认真审核客户申请电子支付服务的基本情况,并与客户签订书面或电子协议。银行应按照会计档案管理要求妥善保管客户的申请材料,保留期为客户取消电子支付业务后5年。

(3) 业务处理方面。为客户办理电子支付服务的银行,应根据客户的性质、电子支付的种类和支付金额,与客户商定适当的认证方法,如密码、密钥、数字证书、电子签名等。认证方法的约定和使用应遵循《电子签名法》等法律法规的规定。银行要求客户提供相关信息时,应当告知客户所提供信息的用途、范围、安全保护措施以及客户不提供或者不如实提供相关信息的后果。

2) 办理电子支付结算的要求

(1) 开立银行结算账户方面。客户办理电子支付业务应在银行开立银行结算账户,账户的开立和使用应符合《人民币银行结算账户管理办法》《境内外汇账户管理规定》等规定。客户可以在其已开立的银行结算账户中指定办理电子支付业务的账户。该账户也可用于办理其他支付结算业务。客户未指定的银行结算账户不得办理电子支付业务。

(2) 签订合同的内容。《电子支付指引(第一号)》第十三条规定:"客户与银行签订的电子支付协议应包括以下内容:客户指定办理电子支付业务的账户名称和账号;客户应保证办理电子支付业务账户的支付能力;双方约定的电子支付类型、交易规则、认证方式等;银行对客户提供的申请资料和其他信息的保密义务;银行根据客户要求提供交易记录的时间和方式;争议、差错处理和损害赔偿责任。"

2. 电子支付指令的发起和接收

电子支付应在客户发出支付指令的始发银行建立必要的安全程序，确认客户的身份和电子支付指令以及日志文件等表单记录，并在交易后保存5年。

1) 启动电子支付指令的要求

在客户发出电子支付指令前，提示客户对指令的准确性和完整性进行确认。发起行应确保正确执行客户的电子支付指令，对电子支付指令进行确认后，应能够向客户提供纸质或电子交易回单。发起行执行通过安全程序的电子支付指令后，客户不得要求变更或撤销电子支付指令。

2) 接收电子支付指令的要求

电子支付指令需转换为纸质支付凭证的，其纸质支付凭证必须记载以下事项(具体格式由银行确定)：第一，付款人开户行名称和签章；第二，付款人名称、账号；第三，接收行名称；第四，收款人名称、账号；第五，大写金额和小写金额；第六，发起日期和交易序列号。

3) 发起和接收电子支付指令的要求

发单行和收单行应确保电子支付指令的传输能够被跟踪、审核，不被篡改。开证行和接证行应按照本协议规定，及时发送、接收和执行电子支付指令，并回复确认。

3. 电子支付结算的安全控制

1) 电子支付结算系统的安全

银行开展电子支付业务采用的信息安全标准、技术标准、业务标准等应当符合有关规定。银行应针对与电子支付业务活动相关的风险建立有效的管理制度。

2) 电子支付结算的金额控制

银行应根据审慎原则，针对不同客户，对电子支付方式、单笔支付金额、日累计支付金额进行合理限制。银行利用互联网为个人客户办理电子付款服务。除数字证书、电子签名等安全认证方式外，单笔金额不得超过1000元，日累计金额不得超过5000元。银行为客户办理电子付款服务。企业客户从其银行结算账户支付到个人银行结算账户的金额不得超过人民币50 000元，但银行与客户达成协议，提供有效的垫付依据的除外。银行应当在客户信用卡的信用额度内设置网上支付交易限额，供客户选择，但不得超过信用卡的现金预支限额。

3) 电子支付结算的客户信息安全

银行应确保安全的电子支付业务处理系统，确保重要事务数据的不可抵赖性，数据存储的完整性和客户身份的真实性，并妥善管理密码和密钥，用于电子支付业务处理系统的使用客户信息和交易记录的认证数据银行不得超过法律法规和客户授权的范围。银行应当依法为客户的数据和交易记录保密。银行应拒绝除国家法律、行政法规以外的其他单位和个人的查询。

银行应妥善保存电子支付服务的交易记录，并详细记录和登记电子支付服务的错误。记录内容应包括错误发生的时间、错误发生的内容、处理部门和人员的名称、客户信息、错误的影响或损失、错误发生的原因、处理结果等。若因银行保管和使用不当导致客户信息泄露或篡改，银行应采取有效措施，防止客户流失，并及时通知和协助客户进行补救。

4) 电子支付交易数据的完整性、可靠性和保密性

(1) 电子支付交易数据的完整性和可靠性。银行应采取必要措施保护电子支付交易数据的完整性和可靠性。

第一，制定相应的风险控制策略，防止电子支付业务处理系统发生有意或无意的变化，危及数据的完整性和可靠性，并具备有效的业务能力、业务连续性计划和应急预案。

第二，确保电子支付交易的设计和数据记录程序在发生未经授权的更改时能被有效地发现。

第三，有效防止电子支付交易数据在传输、处理、存储、使用和修改过程中被篡改。电子支付交易数据的篡改，可透过交易处理、监察及数据记录功能侦测。

第四，按照会计档案管理的要求，电子支付交易数据应妥善保存在纸质或磁性介质中，保存期为5年，便于查阅。

(2) 电子支付交易数据的保密性。《电子支付指引(第一号)》第三十条规定，银行应采取以下必要措施为电子支付交易数据保密。

第一，对电子支付交易数据的访问须经合理授权和确认。

第二，电子支付交易数据必须以安全的方式存储，并防止其在公共、私人或内部网络上传输时被擅自查看或非法截取。

第三，第三方获取电子支付交易数据必须符合有关法律法规的规定以及银行关于数据使用和保护的标准与控制制度。

第四，对电子支付交易数据的访问均须登记，并确保该登记不被篡改。

4. 电子支付结算的差错处理

《电子商务法》第五十五条规定："用户在发出支付指令前，应当核对支付指令所包含的金额、收款人等完整信息。支付指令发生错误的，电子支付服务提供者应当及时查找原因，并采取相关措施予以纠正。造成用户损失的，电子支付服务提供者应当承担赔偿责任，但能够证明支付错误非自身原因造成的除外。"

关联法条

1. 中国人民银行《电子支付指引(第一号)》第二条第二款、第八条、第十三条、第十四条、第二十二条、第三十条

2.《中华人民共和国电子商务法》第五十五条

扩展阅读

杨立新.电子商务交易中电子支付服务损害赔偿责任及其规则[J].中州学刊，2019(02)：45-56.

5.2 电子资金划拨关系与规范

5.2.1 电子资金划拨的概念

传统的支付方式是以汇票、本票等纸质流通工具为手段，而电子资金划拨完全是一种"无纸化"的方式，被称为资金电子转移。美国《电子资金划拨法》(electronic funds transters act，EFTA)对电子资金划拨所下定义为："除支票、汇票或类似的纸质工具的交易以外的，通过电子终端、电话工具或计算机或磁盘命令、指令或委托金融机构借记或贷记账户的任何资金的划拨。"像零售商店的电子销售安排，金融机构的自动化交易，客户通过电话、电子设施直接向金融机构进行的存款或提款等，都属于电子资金划拨。电子资金划拨在一定程度上已将现钞、票据等实物表示的资金转变成由计算机中存储的数据 (data)表示的资金，将现金流动、票据流动转变成计算机网络中的数据流动。这种以数据形式存储在计算机中并能通过计算机网络而使用的资金被形象地称为电子货币，其依赖的银行计算机网络系统被称为电子资金划拨系统。

根据服务对象的不同与支付金额的大小，电子资金划拨分为大额电子资金划拨和小额电子资金划拨。大额电子资金划拨服务于银行及银行客户，划拨资金额度大、数量多，在电子划拨中处于主要地位；小额电子资金划拨服务于广大消费者个人，额度小。

大额电子资金划拨系统主要有美联储电子划拨系统(Fedwire)、清算所银行间支付系统(CHIPS)、环球银行间金融电讯协会(SWIFT)、日本银行金融网络系统(BUJ-NET)、瑞士银行间清算系统(SIC)。由于小额交易活动的多样化要求及实现交易的便利程度，小额电子资金划拨系统有多种，如自动柜员机(ATM)、居家银行服务(home banking)、自动清算所(ACH)等。

根据发起人不同，电子资金划拨可分为贷方划拨和借方划拨。贷方划拨(credit transfer)是由债务人发起的划拨，即债务人(支付人)向其开户银行发出支付命令，将其存放于该银行账户的资金通过网络与电信线路划入债权人(收款人)开户银行的一系列转移过程。借方划拨(debit transfer)是由债权人发起的划拨，即债权人(收款人)命令开户。

5.2.2 大额电子资金划拨当事人

大额电子资金划拨均为贷记划拨，因此大额电子资金划拨的当事人即贷记划拨的当事人。电子资金划拨大致要经过发端人、发端人银行、受益人、受益人银行、中间银行等几个当事人进行相关操作而完成。

(1) 发端人，即向银行签发最初支付命令者，他是付款人，往往也就是债务人，其支付命令启动了电子资金划拨的银行程序。

(2) 发端人银行。如果发端人不是银行，发端人银行是发端人支付命令的接收银行；如果发端人是银行，发端人本身同时就是发端人银行。无论发端人与其支付命令的接收银行事先是否存在账户关系，发端人支付命令的接收银行都是发端人银行。

(3) 受益人，即发端人在支付命令中指定的收款人，往往就是债权人。

(4) 受益人银行。受益人银行是受益人在该行的账户根据支付命令被贷记的银行，或支付命令没有规定贷记受益人账户时，以其他方式向受益人支付的银行。同样，无论受益人与向其支付的银行事先是否存在账户关系，向受益人支付的银行都是受益人银行。

(5) 中间银行。中间银行是既非发端人银行又非受益人银行的接收银行。在一项电子资金划拨中，中间银行可以没有，也可以有一家或多家。

另外，大额电子资金划拨的当事人中，还有发送人与接收银行这两个概念，这两个概念是一个总称：发送人是向接收银行发出指令的人，而接收银行是发送人指令发往的银行。发端人、发端人银行及中间银行都可以是发送人；而发端人银行、中间银行及受益人银行都可以是接收银行。大额电子资金划拨进行的过程就是发送人签发支付命令，接收银行接受支付命令与执行支付命令的过程。

5.2.3 大额电子资金划拨的法律问题

大额电子资金划拨通常涉及如下法律问题。

1. 划拨的业务程序

大额电子资金划拨的业务程序如下所述。

(1) 发端人和受益人签订合同，同意通过电子邮件和转账方式付款。

(2) 发端人向发端银行发出付款指令。

(3) 发端人银行收到付款指令。

(4) 发端人银行接受付款指令。

(5) 发端人就支付命令向发端人银行做出支付。

(6) 发端人银行回复付款指令。

(7) 中间银行接收付款单。

(8) 中间银行接受支付委托书。

(9) 发端人银行与中间银行之间结算。

(10) 中间银行出具支付委托书。

(11) 受益人银行收到付款指令。

(12) 受益人银行接受付款指令。

(13) 中间银行与受益人所在银行结算。

(14) 受益人银行贷记受益人账户，以支付受益人的款项。

2. 当事人的权利与义务

(1) 大额电子资金划拨涉及各方权利义务的时间。发信人与收款银行在大额电子资金划拨中的权利和义务是在收款银行接收发信人的付款单时产生的。收款银行一旦接收发送方的付款授权书，发送方和付款授权书的收款银行就都要受付款授权书的约束，承担相应的义务，也享有相应的权利。不同类型的承兑银行有不同的承兑方式。

(2) 大额电子资金划拨涉及各方权利义务的主要内容。在接受付款指令时，接收银行的类型不同，产生的权利义务也不同。除受益人银行外的接收银行接收付款单后，接收银行对发送方承担其义务；受益人银行接收付款单后，受益人银行对受益人承担其义务。收款银行接收付款单后，付款单的发送方的基本义务是向收款银行支付订单金额；收款银行的基本权利是要求寄件人支付已承兑的付款单的金额。发送方的权利是在正确的时间以正确的金额在正确的地点执行付款指令；受益人银行的义务是向受益人付款。对于受益人银行和受益人而言，在接收付款单后，受益人银行有义务支付订单，受益人有得到付款的权利。

(3) 义务的履行。当受益人银行代表受益人接受支付命令时，一项电子资金划拨就完成了。根据美国《统一商法典》第4A编的规定，发端人履行了对受益人的基础合同债务；而根据《国际贷记划拨示范法》的规定，受益人银行对受益人的债务取代了发端人对受益人的基础债务。

3. 支付指令的接受及认证问题

(1) 银行对支付指令的接受或拒绝。电子资金划拨中的支付指令，是指发端人通过互联网向其代理银行发出指令，要求该行向特定的受益人支付固定或可以确定数量的资金。美国《统一商法典》第4A编对支付指令是这样规定的：支付指令是指发送人对接收银行的指令，这项指令以口头方式、电子方式或书面形式发送，是支付或使另一家银行支付固定的或可以确定的货币金额给受益人的指令，其必须符合以下几个主要条件：除规定资金划拨的时间外，支付指令不得附有任何其他条件；指令必须由发送方通过互联网直接向特定银行或其代理人的电子资金划拨接收系统发出；指令中的金额必须是固定或可以确定的；支付的受益人必须是特定的对象；必须是要求接收银行无条件付款的指令。

在服务协议中，银行与客户应当对上述支付指令的形式要件做出明确约定。如果银行收到不符合上述条件的支付指令，或支付金额超出客户在银行的存款额，应当及时通知指令人不予执行并说明具体原因。除上述情形外，美国《统一商法典》第4A编和联合国国际贸易法委员会《国际贷记划拨示范法》还进一步规定，任何接收银行是否接受并执行一项支付指令是完全自愿的，即银行有权拒绝任何支付指令，除非当事人双方事先已经订有明确协议。但是，如果银行决定拒绝发送方的支付指令，应当以最合理的方式通知指令发送方，并释明原因。

(2) 电子支付指令的认证。发端人的代理行在收到无条件支付指令时，除检查支付指令是否具有相应的正式要求、客户是否有足够的存款金额外，还应对电子支付指令进行认证。认证是银行为确认发出电子支付指令的客户的身份而采取的一种综合措施，其主要目的是防止未经银行客户授权或冒充客户向代理行发出电子支付指令骗取资金划拨。

4. 大额电子资金划拨损失责任的承担

(1) 诈骗损失的承担。欺诈是指第三人以客户的名义向客户的银行发出付款指令，指示将预先确定的金额从客户的账户转移到他本人或他同事的账户上的行为。这就涉及两个问题：一个是如何防止欺诈；另一个是当骗子找不到的时候，谁来承担损失。在票据支付中，通过检查签名或印章可以有效防止欺诈，但是这种方法不能用于电子资金转账。为此，美国《统一商法典》第4A编规定了一种"安全程序"，即要求接收银行与其客户就支付命令的核证签订协议。《统一商法典》第4A编的规定，对于未经授权的支付命令所导致的损失，原则上应由银行承担；但是，如果接收银行与客户约定，以客户名义签发给接收银行的支付命令须经安全程序核证，而银行在接受支付命令时尽了合理的注意义务，并且遵循了安全程序，则应由客户承担损失并就未授权的支付命令向接收银行付款。

(2) 错误支付命令的损失承担。错误支付命令是指在支付命令的内容上存在错误，或在支付命令的传递中出现了差错，主要有支付命令错误指定受益人、支付金额错误、支付命令重复等几种情况。美国《统一商法典》第4A编规定，除非发送人能够证明，它遵循了与接收银行间关于检测错误支付命令的安全程序，或者证明接收银行没有遵循安全程序。如果接收银行遵循了安全程序，错误本来能够检测出来，则因错误支付命令导致的损失应由发送人承担。《国际贷记划拨示范法》对此也做了近似的规定。

(3) 间接损害赔偿问题。在电子资金划拨没有完成，或者银行未执行、迟延执行、未适当执行支付命令的情况下，每一个发送人，包括电子资金划拨发端人以及在电子资金划拨链中支付命令的每一个后继发送人，是否有权主张间接损害赔偿，是一个长期争论的问题。美国《统一商法典》第4A编与《国际贷记划拨示范法》都规定，在电子资金划拨未完成的情况下，发送人有权要求接受银行归还本金并支付利息，但除非发送人与接受银行有明示的书面协议，银行不对间接损失承担责任；在迟延执行、不适当执行等情况下，银行不对间接损失承担责任。美国《电子资金划拨法》指出，"未经授权的电子支付"是"由消费者以外的未获发动支付指令实际授权的人所发动的，从该消费者账户划出资金而该消费者并未从该支付中受益的电子支付"。

5.2.4　小额电子资金划拨的法律问题

小额电子资金划拨主要涉及以下两个重要法律问题。

1. 卡或其他存取工具的发行

客户发动小额电子资金划拨的工具由金融机构应客户请求而发行，并与客户账户相对应。美国《电子资金划拨法》对此类做了如下规定："除了以下两种情况之外，任何人都不得向消费者发行以发动电子资金划拨为目的的该消费者账户的任何卡、密码或其他存取工具：应以发动电子资金划拨为目的的要求或申请发行；作为更新或替换已接收的卡、密码或其他存取工具而发行，不论该存取工具是初始发行还是由继任者发行。"

2. 未经授权的责任

所谓未经授权划拨责任是指银行根据欺诈人而非资金的所有人的指令所进行的电子资金划拨，由此产生的损失"当不能破案或破案后诈骗人已将资金挥霍而无法追回"时，损失责任的承担问题。美国《电子资金划拨法》指出，"未经授权的电子支付"是"由消费者以外的未获发动支付指令实际授权的人所发动的，从该消费者账户划出资金而该消费者并未从该支付中受益的电子支付"。美国《统一商法典》第4A编中"安全程序"规则以及《电子资金划拨法》的"有条件的责任限制"原则对此做出了规定。"安全程序"是客户与银行之间的协议，使用密码或其他有效的标志手段来防止未经授权的欺诈者向银行发出指示。在银行和客户之间建立合理的安全程序的情况下，如果银行收到的指令已经通过安全程序的验证，则客户将负责此指令的后续生成。如果客户与银行之间没有安全程序部分，则实际损失应由当事方根据公平原则分担，但有重大过失的当事方应承担部分损失。广泛使用的信用卡是最有可能在技术授权方面使用的电子货币，因此，银行因未尽责调查或客户无意中泄露了密码而造成重大过失，应由客户和银行分担损失，如美国规定在信用卡被查或者遗失2日内通知银行，而对所发生的未经授权划拨的，银行最高承担500美元的损失，如客户在银行发出交易报表后60日内没有通知银行，则全部损失由客户承担。

一般来说，只有在满足以下先决条件的前提下，消费者才对涉及其账户的未经授权的电子资金划拨承担责任：①该划拨是使用一个消费者已接收的卡或存取工具发动的；②金融机构已经提供了一种方法，以确定持有存取工具的消费者身份；③金融机构已经向消费者进行未经授权划拨责任的披露，或者已经向消费者提供在消费者认为已经发生或可能发生未经授权的划拨情况时接收通知的人员或办公室电话号码或地址以及金融机构的营业日。

关联法条

1. 美国《统一商法典》
2. 《中华人民共和国中国人民银行法》

扩展阅读

刘颖，李莉莎. 利益视角下的大额电子资金划拨法[J]. 河北法学，2008(06)：51-61.

5.3 电子货币

5.3.1 电子货币概述

1. 电子货币的概念

电子货币(electronic money)，是指用一定金额的现金或存款从发行者处兑换并获得代表相同金额的数据，或者通过银行及第三方推出的快捷支付服务，使用某些电子化途径将银行中的余额转移，从而能够进行交易的工具。严格意义上，电子货币是消费者向电子货币的发行者使用银行的网络银行服务进行储值和快捷支付，通过媒介(二维码或硬件设备)，以电子形式使消费者进行交易的货币。

2. 电子货币的特点

作为一场货币革命，电子货币是信用货币的新发展。与传统纸币相比，电子货币具有以下几个特点。

(1) 依靠电子计算机技术进行存储、支付和流通。

(2) 广泛应用于生产、交换、流通、消费等领域。

(3) 整合金融储蓄、信贷、非现金结算等多种功能。

(4) 电子货币使用方便、安全、快捷、可靠。

(5) 目前，使用电子货币通常使用银行卡(磁卡、智能卡)作为媒介。

3. 电子货币的划分

电子货币按接受程度可分为单用途电子货币、多用途电子货币；按使用方式和条件分类可分为网上认证系统电子货币、网上匿名系统电子货币、线下认证系统电子货币、线下匿名系统电子货币；按结算方式分类可分为支付方法电子货币、支付手段电子货币；按计算机网络支持的类型可分为银行卡、网络货币；按电子货币流通方式可分为开放式环形电子货币、封闭式环形电子货币。

4. 电子货币的功能

电子货币主要有以下几种功能。

(1) 转账结算功能：直接进行消费结算，代替现金转账。

(2) 储蓄功能：使用电子货币进行存取款。

(3) 兑现功能：异地使用货币时，进行货币汇兑。

(4) 消费贷款功能：先向银行借款，提前使用货币。

5.3.2　电子货币法律性质

目前，关于电子货币是否具有传统货币的法律特征的讨论有很多。有的学者认为，电子货币仍然具有传统货币的基本功能，可以成为电子商务活动的价值尺度、交换媒介和价值存储手段，与传统货币没有本质区别；但一些学者持不同观点。

一般来说，电子货币的法律性质需要从以下两个方面来考虑。

1. 电子货币在货币理论和结算理论上的定位

在货币理论中，货币通常应满足3个基本条件：可以是交易媒介和支付手段；可以是一个基准价值和延期付款的标准；可以是储存价值的一种手段。电子货币还没有完全实现这三种功能中的任何一种。

从目前世界上电子货币的使用情况来看，各种形式的电子货币都是通过交换电子信息来完成支付的，它们都是基于现有实物货币的存在和实物货币的价值的基础上的，即实物货币的电子化和数字化。它们都旨在通过电子手段在电子世界或现实世界中实现电子支付，是实物货币功能的延伸。因此，电子货币只具有一定的实现货币功能的可能性，并不能完全实现支付手段的全部功能，与货币还有一定的距离。在结算理论中，目前的电子货币只是通过电子方式转移和转移现金或存款来实现结算，而不是完全取代现金或存款作为一种独立的支付手段。

2. 传统货币的定义

传统货币一般是指具有法定偿付能力的纸币或硬币，是国家依法担保的银行信贷。因此，电子货币要想成为真正的货币，既要满足传统货币普遍接受、易于识别和携带的特性，又要满足其安全性、不确定性和简便性的特点。同时，根据法定的货币原则，电子货币仍然需要国家立法的明确批准。但是，从各国的相关立法来看，目前还没有关于电子货币处置的规定，这意味着电子货币还不具备法定货币的地位。电子货币的交换义务是否具有绝对性，目前尚无明确的法律规定。

综上所述，在电子商务活动成为经济社会的主流商业模式之前，电子货币只能作为一种辅助的支付手段。现有的电子货币只是基于现有货币的电子衍生品，不能作为一种完全独立的货币使用。

5.3.3　电子货币发行主体

1. 发行的主体

不同的国家和地区对发行人的范围问题有不同的看法。欧盟认为电子货币的发行应仅限于金融机构的业务，发行人应成为金融监管的主体；在美国，其立法意图仅限于授权银行，非银行金融机构也可以发行具有特定核心功能的电子货币卡。

在中国，信用卡的发行和运营仅限于商业银行，并受到央行的监管。哪种模式更适合电子货币的发展？目前，对这一问题做出结论是困难的，也是不成熟的。在任何国家，如果发行电子货币的权利仅限于银行，然后银行现有的规定可以扩展到这个新产品，那么央行可以提供相同级别的保护和监督作为传统的银行存款，但这无疑将极大地限制这个行业的竞争和创新。相反，如果各种实体都能成为电子货币的发行者，竞争的扩大会带来很多好处，那么会带来大量的问题，也得不到监管。

更流行的观点是，电子货币只是一种"存储价值"或"预付费"产品。也就是说，用户支配的资金或货币价值存储在他们持有的某些电子设备上，如智能卡、电子钱包和电子设备。因此，从技术上讲，"银行、非银行金融机构和非金融机构"都可能成为电子货币的主要发行者。

2. 发行的管理

由于电子货币在很大程度上具有与现金类似的特点，电子货币的发行无疑会减少中央银行的货币发行，影响中央银行发行货币的特权。对于无国界的电子商务应用来说，电子货币在税收、法律、汇率、货币供给、金融危机等方面也存在着很多潜在问题。为此，必须制定严格的电子货币发行管理制度，以保证电子货币的正常运行。为确保电子货币发行者维持所需的流动性和安全性，银行可采取以下措施实施管理。

(1) 对所有电子货币发行者提出准备金要求和充足的资金要求。

(2) 建立电子货币系统统计和信息披露制度、现场和非现场检查制度、信息安全审查制度。

(3) 建立安全保障体系。目前，许多国家都在考虑建立电子货币担保、保险或其他损失分担机制。其中，美国、德国、日本、加拿大和意大利已将电子货币纳入存款保险或担保体系。

3. 发行人的义务

(1) 电子货币的开发者和发行者在开发和发行电子货币前，应当对技术、安全、业务前景等方面的成本效益进行可行性论证和比较分析。在电子货币发行计划中，要考虑到洗钱等犯罪活动的防伪问题，并采取适当的操作程序，有效控制操作风险。

(2) 电子货币发行人必须实施应急措施和业务恢复计划，以保证在不利情况下仍能提供产品和服务。

(3) 为减少和限制假币和欺诈风险的发生，电子货币发行机构应具备对电子货币余额进行监控和赎回的能力，其系统应具备交易明细记录、影子余额记录、交易限额规定、交易行为分析等功能。

(4) 对电子货币系统的非法攻击或未经授权的入侵是威胁电子货币系统安全的主要问题。因此，电子货币的发行者必须有良好的预防、调查和预测手段，以保护其制度不受内部和外部的滥用。

(5) 电子货币的发行者必须向央行报送货币政策要求的相关信息。

5.3.4　电子货币监管

1. 构建监管框架

电子货币将对当前的金融监管体系产生直接或间接的影响。为了维护金融体系的稳定和安全，防止损害消费者利益的行为的发生，进行适当的政府监管是必要的。

目前，欧美一些国家普遍采用两种方法来解决电子货币系统的监管问题：一种方法是建立电子货币在中央政府的监管部门，如中央银行，研究电子货币对金融监管的影响、法律、消费者保护、管理和安全，跟踪电子货币的系统的最新发展，并提出宏观政策建议，报告电子货币的发展；另一种方法是，现有监管机构基于电子货币的发展对原有不适应数字和网络经济时代的规则进行修改，同时制定一些新的监管规则和标准。

电子货币的监管一般采取原有的以监管机构为基础的方式，一般不设立新的监管机构。目前，监管当局的普遍关注仍局限于为电子货币系统提供安全的环境。监管的出发点是保护消费者的利益。

2. 调整监察职能

在电子支付普及的时代，央行的金融监管功能应该大幅调整，监督的重点应该转移到电子货币发行资格的鉴定、循环规则的制定、系统的控制风险和消费者保护。电子货币的发行者必须继续保持金融诚信和操作稳定，除了建立一个对等的发行信息披露制度，监管机构需要执行检查和监督电子货币发行者是否遵守相关法律法规。因此，为了有效地进行检查和监督，有必要对发行者的经济责任问题和监管部门的行为准则问题制定明确的基本标准和简洁可行的规则。

3. 支付系统风险类型及管控

1) 支付系统风险的类型

电子货币支付系统在整个操作过程中主要包含两大风险。

(1) 系统风险。系统风险包括系统故障、系统受到外部攻击、假币和欺诈。目前的电子货币只能通过加密、签名等手段加以防范，而不能通过物理手段加以防范。关键技术只要被窃取或通过其他手段掌握，就很容易被伪造。如果出现大量的假币，将对电子货币支付系统和发行机构造成重大损失，从而威胁到电子货币支付系统的稳定，甚至可能导致金融危机。

(2) 非系统性风险。如果电子货币发行者由于某种原因陷入金融危机或破产，其所发行的电子货币就会出现信用危机，发行者可能无法满足电子货币的赎回要求，从而形成支付危机。

此外，在科学技术飞速发展的今天，假币和假币欺诈的出现是不可避免的，而消费者的身份资料(如信用卡号码、密码等)也很容易被盗，都将造成财产损失和透支纠纷。

2) 支付系统风险的管控

为了保证电子货币的健康发展，维护电子货币支付系统的稳定和安全，有必要对电子货币支付系统可能面临的国家层面、行业层面和企业层面的各种风险进行管理和控制。

(1) 在国家层面，我国应建立完善的监控体系，加大对货币需求和货币流通速度的度量，控制货币的供求关系，使货币政策得以有效实施，保证电子货币信息及时、准确地传递、汇总和分析。央行要随时掌握电子货币的使用和储存情况，分析其对我国金融形势的影响，采取相应措施控制电子货币的发展趋势，促进国民经济健康发展，防范金融风险。根据电子货币的发展，我国研究、制定和明确电子货币规范化运作的一系列相关法律法规，明确界定电子货币涉及的各方当事人的权利、义务范围以及争端解决机制，建立损失赔偿和分担机制，限制电子货币被犯罪分子用于洗钱和逃税的风险。

(2) 在行业层面，主要是央行对电子货币系统中的各种风险进行监督和控制。电子货币的发行者为控制这些风险而受到法律的限制，例如央行必须有效地管理发行电子货币的机构，特别是发行电子货币的非银行金融机构，非银行金融机构和商业银行必须受到同等的控制和监督，它们发行的电子货币余额必须存入央行并有相应的准备金，以加强对货币供应量的控制。从风险控制的角度来看，如果能将电子货币与传统货币区分开来，并分别设定它们的准备金率，将更有利于央行货币政策的稳定。

(3) 在企业层面上，开发人员和电子货币发行人应当建立内部风险控制和管理程序，能够识别、测量、监测和控制各种潜在的风险，并防止各种形式的入侵和违反安全规定的行为，以确保信息的完整性和对消费者隐私的保护，提供安全、可靠、连续可用的电子货币的产品和服务。

4. 对洗钱的防范

电子货币在空间领域的突破会促进经济发展，但也会给财务管理带来困难，这主要表现在以下两个方面。

(1) 电子货币可以很容易地进行长距离间的转移。这不仅因为电子货币的规模小，还因为在电话线和互联网的帮助下，电子货币可以瞬间转移到世界的任何一个角落。

(2) 电子货币具有很强的匿名性。传统货币的匿名性较强，这是传统货币能够自由流通的原因；但电子货币的匿名性还要强于传统货币，其主要原因是加密技术的采用和电子货币远距离传输的便利性。

由于这些监管上的困难，电子货币更有可能被犯罪分子用作洗钱等犯罪活动的工具。犯罪分子可以迅速将非法所得转移到法律薄弱的国家。因此，必须采取相应措施，对电子货币实施有效的金融监管，防止洗钱等犯罪行为的发生。

关联法条

《信用卡业务管理办法》

扩展阅读

贾丽平，张晶，贺之瑶. 电子货币影响货币政策有效性的内在机理：基于第三方支付视角[J]. 国际金融研究，2019(09)：20-31.

5.4 网络银行

5.4.1 网络银行概述

1. 网络银行的概念

网络银行又称网上银行、在线银行或电子银行，是各银行在互联网中设立的虚拟柜台，是银行利用网络技术，通过互联网向客户提供开户、销户、查询、对账、行内转账、跨行转账、信贷、网上证券、投资理财等传统服务项目，使客户足不出户就能够安全、便捷地管理活期和定期存款、支票、信用卡及个人投资的平台。

2017年12月1日，《公共服务领域英文译写规范》正式实施，规定网络银行标准英文名为online banking service。

2. 网络银行的特点

网络银行的特点主要体现在以下几个方面。

(1) 使用方便。用户只需要一台连接到互联网的电脑。用户上网后，可以根据网络银行网页显示的内容，用鼠标单击想要的柜台或服务项目按钮，然后根据提示输入自己需要的业务项目。网络银行的运作是完全数字化、电子化的，不需要任何人工参与，可以提供一天24小时、一周7天、不间断的服务。

(2) 多元化的服务。目前，客户的需求越来越多样化，而网络银行是一种可以处理用户各种请求的个人业务方法。

(3) 使用成本低。一方面，客户使用网络银行来实现"人们坐在家里，钱来自互联网"的梦想。客户只要能在家里上网，就可以与银行进行交易。这大大节省了用户的流量、等待时间和信息获取时间，减少了银行服务的中间环节，大大降低了成本。另一方面，银行可以节省建立传统营业网点的投资，同时通过网上交易可以大大节省交易成本。根据数据分析，网络银行业务的运营成本相当于营业收入的15%～20%，而普通银行的运营成本占营业收入的60%。

3. 网络银行的分类

网络银行按照不同的标准，可以分为以下几类。

1) 根据有无实体分类

根据有无实体，我们可以将网络银行分为两种。一种是完全依赖互联网的有形电子银行，也称为"虚拟银行"。所谓虚拟银行，是指没有实体柜台作为支撑的网络银行。这种网络银行一般只有一个办公地址，没有分行，没有营业网点，利用互联网等高科技服务手段与客户建立密切联系，提供全方位的金融服务。二是在现有传统银行的基础上，利用互联网开展传统银行交易服务的银行，即传统银行利用互联网作为一种新的服务方式，为客户提供网上服务。事实上，传统的银行服务是基于互联网的扩展，是网络银行的主要形式，也是大多数商业银行所采用的网上银行的发展模式。

2) 根据服务对象分类

根据服务对象的不同，我们可以将网络银行分为个人网络银行和企业网络银行两种。

(1) 个人网络银行。个人网络银行主要适用于个人和家庭的日常消费支付和转账。客户通过个人网络银行服务就可完成实时查询、转账、网上支付、汇款等功能。个人网络银行业务的出现，标志着银行业务的触角直接延伸到个人客户的家庭PC桌面。

(2) 企业网络银行。企业网络银行主要面向企业和政府客户。企事业单位可以利用企业网银服务，实时了解企业财务运作，及时在组织内划拨资金，轻松处理大批量的网上支付和工资分配业务，并可以办理信用证相关业务。

5.4.2　网络银行业务范围

一般来说，网络银行的业务品种主要包括基本网银业务、网上投资、网上购物、个人理财助理、企业银行服务及其他金融服务。

(1) 基本网银业务。商业银行提供的基本网银服务包括在线查询账户余额、交易记录、下载数据、转账和网上支付等。

(2) 网上投资。由于金融服务市场发达，可以投资的金融产品种类众多，国外的网络银行一般提供包括股票、期权、共同基金投资和CDs(大额可转让定期存单)买卖等多种金融产品服务。

(3) 网上购物。商业银行的网络银行设立的网上购物协助服务大大方便了客户进行网上购物，为客户在相同的服务品种上提供了优质的金融服务或相关的信息服务，加强了商业银行在传统竞争领域的竞争优势。

(4) 个人理财助理。个人理财助理是国外网上银行重点发展的一个服务品种。各大银行将传统银行业务中的理财助理转移到网上，通过网络为客户提供理财的各种解决方案，提供咨询建议，或者提供金融服务技术的援助，从而极大地扩大了商业银行的服务范围，降低了相关的服务成本。

(5) 企业银行服务。企业银行服务是网络银行服务的重要组成部分，其服务比个人客户更多样化、更复杂，对相关技术的要求也更高。因此，能否为企业提供网络银行服务是商业银行实力的标志之一。一般来说，中小型网络银行或纯网络银行只能提供部分甚至不提供这方面的服务。

(6) 其他金融服务。除了银行服务外，大型商业银行的网络银行均通过自身或与其他金融服务网站联合的方式，为客户提供多种金融服务产品，如保险、抵押和按揭等，以扩大网络银行的服务范围。

5.4.3　网络银行的风险管理

1.网络银行安全评估制度

根据《电子银行安全评估指引》规定，电子银行实行安全评估制度。在中国银保监会的监督指导下，在开展电子银行业务过程中，至少每两年对电子银行进行一次全面的安全评估，电子银行安全评估的内容包括电子银行的安全策略、内控制度、风险管理、系统安全、客户保护等方面的安全测试和管控。安全评估可以通过外部专业化的评估机构，也可以利用内部独立于电子银行业务运营和管理部门的评估部门进行。为了保证电子银行安全评估能够及时、客观地得以实施，应建立电子银行安全评估的规章制度体系和工作规程。

2. 网络银行安全控制

《电子银行业务管理办法》第三十七条规定，金融机构应当保障电子银行运营设施设备以及安全控制设施设备的安全，对电子银行的重要设施设备和数据采取适当的保护措施，具体措施如下所述。

(1) 有形场所的物理安全控制必须符合国家相关法律法规和安全标准的要求，对尚没有统一安全标准的有形场所的安全控制，金融机构应确保其开发的安全体系有效覆盖潜在的主要风险。

(2) 以开放网络为媒介的电子银行系统应合理设置和使用防火墙、杀毒软件等安全产品和技术，以确保电子银行具有足够的抗攻击能力、杀毒能力和入侵防护能力。

(3) 对重要设施设备的联系、检查、维护和应急处理要有明确的权限界定、职责划分和操作程序，建立日志档案管理制度，如实记录，并妥善保存。

(4) 对重要的技术参数要严格控制准入权限，建立相应的技术参数调整和变化机制，确保关键人员更换后，能有效防止相关技术参数的泄露。

(5) 对电子银行管理中的关键岗位和关键人员实行轮岗和强制休假制度，建立严格的内部监督管理制度。

3. 加强用户身份验证管理

根据中国银保监会办公厅《关于做好网上银行风险管理和服务的通知》的规定，各商业银行应对所有网上银行高风险账户操作统一使用双重身份认证。双重身份认证由基本身份认证和附加身份认证组成。基本身份认证是指网上银行用户知晓并使用，预先注册在银行的本人用户名及口令或密码；附加身份认证是指网上银行用户持有、保管并使用可实现其他身份认证方式的信息(物理介质或电子设备等)。附加身份认证信息应不易被复制、修改和破解。

根据业务发展需要和风险控制要求，《关于做好网上银行风险管理和服务的通知》对网上银行高风险账户操作进行具体界定，指出高风险账户操作应至少包括向非本人(不含与本行签订业务合作等法律协议和客户预先约定的指定账户，如代收费、第三方支付、贷款还款账户等)账户转移资金单笔超过1000元或日累计超过5000元。对于身份认证强度相对较弱的网上银行账户操作，商业银行应充分评估风险，相应地采取控制措施(如限制资金转移功能、限定资金转移额度等)进行有效防范。商业银行还应积极研发和应用各类维护网上银行使用安全的技术和手段，保证安全技术和管理水平能够持续适应网上银行业务发展的安全要求。

5.4.4 数字货币概述

1. 数字货币的概念

数字货币是电子货币形式的替代货币，简称DIGICCY，是英文"digital currency"(数字货币)的简写。数字金币和密码货币都属于数字货币(DIGICCY)。

数字货币是一种不受管制的货币，通常由开发人员发行和管理，并由特定虚拟社区的成员接受和使用。欧洲银行业管理局将数字货币定义为：一个数字表示的值，不由中央银行或政府当局发布，也不与法定货币挂钩，但由于被公众接受，所以可以作为支付手段，也可以转让、存储或交易。

2. 数字货币的类别

根据货币与实体经济和实体货币的关系，数字货币可分为三类。

(1) 完全封闭的，与实体经济无关，只能用于特定的虚拟社区，如魔兽世界。

(2) 可以用真实货币购买，但不能兑换真实货币，可以用来购买虚拟商品和服务，如脸书的Libra。

(3) 可以用实际货币按一定比例兑换和赎回，可以购买虚拟商品和服务，也可以购买实物和服务，如比特币。

3. 数字货币的特点

(1) 交易成本低。与传统的银行转账和汇款相比，数字货币交易不需要向第三方支付，交易成本也较低，特别是与跨境支付相比，跨境支付给支付服务提供商的手续费较高。

(2) 交易速度快。数字货币中使用的区块链技术具有分散化的特点，不需要清算中心等任何集中机构对数据进行处理，交易处理速度更快。

(3) 高匿名性。相对于其他电子支付方法，数字货币除了货币的物理形式可以在没有中介参与的情况下实现点对点交易之外，还支持远程点对点支付。它不需要任何可信的第三方作为中介，交易双方可以在完全陌生的情况下完成交易信任，所以具有更高的匿名性，能够保护交易者隐私，但同时也给网络犯罪创造了便利。

5.4.5 数字货币的交易模式

现阶段数字货币更像一种投资产品，因为缺乏强有力的担保机构维护其价格的稳定，其作为价值尺度的作用还未显现，无法充当支付手段。数字货币作为投资产品，其发展离不开交易平台、运营公司和投资者。

交易平台起到交易代理的作用，部分则充当做市商。做市商是指在证券市场上，由具备一定实力和信誉的独立证券经营法人作为特许交易商，不断向公众投资者报出某些特定证券的买卖价格(即双向报价)，并在该价位上接受公众投资者的买卖要求，以其自有资金和证券与投资者进行证券交易。这些交易平台的盈利来源于投资者交易或提现时的手续费用和持有数字货币带来的溢价收入。交易量较大的平台有Bitstamp、Gathub、Ripple Singapore、SnapSwap以及昔日比特币交易最大平台日本Mt.Gox和中国新秀瑞狐等。

数字货币通过平台进行交易的流程如下所述。

(1) 投资者首先要注册账户，同时获得账户、美元或者其他外汇账户。

(2) 用户可以用现金账户中的钱买卖数字货币，就像买卖股票和期货一样。

(3) 交易平台会将买入请求和卖出请求按照规则进行排序后开始匹配，如果符合要求即成交。

(4) 由于用户提交买入卖出量之间的差异，一个买入或卖出请求可能部分被执行。

以瑞波币为例，瑞波币由专业运营公司OpenCoin运营，Ripple 协议最初是基于支付手段设计的，设计思路是基于熟人关系网和信任链。要使用 Ripple 网络进行汇款或借贷，前提是在网络中收款人与付款人必须是朋友(互相建立了信任关系)，或者有共同的朋友(经过朋友的传递形成信任链)，否则无法在该用户与其他用户之间建立信任链，转账无法进行。

5.4.6　数字货币的影响

数字货币是一把双刃剑。一方面，它所依赖的区块链技术实现了分散化，可以用于数字货币以外的领域；另一方面，如果数字货币作为一种货币被公众广泛使用，那么它将对货币政策的有效性、金融基础设施、金融市场和金融稳定产生巨大影响。

1. 对货币政策的影响

如果数字货币被广泛接受，能够发挥货币的功能，就会削弱货币政策的有效性，给政策制定带来困难。由于数字货币发行者通常是不受监管的第三方，货币是在银行系统之外创建的，发行的数量完全取决于发行者的意愿，这将造成货币供应不稳定，使当局无法监控这些数字货币。货币的发行和流通使人们无法准确判断时下经济运行状况，造成政策制定困难，也削弱了政策传导和执行的有效性。

2. 对金融基础设施的影响

基于分布式账本技术的分散价值交换机制改变了金融市场基础设施所依赖的总结算和净结算的基本设置。使用分布式账本也将对交易、清算和结算构成挑战，能够促进不同市场和基础设施中传统服务提供者的非中介化。这些变化可能会对零售支付系统以外的市场基础设施产生潜在影响，例如大额支付系统、证券结算系统或交易数据库。

3. 对金融市场的影响

如果数字货币和基于分布式账本的技术得到广泛应用，它们将挑战金融系统中当前参与者的中介角色，尤其是银行。银行是金融中介机构，履行代理监督者的职责，代表存款人监督借款人。一般情况下，银行还开展流动性和期限转换业务，实现存款人对借款人的资金融通。如果数字货币和分布式账本被广泛使用，任何随后的非中介化都可能对储蓄或信用评价机制产生影响。

4. 对金融稳定的影响

假设数字货币得到了公众的认可，使用数量大幅增加，并在一定程度上取代了法定货币，那么与数字货币相关的用户终端受到网络攻击等负面事件将导致货币波动，进而影响金融秩序和实体经济的影响。此外，基于区块链技术的虚拟货币最初通常由少数人持有，如比特币在2010年5月发生的第一次购物是1万比特币购买了25美元的比萨饼，到2021年3月12日，比特币价格已经创出新高，每个比特币的价格达到60 000美元。

关联法条

1.《电子银行安全评估指引》
2.《电子银行业务管理办法》第三十七条

扩展阅读

邹传伟. 对人民银行数字货币/电子支付的初步分析[J]. 新金融，2019(12)：10-16.

5.5 非金融机构支付服务

5.5.1 非金融机构支付概述

1. 非金融机构支付的概念

非金融机构支付是指第三方支付，主要是指与一家银行(通常是多家银行)签约，具有一定实力和信誉保护的第三方独立机构所提供的交易支持平台。

2. 非金融机构支付的分类

在通过第三方支付平台进行的交易中，买方在购买商品后，通过第三方支付平台和银行渠道提供的方式支付货款；第三方平台通知卖方货款到账并发货；买方在验货后可以付款给卖方。此外，部分第三方支付平台还提供一定期限内的退货服务；一些第三方平台提供多个银行和数十种银行卡选项。与传统的单一银行在线支付方式相比，在线支付方式更加丰富。按照《非金融机构支付服务管理办法》的规定，第三方支付应包括网络支付、预付卡的发行与受理、银行卡收单、中国人民银行确定的其他支付服务。

(1) 网络支付是指通过公共或专用网络在收款人之间进行货币资金的转移，包括货币汇兑、互联网支付、手机支付、固定电话支付、数字电视支付等。

(2) 预付卡是指在发卡机构以外以营利为目的购买的商品或者服务的预付价值，包括使用磁条、芯片等技术以卡片、密码等形式发行的预付卡。

(3) 银行卡收单是指银行卡商户通过POS终端收集货币资金的行为。

3. 非金融机构支付的功能

非金融机构支付的功能包括接收、处理并向开户银行传递网上客户的支付指令；进行跨行之间的资金清算(清分)；代替银行开展金融增值服务。非金融机构支付的交易功能如图5-2所示。非金融机构支付的特点在于"多渠道、多业务、多银行"，因此第三方支付平台在支付领域中具有其特殊的生命力。

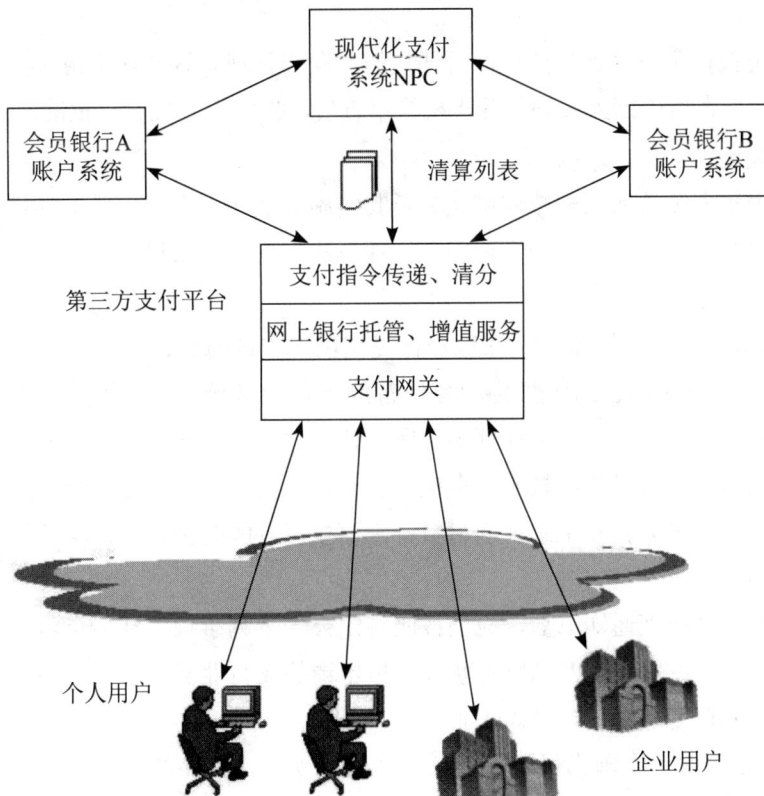

图5-2 非金融机构支付的交易功能

(1) 不参与买卖双方的具体业务，具有公信度，不会因触及客户商业利益而失去服务机会。

(2) 把众多的银行和银行卡整合到一个页面，方便网上客户，也降低了网民的交易成本。

(3) 可进行"多渠道、多业务、多银行"的服务创新。

(4) 对商家和消费者有双向财产保护能力，有效地限制了电子交易中的欺诈行为。

5.5.2　非金融机构支付的申请与许可

根据国务院关于"建立公开平等规范的服务业准入制度，鼓励社会资本进入"等工作要求，中国人民银行依据《中国人民银行法》等法律法规，经国家行政审批部门认定，对非金融机构支付服务实行支付业务许可制度。无论是国有资本还是民营资本的非金融机构，只要符合《非金融机构支付服务管理办法》的规定，都可以取得《支付业务许可证》。非金融机构提供支付服务，应当依法取得《支付业务许可证》后，成为支付机构，并接受中国人民银行的监督管理。未经中国人民银行批准，任何非金融机构和个人不得从事或变相从事支付业务。

1. 申请

中国人民银行负责《支付业务许可证》的颁发和管理。为此，申请《支付业务许可证》的，需经所在地中国人民银行分支机构审查后，报中国人民银行批准。

2. 审批流程

根据《中华人民共和国行政许可法》及其实施办法和《中国人民银行行政许可实施办法》的规定等，《非金融机构支付服务管理办法》规定《支付业务许可证》的审批流程主要包括以下几步。

(1) 申请人向中国人民银行所在地分行提交以下申请材料：申请书，写明申请人的姓名、住所、注册资本、组织机构和拟经营的支付业务等；公司营业执照(副本)复印件；公司章程的审核证明；经会计师事务所审计的财务会计报告；支付业务可行性研究报告；反洗钱措施验收材料；技术安全检查及认证证明；高级管理人员简历材料；申请人及其高级管理人员无犯罪记录证明材料；主要投资者的有关资料；申请材料的真实性声明。

申请人在收到受理通知书后，应当按照规定公告下列事项：注册资本和股权结构；主要投资者名单、持股比例及其财务状况；拟申请的支付业务；申请人的营业地点；技术安全测试证书和支付业务设施认证证书。

(2) 符合条件的，中国人民银行分行应当依法受理，并将初审意见和申请材料报送中国人民银行总行。

(3) 中国人民银行总行根据各分行的审查意见和社会监督反馈信息对申请材料进行审查。经批准成为支付机构的，由中国人民银行总行依法颁发《支付业务许可证》并予以公告。《支付业务许可证》自颁发之日起，有效期5年。支付机构拟于《支付业务许可证》期满后继续从事支付业务的，应当在期满前6个月内向所在地中国人民银行分支机构提出续展申请。中国人民银行准予续展的，每次续展的有效期为5年。

支付业务许可证如图5-3所示。

图5-3　支付业务许可证

5.5.3　对客户备付金的保护措施

支付机构可以自主确定其所从事的支付业务是否接受客户备付金。客户备付金是指客户自愿委托支付机构保管的、只能用于办理客户委托的支付业务的货币资金。

《非金融机构支付服务管理办法》在客户备付金保护措施方面有以下规定。

1. 明确备付金的性质

支付机构接受的客户准备金不是支付机构的财产。支付机构只能根据客户发起的支付指令划拨备付金。支付机构不得以任何形式挪用客户备付金。

2. 限定备付金的持有形式

第一，支付机构必须选择商业银行作为备付金存管银行，专户存放接受的客户备付金；第二，支付机构只能在同一家商业银行专户存放客户备付金；第三，支付机构的分公司不能自行开立备付金专用存款账户。

3. 强调商业银行的协作监督责任

商业银行作为准备金托管银行，应当对存放在支付机构的客户准备金的使用情况进行监督，并有权拒绝支付机构违反规定使用客户准备金的申请或者指令。支付机构调整不同准备金专项存款账户的头寸，必须经其准备金存款银行法人机构审查。

4. 突出人民银行的法定监管职责

支付机构和储备存款银行应当分别向中国人民银行报送储备资金托管协议、储备资金专项存款账户以及客户储备资金的托管或者使用情况等信息和资料。中国人民银行将依法对支付机构客户准备金的专项存款账户和相关账户进行现场检查。

5.5.4 实名制管理

《非金融机构支付服务管理办法》规定，支付机构应当按规定核对客户有效身份证明文件，并登记客户身份基本信息。众所周知，预付卡的一个主要用途在于无记名购买后作为礼品卡馈赠他人使用，如果要进行记名才可购买，相信购买人定会三思而行，毕竟如果购买预付卡用于商业贿赂之目的，留下一个购买记录就为侦查机关日后的办案留下一条线索。

2016年年初以来，支付宝、百付宝、财付通、网银在线等主要支付机构已积极响应《办法》要求，通过大力宣传，定向推动，弹窗提示等多种方式督促提醒用户完成实名认证，在广大消费者的积极配合下，支付账户实名制工作取得了很大进展，促进了我国账户体系的进一步完善，进一步健全了社会安全管理的基础设施，对国家的金融安全起到了积极作用。落实实名制是大势所趋。账户实名制将从法律上保护支付用户的财产安全并明确债权债务关系，减少网络支付的资金被盗等风险隐患，有利于提升网络支付信息追溯和责任追查的效率，促进网络法治化的实现和网络经济的可持续发展。

5.5.5 罚则

(1) 中国人民银行及其分支机构的工作人员有下列情形之一的，依法给予行政处分；构成犯罪的，依法追究刑事责任：违反规定审查批准《支付业务许可证》的申请、变更、终止等事项的；违反规定对支付机构进行检查的；泄露知悉的国家秘密或商业秘密的；滥用职权、玩忽职守的其他行为。

(2) 商业银行有下列情形之一的，中国人民银行及其分支机构责令其限期改正，并给予警告或处1万元以上3万元以下罚款；情节严重的，中国人民银行责令其暂停或终止客户备付金存管业务：未按规定报送客户备付金的存管或使用情况等信息资料的；未按规定对支付机构调整备付金专用存款账户头寸的行为进行复核的；未对支付机构违反规定使用客户备付金的申请或指令予以拒绝的。

(3) 支付机构有下列情形之一的，中国人民银行分支机构责令其限期改正，并给予警告或处1万元以上3万元以下罚款：未按规定建立有关制度办法或风险管理措施的；未按规定办理相关备案手续的；未按规定公开披露相关事项的；未按规定报送或保管相关资料的；未按规定办理相关变更事项的；未按规定向客户开具发票的；未按规定保守客户商业秘密的。

(4) 支付机构有下列情形之一的，中国人民银行分支机构责令其限期改正，并处3万元罚款；情节严重的，中国人民银行注销其《支付业务许可证》；涉嫌犯罪的，依法移送公安机关立案侦查；构成犯罪的，依法追究刑事责任：转让、出租、出借《支付业务许可证》的；超出核准业务范围或将业务外包的；未按规定存放或使用客户备付金的；未遵守实缴货币资本与客户备付金比例管理规定的；无正当理由中断或终止支付业务的；拒绝或阻碍相关检查监督的；其他危及支付机构稳健运行、损害客户合法权益或危害支付服务市场的违法违规行为。

关联法条

1. 中国人民银行《非金融机构支付服务管理办法》
2. 《中华人民共和国行政许可法》
3. 《中国人民银行行政许可实施办法》

扩展阅读

李鹏涛. 我国第三方支付发展与面临的风险研究[J]. 时代金融，2020(24)：124-125.

第6章 电子商务中的知识产权问题

■ 导读案例1：知钱诉淘宝连带责任案

原价12 700元的教程，在淘宝网上只卖几百块钱甚至几块钱。为此，研发该教程的知钱(北京)理财顾问有限公司(简称知钱公司)将卖盗版光盘的淘宝网店主连带浙江淘宝网络有限公司一起告上法庭。知钱公司副总方寿威介绍，该公司于2009年研发"三系"股票投资系统培训课程，同年5月陆续上线销售，每套12 700元。但在2009年底，公司调查发现包括淘宝网在内的多家网站上百经营者复制并出售该课程，有的价格仅卖几元钱。"我们多次与淘宝沟通，但对方始终拒绝屏蔽关键字，导致侵权行为不断扩散。"方寿威说，因此公司选中淘宝网上一个给其造成损失超十万元的卖家王某，连带淘宝公司一同诉至法院。对此，淘宝公司辩称，淘宝网作为仅提供信息发布平台的网络服务提供商，对涉案信息是否侵权事前并不知晓。其在接到知钱公司的通知后，对王某发布的涉案信息及知钱公司提供的侵权链接做了删除处理，已尽到法定义务。海淀法院经审理认为，王某未经权利人许可，擅自通过淘宝网有偿销售涉案课程，构成侵权，淘宝公司应承担相应的责任。据此，法院一审判决王某赔偿知钱公司2万元，淘宝公司在1万元内负连带责任。据了解，淘宝公司已经上诉。

资料来源：派代网. 网店售盗版光盘遭起诉淘宝被判负连带责任[EB/OL]. (2011.2.25) [2021.9.8]. https://bbs.paidai.com/topic/42090.

■ 导读案例2：短视频侵权案

2018年9月9日，北京互联网法院正式挂牌成立，开门受理的第一案是"抖音短视频"诉"伙拍小视频"信息网络传播权纠纷案。据悉，这也是"15秒短视频"这种作品形式的首个诉讼案件。

随着互联网巨头的持续投入，短视频在2018年迎来全面爆发，各家短视频平台开始大量签约头部创作者，以此形成内容优势。北京互联网法院公布的信息强调，"目前，国内外对短视频行业的法律保护均处于探索期。本案作为两大平台之间就短视频版权进行的首次诉讼，其中涉及的短视频是否构成作品，短视频平台之间、短视频平台与用户之间的权利边界，区块链取证存证技术在司法中的应用等问题值得关注。"

《工人日报》记者查阅北京市互联网法院官网资料获悉，原告北京微播视界科技有限公司诉称，"抖音短视频"系由原告合法拥有并运营的原创短视频分享平台。原告对于签订独家协议的创作者创作的短视频，获得了独家排他的信息网络传播权以及独家维权的权利。"抖音短视频"平台上此前发布的"5·12，我想对你说"短视频(以下简称"涉案短视频")，由涉案短视频创作者"黑脸V"独立创作完成。

抖音称，被告一百度在线网络技术(北京)有限公司和被告二北京百度网讯科技有限公司共同向用户提供"伙拍小视频"的下载、安装、运营和相关功能的更新、维护，并对"伙拍小视频"进行宣传和推广。原告发现，涉案短视频在抖音平台发布后，两被告未经原告许可，擅自将涉案视频在其拥有并运营的"伙拍小视频"上传播并提供下载服务。

抖音认为，百度旗下的该小视频产品未经许可擅自传播的行为给原告造成了极大的经济损失，要求对方停止侵权，并赔偿原告经济损失100万元，及诉讼合理支出5万元。

短视频平台之间为争夺传播权"掐架"，而对短视频创作者来说，原创作品被抄袭、转载、模仿的现象更令人防不胜防。

"我的画，我的文案，我的声音，都是我一帧一帧剪出来的，我说了算，不供给任何抄袭者。"早在2018年2月，视频自媒体人常小亮在微博上发声称，自己的视频没有经过授权就被另外一个用户拿去重新配音发布。当时他并未申请抖音视频账号，但视频被抄袭后成了抖音点击率很高的热门视频。

"这位抄袭者不仅没自觉删掉视频，还更新了一个视频解释称是她配音的原创视频。"常小亮称，抄袭者靠着他的视频涨了1万多个粉丝，常小亮在向抖音提供了几百条维权投诉后，最终抖音官方关闭了该用户"大宝"的账号。

资料来源：浙江日报. 北京互联网法院成立"抖音"维权案成受理第一案[EB/OL].(2018-09-10)[2020-05-11]. https://baijiahao.baidu.com/s?id=1611223433858645223&wfr=spider&for=pc.

6.1 域名争议及其解决机制

6.1.1 域名及其法律特征

域名是一个企业、组织在互联网上的一个标记，企业和组织通过域名可以利用字符串的形式表示出便于人们记忆的主机地址。一个企业或组织的域名是其在互联网电子空间上的"门牌"。随着互联网的发展，大量的企业或组织通过建立自己的万维网服务器来宣传自己的产品和服务，域名和企业、产品有了越来越密切的关系，已成为企业迈入信息化社会、适应现代国际商业市场竞争的重要工具，成为一种类似商标的无形资产。域名的商业价值越来越大，也越来越受到人们的重视。

域名的法律特征主要表现在以下几个方面。

1. 标志性

域名设计和使用的初衷是区分网络上的计算机与标志，从而方便网络寻址和信息传输，所以标志性应该是其基本特征之一。与商标的显著性要求不同，域名商标是计算机识别的，只需要细微的差别，具有很强的技术特征方法。

2. 唯一性

域名的唯一性是绝对的、全球性的，这是由网络的全球覆盖和网络IP地址分配的技术特征所决定的。由于行业和商品的不同，商标和商号等传统标志可能会有所不同。域名的独特性并不因行业和商品的不同而不同。由于域名本身具有"专有"的特点，而且每个域名都与某个网站或公司有关联，这就使得存在于虚拟世界(网络)中的域名地址在现实中具有识别企业的功能。因此，域名的使用需要在国际上注册。在注册过程中，我们一般采取"申请优先、注册优先"的原则和"申请人选择和责任原则"。《中国互联网络域名注册暂行管理办法》也做了类似规定。

3. 排他性

域名的排他性是其唯一性的延伸和保证。同时，域名注册"先申请，先注册"的原则保证了一个域名只能成功注册一次，这使得域名在世界上不可避免地具有排他性。

6.1.2 域名注册和使用争议解决

域名争议是指因互联网域名的注册或者使用而引发的争议。现行的《互联网域名管理办法》第四十二条规定："任何组织或者个人认为他人注册或者使用的域名侵害其合法权益的，可以向域名争议解决机构申请裁决或者依法向人民法院提起诉讼。"

1. 申请裁决

2012年6月28日起施行的《中国互联网络信息中心域名争议解决办法》(以下简称《域名争议解决办法》)具体规定域名争议解决的问题(2006年3月17日施行的原《中国互联网络信息中心域名争议解决办法》同时废止)。

(1) 适用范围。《域名争议解决办法》适用于因互联网络域名的注册或者使用而引发的争议。所争议域名应当限于由中国互联网络信息中心负责管理的".CN"".中国"".公司"".网络"域名。但是,所争议域名注册期限满两年的,域名争议解决机构不予受理。

(2) 争议的解决机构。域名争议由中国互联网络信息中心认可的争议解决机构受理解决。

(3) 争议的解决制度。纠纷处理机构实行纠纷处理专家组负责制。专家组由1名或3名具有互联网及相关法律知识,具有较高职业道德,能独立、中立地处理域名争议的专家组成。域名争议解决机构通过在线方式公布可供投诉人和被投诉人选择的专家名册。

任何人认为他人已注册的域名与其合法权益有冲突的,均可向争议解决机构提出申诉。争议解决机构应当设立专门的互联网网站,受理网上有关域名争议的投诉,发布有关域名争议的数据。但是,应投诉人或者被投诉人的请求,争议解决机构不得发布其认为可能损害投诉人或者被投诉人利益的信息。

争议解决机构受理投诉后,应当按照程序规则的规定组成专家组,并由专家组根据本办法及程序规则,遵循"独立、中立、便捷"的原则,在专家组成立之日起14日内对争议做出裁决。

投诉符合下列条件的,应当得到支持:①被投诉的域名与投诉人享有民事权益的名称或者标志相同,或者具有足以造成混淆的近似性;②被投诉的域名持有人对域名或者其主要部分不享有合法权益;③被投诉的域名持有人在注册或使用域名时有恶意。投诉人和被投诉人应各自承担举证责任。

《域名争议解决办法》规定被投诉人在接到争议解决机构送达的投诉书之前具有下列情形之一的,表明其对该域名享有合法权益:①被投诉人在提供商品或服务的过程中已善意地使用该域名或与该域名相对应的名称;②被投诉人虽未获得商品商标或有关服务商标,但所持有的域名已经获得一定的知名度;③被投诉人合理地使用或非商业性地合法使用该域名,不存在为获取商业利益而误导消费者的意图。

被投诉的域名持有人具有下列情形之一的,其行为构成恶意注册或者使用域名:①注册或受让域名是为了向作为民事权益所有人的投诉人或其竞争对手出售、出租或者以其他方式转让该域名,以获取不正当利益;②多次将他人享有合法权益的名称或者标志注册为自己的域名,以阻止他人以域名的形式在互联网上使用其享有合法权益的名称或者标志;③注册或者受让域名是为了损害投诉人的声誉,破坏投诉人正常的业务活动,或者混淆与投诉人之间的区别,误导公众;④其他恶意的情形。

在专家组就有关争议做出裁决之前，投诉人或者被投诉人认为专家组成员与对方当事人有利害关系，有可能影响案件的公正裁决的，可以向争议解决机构提出要求专家回避的请求，但应当说明提出回避请求所依据的具体事实和理由，并举证。是否回避，由争议解决机构决定。

专家组根据投诉人和被投诉人提供的证据及争议涉及的事实，对争议进行裁决。专家组认定投诉成立的，应当裁决注销已经注册的域名，或者裁决将注册域名转移给投诉人。专家组认定投诉不成立的，应当裁决驳回投诉。

在依据《域名争议解决办法》提出投诉之前，争议解决程序进行中，或者专家组做出裁决后，投诉人或者被投诉人均可以就同一争议向中国互联网络信息中心所在地的中国法院提起诉讼，或者基于协议提请中国仲裁机构仲裁。

争议解决机构裁决注销域名或者裁决将域名转移给投诉人的，自裁决公布之日起满10日的，域名注册服务机构予以执行。但被投诉人自裁决公布之日起10日内提供有效证据证明有管辖权的司法机关或者仲裁机构已经受理相关争议的，争议解决机构的裁决暂停执行。对于暂停执行的争议解决机构的裁决，域名注册服务机构视情况处理：①有证据表明，争议双方已经达成和解的，执行和解协议；②有证据表明，有关起诉或者仲裁申请已经被驳回或者撤回的，执行争议解决机构的裁决；③有关司法机关或者仲裁机构做出裁判，且已发生法律效力的，执行该裁判。

在域名争议解决期间以及裁决执行完毕前，域名持有人不得申请转让或者注销处于争议状态的域名，也不得变更域名注册服务机构，但受让人以书面形式同意接受争议解决裁决约束的除外。

2. 提起诉讼

2001年6月26日，最高人民法院审判委员会第1182次会议通过《最高人民法院关于审理涉及计算机网络域名民事纠纷案件适用法律若干问题的解释》。该司法解释规定，对于涉及计算机网络域名注册、使用等行为的民事纠纷，当事人向人民法院提起诉讼，经审查符合民事诉讼法第108条规定的，人民法院应当受理。

涉及域名的侵权纠纷案件，由侵权行为地或者被告住所地的中级人民法院管辖。对难以确定侵权行为地和被告住所地的，原告发现该域名的计算机终端等设备所在地可以视为侵权行为地。

人民法院审理域名纠纷案件，对符合以下各项条件的，应当认定被告注册、使用域名等行为构成侵权或者不正当竞争：原告请求保护的民事权益合法有效；被告域名或其主要部分构成对原告驰名商标的复制、模仿、翻译或音译；或者与原告的注册商标、域名等相同或近似，足以造成相关公众的误认；被告对该域名或其主要部分不享有权益，也无注册、使用该域名的正当理由；被告对该域名的注册、使用具有恶意。

被告的行为被证明具有下列情形之一的，人民法院应当认定其具有恶意：为商业目的将他人驰名商标注册为域名的；为商业目的注册、使用与原告的注册商标、域名等相同或近似的域名，故意造成与原告提供的产品、服务或者原告网站的混淆，误导网络用户访问其网站或其他在线站点的；曾要约高价出售、出租或者以其他方式转让该域名获取不正当利益的；注册域名后自己并不使用也未准备使用，而有意阻止权利人注册该域名的；具有其他恶意情形的。被告举证证明在纠纷发生前其所持有的域名已经获得一定的知名度，且能与原告的注册商标、域名等相区别，或者具有其他情形足以证明其不具有恶意的，人民法院可以不认定被告具有恶意。

人民法院认定域名注册、使用等行为构成侵权或者不正当竞争的，可以判令被告停止侵权、注销域名，或者依原告的请求判令由原告注册使用该域名；给权利人造成实际损害的，可以判令被告赔偿损失。

6.1.3 域名引发的法律问题和解决途径

1. 域名引发的法律问题

域名的唯一性和首次申请的原则决定了域名注册人一旦获得注册权，便排除了他人使用相同域名进行注册的可能性。因此，在电子商务的商业活动中，域名不仅是企业快速获取商业信息的有效途径，还是互联网企业的唯一标志，有人称其为"企业在线商标"，正显示了域名的商业价值。同时，随着域名价值的提高，相关的法律冲突也时有发生。域名引起的法律问题主要有以下几个方面。

(1) 域名与名称权的法律冲突。域名在电子商务中的价值在于其受欢迎程度。为了及时抓住网上商机，提高网站声誉，以知名机构和名人的名义申请注册引发的法律纠纷屡见不鲜。例如，国际奥委会将美国的1800个网站告上法庭，理由是这些网站注册了奥林匹克、奥林匹亚或其他与奥林匹克有关的域名。鉴于域名注册可能损害他人的名称权，国际社会通过了各种立法来有效解决这一问题，如美国颁布的《反抢注消费者保护法》，其中规定"任何人未经该在世者同意，注册一个包含另一个在世者姓名的域名，或与该在世者的姓名在本质上和令人困惑的相似的域名，并通过将域名出售给在世者或者第三人，以换取特定的经济收益意图，从该域名中获取利润，则该注册人应在由该在世者提起的民事诉讼中承担责任"。

(2) 域名与商标权的法律冲突。域名注册与商标的注册和使用虽然属于两个不同的领域，但两者发生交叉的机会是巨大的。现行的域名注册制度并没有很好地解决商标在因特网上的地位问题，也没有对使用他人商标注册为自己域名的行为建立起有效的预防或救济措施。就我国而言，现行的域名注册制度并非真正的域名注册审查制度。依照《中国互联网络域名注册暂行管理办法》第十一条的规定，域名命名不得使用他人已在中国注册过的商标名称，并且在第二十条和第二十一条规定，中国互联网络信息中心按照"先申请先注册"的原则受理域名注册并进行审批。但是，该办法的第二十三条又规定，中国互联网络信息中心不承担查询用户域名是否使用他人注册商标的任何责任。因此，域名注册审核制度在保护注册商标专用权方面是形同虚设的。这样的域名注册制度，为域名和商标发生冲突提供了便利条件，必将导致并加剧域名与商标之间的冲突。

2. 解决域名注册纠纷的法律途径

在互联网上，域名是商业竞争和网络营销中重要的战略资源，也是一种有限的资源。域名是企业无形资产的一部分。企业应充分重视和保护域名，否则会对自身利益产生不利影响。域名的法律保护是对域名所有者的法律保护，即对企业无形资产的保护。我国对域名的法律保护主要通过以下几种途径实现。

(1) 民法保护。域名作为无形财产或智力成果都理所当然地受到民法的保护。公民、法人的合法的民事权利受法律保护，任何组织和个人不得侵犯。这就是说，域名只要是合法取得且未侵犯他人的在先权利即受法律保护。具体来说，域名所有权人对其拥有的域名可依法进行持有、建立并经营相关网站或网页、获取经济利益、放弃、闲置、捐赠、转让、许可和合作等活动。任何非法干预都应承担相应的民事责任，权利人有权获得行政、司法救济。

(2) 知识产权法保护。域名是一种新型的知识产权，具有知识产权的属性，适用于知识产权法的一般原则。域名是一种专有权，权利人垄断该权利并受法律保护；未经权利人同意，除权利人以外的任何第三方均不得侵犯该权利，也不得享有或使用该权利；权利人可以自己行使权利，也可以转让给他人，并应收取报酬；域名权应在法律规定的期限内生效，应通过注册产生，以续展(按期办理继续注册的手续，并缴纳相关费用)而延续，以不续展而消灭(任何其他个人或组织均可依"先到先有"原则享有之)。

(3) 在先权利人的法律保护。域名不具有严格的地区性一般知识产权，而是具有全球性，通常可以按照地域性原则或个人原则处理涉及域外的相关法律纠纷。在先权利人是指自然人、法人或其他组织，其在域名注册的有效日期之前对域名的中间标志部分享有合法权利。其中，域名和商标由于具有共同的标志而引起了很多法律纠纷，涉及许多著名的生产商及其驰名商标。在司法实践中，法官倾向于根据民法、商标法、不正当竞争法和相关的特殊法律来主张在先权利人。同时，在先权利人通常具有强大的政治和经济优势，并且在制定域名政策和法律方面具有强大的游说能力。在中国，现行域名规范性文件主要是国务院信息化工作领导小组办公室《中国互联网络域名注册暂行管理办法》，该文件体现了较为浓重的政府监管的意味。北京市高级人民法院办公室发布的《关于审理因域名注册使用而引起的知识产权民事纠纷案件的若干指导意见》则主要参考了互联网名称与数字地址分配机构(ICANN)及美国的法律，具有鲜明的时代特性。中国互联网信息中心(CNNIC)发布的《中文域名争议解决办法(试行)》，授权中国国际经济贸易仲裁委员会(CIETAC)作为中国国内第一家中文域名争议解决机构。最高人民法院发布的《最高人民法院关于审理涉及计算机网络域名民事纠纷案件适用法律若干问题的解释》标志着中国域名法制建设进入了一个崭新的阶段。

(4) 域名交易的商法保护。域名交易主要受《民法典》的调整，尽管《民法典》分则部分未具体规定域名交易，但其总则部分的内容仍适用。同时，还可参照《中华人民共和国商标法》中有关商标转让和使用许可的内容。尽管中国的域名保护已朝着积极和先进的方向发展，但中国的互联网和电子商务仍处于起步阶段，相对落后。现有的域名管理方法仅作为部门的规范性文件存在，法律效力非常薄弱，在很多方面也有待提高，需要专家、学者和许多司法从业人员共同努力，以确保域名的法律保护。

关联法条

1.《互联网域名管理办法》

2.《最高人民法院关于审理涉及计算机网络域名民事纠纷案件适用法律若干问题的解释》

3.《中华人民共和国民法典》第一编

扩展阅读

郑世保. 域名纠纷在线解决机制研究[J]. 政法论丛，2014(03)：120-126.

6.2 商标权的保护

6.2.1 商标与商标法

商标是指使用商品或服务来识别不同生产者和销售者的生产、制造、加工、分类或分配商品或服务的方式。

商标法是确认商标专用权，规定商标注册、使用、转让、保护和管理的法律规范的总称，其功能主要是加强商标管理，保护商标专用权，促进商品生产经营者保证商品质量和服务质量，维护商标声誉，保障消费者利益，促进社会主义市场经济发展。

1982年8月23日第五届全国人民代表大会常务委员会通过了《中华人民共和国商标法》(以下简称《商标法》)，并于1993年2月22日、2001年10月27日、2013年8月30日、

2019年4月23日进行了修订。根据我国《商标法》(2019年4月23日第4次修正)第八条规定:"任何能够将自然人、法人或者其他组织的商品与他人的商品区别开的标志,包括文字、图形、字母、数字、三维标志、颜色组合和声音等,以及上述要素的组合,均可以作为商标申请注册。"

2002年8月3日,国务院公布《中华人民共和国商标法实施条例》(以下简称《商标法实施条例》),并于2014年4月29日进行了修订。2014年4月29日通过修订后的《商标法实施条例》规定了因声音标志申请商标注册的5个条件:①应当在申请书中予以声明。②说明商标的使用方式。③提交符合要求的声音样本。声音样本应当是光盘形式,音频文件不得超过5MB,格式为WAV或者MP3。④对声音商标进行描述。如果是音乐性质的,这种描述应当以五线谱或者简谱对申请用作商标的声音加以描述并附加文字说明;如果声音是非音乐性质的,无法以五线谱或者简谱描述的,应当以文字加以描述。⑤商标描述与声音样本应当一致。

此外,我国已经加入了一系列有关保护商标专用权的国际条约,主要有《保护工业产权巴黎公约》(1985年3月正式加入)、《商标注册马德里协定》(1989年10月正式加入)、《商标注册公约》等。1994年4月,我国签署《与贸易有关的知识产权协议》。2001年12月,我国正式加入WTO,标志着我国对包括商标权在内的工业产权的保护更加全面。

6.2.2 注册商标专用权

1. 注册商标专用权及其取得

注册商标专用权,或称商标权,是指商标注册人依法对其注册商标所享有的专用权利。我国注册商标专用权的取得实行注册取得原则。另外,商标权的取得还可以通过注册商标的转让、继承等方式。

2. 注册商标专用权的内容

根据《商标法》以及相关法律法规的规定,注册商标专用权主要包括以下几种权利。

(1) 专用权。注册商标专用权是指商标权人对其注册商标所享有的在核定的商品或者服务上独占使用的权利。

(2) 使用许可权。注册商标使用许可权是指商标权人享有的、以一定的方式和条件许可他人使用其注册商标并获得收益的权利。

(3) 转让权。注册商标转让权是商标权人所享有的将其注册商标转让给他人的权利,是商标权人对其注册商标行使处分权的一种方式。

3. 注册商标的保护期限与续展

注册商标的有效期为10年，自核准注册之日起计算。注册商标期满后需要继续使用的，商标注册人应当在期满前12个月内按照规定办理续展手续；逾期未办理的，可以给予6个月的宽限期。每次续展注册的有效期为10年，自上一个商标有效期届满之日起计算。续展商标由商标局公告。未办理续展手续的，注销该注册商标。

4. 商标权的法律保护

(1) 商标权的保护范围。商标权的保护范围是指禁止在相同或者类似商品或者服务上使用与他人注册商标相同或近似的商标。

(2) 侵犯注册商标权的行为。有下列行为之一的，均属侵犯注册商标专用权：①未经商标权人许可，在相同或者类似商品上使用与其注册商标相同或近似的商标的行为；②销售侵犯注册商标专用权的商品的行为；③伪造、擅自制造他人注册商标标志或者销售伪造、擅自制造的注册商标标志的行为；④未经商标注册人同意，更换其注册商标并将该更换商标的商品又投入市场的；⑤除以上侵权行为以外给他人的注册商标专用权造成其他损害的。

(3) 商标权保护的临时措施。如果商标注册人或者利害关系人有证据证明他人正在实施或者即将实施的行为侵犯其注册商标专用权，如果不及时停止，它将损害其合法权益，可以在人民法院提起诉讼。申请采取措施责令停止有关行为和财产保全。为制止侵权行为，商标注册人或者利害关系人可以在诉讼前向人民法院申请保全证据。

5. 对驰名商标的保护

1) 驰名商标的概念

驰名商标是指在中国为相关公众广为知晓并享有较高声誉的商标。《商标法》规定，认定驰名商标应当考虑下列因素：①相关公众对该商标的知晓程度；②该商标使用的持续时间；③该商标的任何宣传工作的持续时间、程度和地理范围；④该商标作为驰名商标受保护的记录；⑤该商标驰名的其他因素。

可以作为证明商标驰名的证据材料包括以下几项：①证明有关公众对该商标知晓程度的有关材料；②证明商标使用期限的有关材料，包括商标使用、注册的历史和范围的有关材料；③证明商标宣传工作持续时间的证明材料，与程度和地域范围有关的资料，包括广告宣传活动的方式、地理范围、宣传媒介的种类、广告量等；④证明商标作为驰名商标受到保护的有关材料，包括该商标的历史资料在中国或者其他国家和地区的驰名商标；⑤其他证明商标驰名的证明材料，包括近3年使用该商标的主要产品的产量、销售额、销售收入、利税、销售面积等相关材料。

2) 对驰名商标的法律保护

驰名商标除了获得与一般商标一样的法律保护外，还可以根据有关法律、行政法规获得更多的保护。根据《商标法》和《驰名商标认定和保护规定》的规定，我国对驰名商标的其他保护主要体现在以下几个方面。

(1) 对未在我国注册的驰名商标给予保护。《商标法》第十三条规定，为相关公众所熟知的商标，持有人认为其权利受到侵犯的，可以依照《商标法》的规定申请驰名商标保护。就相同或者类似商品申请注册的商标是复制、摹仿或者翻译他人未在中国注册的驰名商标，容易造成混淆的，不予注册并禁止使用。上述规定赋予了未在中国注册的驰名商标专用权，体现了中国法律对驰名商标的特殊保护。

(2) 扩大对在我国注册的商标保护范围。《商标法》规定："就不相同或者不相类似商品申请注册的商标是复制、摹仿或者翻译他人已经在中国注册的驰名商标，误导公众，致使该驰名商标注册人的利益可能受到损害的，不予注册并禁止使用。"上述规定将在中国注册的驰名商标的保护范围扩大到不同的或者类似的商品，扩大了驰名商标的保护范围。根据《驰名商标认定和保护规定》第十三条的规定："当事人认为他人将其驰名商标作为企业名称登记，可能欺骗公众或者对公众造成误解的，可以向企业名称登记主管机关申请撤销该企业名称登记，企业名称登记主管机关应当依照《企业名称登记管理规定》处理。"由此可见，对驰名商标的保护已经超出了商标范围而扩大到企业商号或名称了。

(3) 驰名商标所有人对恶意注册商标的撤销权不受5年期限的限制。已经注册的商标，违反有关法律规定的，自商标注册之日起5年内，商标权人或者利害关系人可以请求商标评审委员会宣告该注册商标无效。对恶意注册的，驰名商标所有人不受5年的时间限制。

6.2.3 电子商务中的商标权保护

1. 电子商务中的商标权

电子商务活动作为商务活动的一种新手段或者新方式，与商标密切相关。电子商务与商标的联系主要表现在以下几个方面。

(1) 电子商务主体需要自己的商品或服务商标。电子商务活动中的各类主体在其所提供的商品或服务进入市场时，都需要有自己的识别标志。例如新浪、搜狐、网易和谷歌、阿里巴巴提供在线交易平台和大量的商业实体，这些平台和实体在进行提供商品或网络服务的活动时，也使用自身相应的商标。

(2) 电子商务的主体可能涉及他人商标的使用。电子商务主体在商品流通、服务提供、广告宣传等商业活动过程中，可能涉及他人商标权的使用。例如，开展电子商务的商品销售企业在互联网上销售商品和发布广告，这必然涉及其他企业商标的使用。

(3) 电子商务的主体可能成为商标侵权的主体。电子商务的主体除了发展自己的商标权外，还涉及他人的商标权的使用。因此，它也可能成为商标侵权的主体。电子商务主体在开发和使用该商标时，未经授权使用他人商标或者在相同或者类似的商品或服务上使用与其他人相同或者类似的商标的，可能使自己成为商标侵权的主体。

2. 电子商务中商标权保护所面临的问题与对策

(1) 商标权的使用和保护更加复杂。电子商务活动将商标使用范围扩大到网络，使商标使用范围扩大。随着网络应用的普及，电子商务推动的交易额迅速增长。商品流通具有隐蔽性强、范围大、取证难、执行难等特点，使商标权的使用和保护变得十分复杂。

(2) 电子商务给商标侵权带来了新的特点。传统商标侵权的主要形式是在相同或类似的商品上使用相同或类似的商标，其主要应用于商品或商品的包装和商品或服务的广告。这些商标侵权形式都有现实的表现形式，是否被认定都有一定的证据依据。然而，电子商务利用互联网完成交易，商标侵权的形式更加多样复杂。电子商务中出现了一些新的商标侵权形式，如网页商标侵权、链接侵权、使用商标图形作为网页装饰侵权、商标作为域名侵权等。

(3) 网络商标侵权操作简单易行。网络的开放性决定了网络侵权的实施简单易行。一方面，由于网络是一个巨大的虚拟空间，侵权者可以随时随地进行商标侵权；另一方面，在技术方面，通过网络进行商标侵权是非常容易的，即使侵权者没有先进的计算机知识和操作技能，他也可以通过单击鼠标进行商标侵权。

(4) 网络商标纠纷的解决更加困难。传统商标侵权容易被侵权人识别和发现，然而网络的虚拟性质给侵权人的身份认定带来了困难。这是因为网络具有跨越时空的特点，商标侵权人的认定难度较大。

从证据收集的角度来看，网页是不断更新的，网上商标使用信息可以随时删除，商标所有人无法及时获取证据，受"谁主张、谁提供证据"原则和"证据收集的经济性原则"的限制，司法机关一般不干预民事证据收集程序，因此商标权人很难找到侵权主体，获取相关侵权证据。

(5) 网络商标侵权的损害后果更为严重。互联网的全球化使得网络商标侵权的损害范围更加广泛，可以跨越国界、跨行业，其负面影响持续时间越长，对商标所有人商业信誉的损害也越严重。要解决电子商务中的商标保护问题，需要从以下几个方面着手：一是尽快完善相关法律法规；二是加强商标权保护执法；三是加强电子商务中商标的行政保护措施。

3. 电子商务中对驰名商标的保护

由于网络的无国界性，商品或服务的标志在短时间内会迅速传播，并发展成为有影响力的商标，给商标所有人创造驰名商标带来更多的机会。

与此同时，驰名商标也面临着新的风险和困境，驰名商标在网络经济中更有可能成为侵权的焦点。因此，国家在现实交易中有必要通过立法对驰名商标实施特殊保护，对网络虚拟社会中的驰名商标进行特殊保护；否则，不利于保护驰名商标所有人的合法权益。可见，将驰名商标的特殊保护扩展到网络是必然的趋势。

关联法条

1.《中华人民共和国商标法》
2.《中华人民共和国电子商务法》

扩展阅读

1. 刘燕. 论互联网环境下商标侵权认定的标准及原则[J]. 兰州大学学报(社会科学版)，2015，43(01)：157-162.

2. 赵林青. 对域名法律保护的思考：以域名与商标的冲突为视角[J]. 法学杂志，2007(05)：58-61.

6.3 网络著作权保护

6.3.1 网络著作权的法律保护

1. 作品数字化的著作权保护

数字技术的发展导致了以数字编码形式出现的作品，也对传统的版权保护制度产生了冲击。借助于数字技术，传统的文学作品、艺术作品、摄影作品、视听作品现在都可以转换成二进制数字编码的形式。同时，在这种数字表达形式的基础上，也可以通过数字信息存储技术来完成作品的复制和出版过程。但问题是，作品的数字编码表达是否仍然属于受版权保护的作品？

到目前为止，包括中国在内的各国版权法普遍规定，著作权法保护的作品必须满足两个基本条件：一个是创意；另一种是它可以以有形的形式被复制。毫无疑问，作品的数字化编码表达可以以有形的形式复制，同时原本具有原创性的作品也不会因为被转换成数字化编码表达而失去原创性。因此，版权保护应延伸到作品的数字编码。

《关于审理涉及计算机网络著作权纠纷案件适用法律若干问题的解释》(以下简称《计算机网络著作权纠纷案例适用法律若干问题的解释》)是2000年11月22日最高人民法院审判委员会第1144次会议通过的，2006年11月20日最高人民法院审判委员会第1406次会议做出《关于修改〈最高人民法院关于审理涉及计算机网络著作权纠纷案件适用法律若干问题的解释〉的决定》。该司法解释第二条规定："受著作权法保护的作品，包括著作权法第三条规定的各类作品的数字化形式。在网络环境下无法归于著作权法第二条列举的作品范围，但在文学、艺术和科学领域内具有独创性并能以某种有形形式复制的其他智力创作成果，人民法院应当予以保护。"显然，上述解释明确提供了数字化作品的著作权保护依据。但接下来的问题是：数字化作品由于其自身的特点，极易被复制和传播，著作权人的权利在网络环境下极其脆弱，通过什么方式可以在法律上保护这种专有权利？

2. 信息网络传播权

信息网络传播权是指以有线或者无线方式向公众提供作品、表演或者录音录像制品，使公众可以在其个人选定的时间和地点获得作品、表演或者录音录像制品的权利。2005年4月，国家版权局和信息产业部发布《互联网著作权行政保护办法》。2006年5月10日国务院第135次常务会议通过《信息网络传播权保护条例》(2013年修订)。

1) 网络作品的合理使用

著作权法中的合理使用制度是指在符合法定条件的情况下，使用作品等可以不经权利人许可，不向其支付报酬的制度。我国《中华人民共和国著作权法》(简称《著作权法》)第二十四条规定了传统环境下的合理使用制度，《信息网络传播权保护条例》则规定了网络环境下的合理使用制度。表6-1是不同法律中合理使用制度的差异对比。

表6-1 不同法律中合理使用制度的差异

《著作权法》	《信息网络传播权保护条例》
为个人学习、研究或者欣赏，使用他人已经发表的作品	
为介绍、评论某一作品或者说明某一问题，在作品中适当引用他人已经发表的作品	为介绍、评论某一作品或者说明某一问题，在向公众提供的作品适当引用已经发表的作品
为报道新闻、在报纸、期刊、广播电台、电视台等媒体中不可避免地再现或者引用已经发表的作品	为报道时事新闻，在向公众提供的作品中不可避免地再现或者引用已经发表的作品
报纸、期刊、广播电台、电视台等媒体刊登或者播放其他报纸、期刊、广播电台、电视台等媒体已经发表的关于政治、经济、宗教问题的时事性文章，但著作权人声明不许刊登、播放的除外	向公众提供在信息网络上已经发表的关于政治、经济问题的时事性文章
报纸、期刊、广播电台、电视台等媒体刊登或者播放在公众集会上发表的讲话，但作者声明不许刊登、播放的除外	向公众提供在公众集会上发表的讲话
为学校课堂教学或者科学研究，翻译、改编、汇编、播放或者少量复制已经发表的作品，供教学或者科研人员使用，但不得出版发行	为学校课堂教学或者科学研究，向少数教学、科研人员提供少量已经发表的作品
国家机关为执行公务在合理范围内使用已经发表的作品	国家机关为执行公务，在合理范围内向公众提供已经发表的作品

（续表）

《著作权法》	《信息网络传播权保护条例》
图书馆、档案馆、纪念馆、博物馆、美术馆、文化馆等为陈列或者保存版本的需要，复制本馆收藏的作品	
免费表演已经发表的作品，该表演未向公众收取费用，也未向表演者支付报酬，且不以营利为目的	
对设置或者陈列在室外公共场所的艺术作品进行临摹、绘画、摄影、录像	
将中国自然人、法人或者非法人组织已经发表的以国家通用汉语言文字创作的作品翻译成少数民族语言文字作品在国内出版发行	将中国公民、法人或者其他组织已经发表的、以汉语言文字创作的作品翻译成的少数民族语言文字作品，向中国境内少数民族提供
以阅读障碍者能够感知的无障碍方式向其提供已经发表的作品	不以营利为目的，以盲人能够感知的独特方式向盲人提供已经发表的文字作品
法律、行政法规规定的其他情形	

此外，《信息网络传播权保护条例》第七条规定："图书馆、档案馆、纪念馆、博物馆、美术馆等可以不经著作权人许可，通过信息网络向本馆馆舍内服务对象提供本馆收藏的合法出版的数字作品和依法为陈列或者保存版本的需要以数字化形式复制的作品，不向其支付报酬，但不得直接或者间接获得经济利益，当事人另有约定的除外。"根据上述规定，图书馆等公共文化机构通过信息网络提供作品，享受合理使用的权利需要满足下列条件：①享有合理使用权利的主体是图书馆、档案馆、纪念馆、博物馆、美术馆等公共文化机构。②提供的作品仅限于本馆收藏的合法出版的数字作品和依法为陈列或者保存版本的需要以数字化形式复制的作品。"本馆收藏的合法出版的数字作品"是指图书馆通过捐赠、购买等方式馆藏的公开出版的电子图书资料等；"依法为陈列或者保存版本的需要"是指作品已经损毁或者濒临损毁、丢失或者失窃，或者其存储格式已经过时，并且在市场上无法购买或者只能以明显高于标定的价格购买；"以数字化形式复制"是指通过电子扫描等方式把原来的印刷作品转换为数字信号保存在电子介质上。③传播的范围仅限于通过信息网络向本馆馆舍内服务对象提供。④不得直接或者间接获得经济利益。⑤当事人另有约定的除外。

2) 法定许可

(1) 远程教育的法定许可。《信息网络传播权保护条例》第八条规定："为通过信息网络实施九年制义务教育或者国家教育规划，可以不经著作权人许可，使用其已经发表作品的片段或者短小的文字作品、音乐作品或者单幅的美术作品、摄影作品制作课件，由制作课件或者依法取得课件的远程教育机构通过信息网络向注册学生提供，但应当向著作权人支付报酬。"

　　根据上述规定，首先，发展远程教育的法定许可制度，使用作品的前提是通过信息网络实施九年制义务教育或者国家教育规划；其次，从教育内容上，把一些通过互联网从事营利性培训、辅导的行为排除出去。使用作品的行为包括以下几种：使用其已经发表作品的片段或者短小的文字作品、音乐作品或者单幅的美术作品、摄影作品制作课件，由制作课件或者依法取得课件的远程教育机构通过信息网络向注册学生提供。这里针对远程教育的特点，首先把使用作品的行为从编写教科书扩大到课件，主要是因为远程教育过程中授课内容主要以课件的形式提供，相对于传统课堂教学的教科书，远程教育使用的课件在内容上除了课本内容，还包括了大量参考资料，在形式上更多地采用了多媒体和互动式技术。其次，把使用作品的行为从编写教科书扩大到向注册学生提供课件。限定提供的对象是注册学生，把远程教育与一般面对公众的教育、宣传行为区分开来。符合以上条件使用作品的行为，可以不经著作权人许可，但应当支付报酬。

　　(2) 扶助贫困的法定许可。《信息网络传播权保护条例》第九条规定："为扶助贫困，通过信息网络向农村地区的公众免费提供中国公民、法人或者其他组织已经发表的种植养殖、防病治病、防灾减灾等与扶助贫困有关的作品和适应基本文化需求的作品，网络服务提供者应当在提供前公告拟提供的作品及其作者、拟支付报酬的标准。自公告之日起30日内，著作权人不同意提供的，网络服务提供者不得提供其作品；自公告之日起满30日，著作权人没有异议的，网络服务提供者可以提供其作品，并按照公告的标准向著作权人支付报酬。网络服务提供者提供著作权人的作品后，著作权人不同意提供的，网络服务提供者应当立即删除著作权人的作品，并按照公告的标准向著作权人支付提供作品期间的报酬。"

　　根据上述规定，通过信息网络向农村地区提供作品的法定许可制度，包括以下要件：第一，提供作品的对象仅限于我国农村地区的公众；第二，提供的作品的权利人仅限于中国公民、法人或者其他组织已经发表的作品，作品的内容为种植养殖、防病治病、防灾减灾等与扶助贫困有关的作品和适应基本文化需求的作品；第三，通过公告的方式取得许可并支付报酬；第四，提供作品不得直接或者间接获得经济利益。

　　应当注意的是，对作品的合理使用和法定许可不得侵犯著作权人的其他合法权益。《信息网络传播权保护条例》第十条规定，不经著作权人许可、通过信息网络向公众提供其作品的，还应当指明作品的名称和作者的姓名(名称)，依照规定支付报酬；权利人采取技术措施，防止本条例规定的服务对象以外的其他人获得著作权人的作品，并防止本条例规定的服务对象的复制行为对著作权人利益造成实质性损害。《信息网络传播权保护条例》第十一条规定，通过信息网络提供他人表演、录音录像制品的，也应当遵守上述规定。

3. 网络技术措施和权利管理信息的保护

1) 网络技术措施的保护

我国的《信息网络传播权保护条例》第二十六条规定："技术措施，是指用于防止、限制未经权利人许可浏览、欣赏作品、表演、录音录像制品的或者通过信息网络向公众提供作品、表演、录音录像制品的有效技术、装置或者部件。"

对于网络的技术措施，我国《著作权法》第五十三条第(六)项规定："未经著作权人或者与著作权有关的权利人许可，故意避开或者破坏技术措施的，故意制造、进口或者向他人提供主要用于避开、破坏技术措施的装置或者部件的，或者故意为他人避开或者破坏技术措施提供技术服务的，法律、行政法规另有规定的除外。"《信息网络传播权保护条例》第四条规定："为了保护信息网络传播权，权利人可以采取技术措施。任何组织或者个人不得故意避开或者破坏技术措施，不得故意制造、进口或向公众提供主要用于避开或者破坏技术措施的装置或者部件，不得故意为他人避开或者破坏技术措施提供技术服务。但是，法律、行政法规规定可以避开的除外。"从上述规定看出，权利人为了保护信息网络传播权享有采用技术措施的权利，且其技术措施受法律保护。具体来说，禁止下列规避技术措施的行为。

(1) 故意避开或者破坏技术措施。这里所称避开是指绕过技术措施，使得技术措施对自己失去效用，但是对他人仍然能够发生效用；破坏是指毁损技术措施，使得技术措施对任何人都失去效用。故意避开或者破坏技术措施属于直接规避技术措施的行为，为各国立法和实践所禁止。

(2) 故意制造、进口或者向公众提供主要用于避开或者破坏技术措施的装置或者部件。这里所称的"主要用于避开或者破坏技术措施的装置或者部件"，是指主要为避开或者破坏技术措施设计、制作，除此目的外，没有或者很少有其他用途或者价值的装置或者部件。

(3) 故意为他人避开或者破坏技术措施提供技术服务，主要是指为他人避开或者破坏技术措施提供技术或者设备的支持。

后两种行为属于间接规避技术措施的行为，是否应当予以禁止，各国的立法和具体做法尚不一致。世界知识产权组织、国际唱片业协会、美国国际知识产权联盟都提出了禁止间接规避技术措施行为的意见。最高人民法院2004年1月2日出台的《关于审理涉及计算机网络著作权纠纷案件适用法律若干问题的解释》第七条规定，网络服务提供者明知专门用于故意避开或者破坏他人著作权技术保护措施的方法、设备或者材料，而上载、传播、提供的，人民法院应当根据当事人的诉讼请求和具体案情，依照著作权法第五十三条第(六)项的规定，追究网络服务提供者的民事责任。因此，我国也认可将间接规避技术措施的行为认定为著作权法禁止的规避技术措施的行为。

当然，《信息网络传播权保护条例》对规避技术措施规定了例外情形。该条例第十二条规定："属于下列情形的，可以避开技术措施，但不得向他人提供避开技术措施的技术、装置或者部件，不得侵犯权利人依法享有的其他权利：①为学校课堂教学或者科学研究，通过信息网络向少数教学、科研人员提供已经发表的作品、表演、录音录像制品，而该作品、表演、录音录像制品只能通过信息网络获取；②不以营利为目的，通过信息网络以盲人能够感知的独特方式向盲人提供已经发表的文字作品，而该作品只能通过信息网络获取；③国家机关依照行政、司法程序执行公务；④在信息网络上对计算机及其系统或者网络的安全性能进行测试。"

2) 权利管理信息的保护

权利管理信息，是指说明作品及其作者、表演及其表演者、录音录像制品及其制作者的信息，作品、表演、录音录像制品权利人的信息和使用条件的信息以及表示上述信息的数字或者代码。

我国《著作权法》第五十三条第(七)项规定："未经著作权人或者与著作权有关的权利人许可，故意删除或者改变作品、版式设计、表演、录音录像制品或者广播、电视上的权利管理信息的，知道或者应当知道作品、版式设计、表演、录音录像制品或者广播、电视上的权利管理信息未经许可被删除或者改变，仍然向公众提供的，法律、行政法规另有规定的除外。"《信息网络传播权保护条例》第五条规定："未经权利人许可，任何组织或者个人不得进行下列行为：①故意删除或者改变通过信息网络向公众提供的作品、表演、录音录像制品的权利管理电子信息，但由于技术上的原因无法避免删除或者改变的除外；②通过信息网络向公众提供明知或者应知未经权利人许可被删除或者改变权利管理电子信息的作品、表演、录音录像制品。"

权利管理信息不是网络出现以后产生的新事物。在印刷时代，印刷物版权页上有关作者和出版日期的信息就可以视为一种权利管理信息。但权利管理电子信息保护制度却是网络环境下的特定产物。因为在互联网上，权利管理信息以数字化的形式出现，这种信息很容易被他人伪造、篡改和消除，给权利人在网络传播中权利的实现带来很大风险。因此，世界知识产权组织在缔结互联网条约时，首次在国际公约中将"权利管理信息"作为缔约国的强制性义务，并且规定不得保留。比如《世界知识产权组织版权条约》(1996年)第十二条关于权利管理信息的义务规定："(1)缔约各方应规定适当和有效的法律补救办法，制止任何人明知或就民事补救而言有合理根据知道其行为会诱使、促成、便利或包庇对本条约或《伯尔尼公约》所涵盖的任何权利的侵犯而故意从事以下行为：(i)未经许可去除或改变任何权利管理的电子信息；(ii)未经许可发行、为发行目的的进口、广播或向公众传播明知已被未经许可去除或改变权利管理电子信息的作品或作品的复制品。(2)本条中的用语'权利管理信息'是指识别作品、作品的作者、对作品拥有任何权利的所有人的信息，或有关作品使用的条款和条件的信息，和代表此种信息的任何数字或代码，各该项信息均附于作品的每件复制品上或在作品向公众进行传播时出现。"此外，不言而喻，缔约各方不会依赖本条来制定或实施要求履行为《伯尔尼公约》或本条约所不允许的手续的权利管理制度，从而阻止商品的自由流通或妨碍享有依本条约规定的权利。

当然，《信息网络传播权保护条例》在《著作权法》第五十三条第(七)款规定的基础上，对禁止删除或者改变权利管理电子信息增加规定了豁免条件，即由于技术上的原因无法避免删除或者改变的除外，主要包括在播放广告或者其他节目时，使用作品、录音录像制品的片段，因时间短，无法在播放节目的同时表明权利管理电子信息；或者在实行数字/模拟信号转换时无法保存权利管理电子信息等情况。同时，把对权利管理电子信息的保护扩大到禁止通过信息网络向公众提供明知或者应知未经权利人许可被删除或者改变权利管理电子信息的作品、表演、录音录像制品。

4. 网络服务提供者的义务和责任

根据《互联网著作权行政保护办法》规定："本办法适用互联网信息服务活动中根据互联网内容提供者的指令，通过互联网自动提供作品、录音录像制品等内容的上载、存储、链接或搜索等功能，且对存储或传输的内容不进行任何编辑、修改或选择的行为。本办法将'网络服务提供者'表述为互联网信息服务提供者。"

1) 通知与反通知

(1) 通知。《信息网络传播权保护条例》第十四条规定："对提供信息存储空间或者提供搜索、链接服务的网络服务提供者，权利人认为其服务所涉及的作品、表演、录音录像制品，侵犯自己的信息网络传播权或者被删除、改变了自己的权利管理电子信息的，可以向该网络服务提供者提交书面通知，要求网络服务提供者删除该作品、表演、录音录像制品，或者断开与该作品、表演、录音录像制品的链接。通知书应当包含下列内容：①权利人的姓名(名称)、联系方式和地址；②要求删除或者断开链接的侵权作品、表演、录音录像制品的名称和网络地址；③构成侵权的初步证明材料。权利人应当对通知书的真实性负责。"

网络服务提供者接到权利人的通知书后，应当立即删除涉嫌侵权的作品、表演、录音录像制品，或者断开与涉嫌侵权的作品、表演、录音录像制品的链接，并同时将通知书转送提供作品、表演、录音录像制品的服务对象；服务对象网络地址不明、无法转送的，应当将通知书的内容同时在信息网络上公告。

(2) 反通知。服务对象接到网络服务提供者转送的通知书后，认为其提供的作品、表演、录音录像制品未侵犯他人权利的，可以向网络服务提供者提交书面说明，要求恢复被删除的作品、表演、录音录像制品，或者恢复与被断开的作品、表演、录音录像制品的链接。书面说明应当包含下列内容：①服务对象的姓名(名称)、联系方式和地址；②要求恢复的作品、表演、录音录像制品的名称和网络地址；③不构成侵权的初步证明材料。服务对象应当对书面说明的真实性负责。

网络服务提供者接到服务对象的书面说明后，应当立即恢复被删除的作品、表演、录音录像制品，或者可以恢复与被断开的作品、表演、录音录像制品的链接，同时将服务对象的书面说明转送权利人。权利人不得再通知网络服务提供者删除该作品、表演、录音录像制品，或者断开与该作品、表演、录音录像制品的链接。

2) 网络服务提供者的免责规定

(1) 提供接入服务或者传输服务的网络服务提供者的免责规定。《信息网络传播权保护条例》第二十条规定："网络服务提供者根据服务对象的指令提供网络自动接入服务，或者对服务对象提供的作品、表演、录音录像制品提供自动传输服务，并具备下列条件的，不承担赔偿责任：①未选择并且未改变所传输的作品、表演、录音录像制品；②向指定的服务对象提供该作品、表演、录音录像制品，并防止指定的服务对象以外的其他人获得。"

根据上述规定，提供接入服务或者传输服务的网络服务提供者提供的接入服务或者传输服务是由事先设计好的计算机程序和通信线路根据服务对象的指令自动完成的，且同时具备下列条件的，可以主张免责：①对服务对象提供的作品、表演、录音录像制品不进行选择，并按照各服务对象提供的作品、表演、录音录像制品的顺序逐一传输。②对服务对象提供的作品、表演、录音录像制品不进行任何修改或者改变。③对服务对象提供的作品、表演、录音录像制品按照服务对象的要求传输给指定的对象，并采取技术措施，防止指定对象以外的其他人获得服务对象提供的作品、表演、录音录像制品。

(2) 提供系统缓存服务的网络服务提供者的免责规定。系统缓存，是指网络服务提供者为了提高网络传输效率、加快其服务对象获取其他网站信息的速度，通过对服务对象浏览的其他网络服务提供者的信息进行分析，把经常浏览的其他网络服务提供者的信息复制到本网站上，然后快速地提供给服务对象。《信息网络传播权保护条例》第二十一条规定："网络服务提供者为提高网络传输效率，自动存储从其他网络服务提供者获得的作品、表演、录音录像制品，根据技术安排自动向服务对象提供，并具备下列条件的，不承担赔偿责任：①未改变自动存储的作品、表演、录音录像制品；②不影响提供作品、表演、录音录像制品的原网络服务提供者掌握服务对象获取该作品、表演、录音录像制品的情况；③在原网络服务提供者修改、删除或者屏蔽该作品、表演、录音录像制品时，根据技术安排自动予以修改、删除或者屏蔽。"

(3) 提供信息存储空间的网络服务提供者的免责规定。信息存储空间，是指由网络服务提供者控制或者经营、供服务对象通过信息网络向公众提供作品、表演、录音录像制品，网络服务提供者对这些作品、表演、录音录像制品能够准确删除或者屏蔽的网络信息平台。《信息网络传播权保护条例》第二十二条规定："网络服务提供者为服务对象提供信息存储空间，供服务对象通过信息网络向公众提供作品、表演、录音录像制品，并具备下列条件的，不承担赔偿责任：①明确标示该信息存储空间是为服务对象所提供，并公开网络服务提供者的名称、联系人、网络地址；②未改变服务对象所提供的作品、表演、录音录像制品；③不知道也没有合理的理由应当知道服务对象提供的作品、表演、录音录像制品侵权；④未从服务对象提供作品、表演、录音录像制品中直接获得经济利益；⑤在接到权利人的通知书后，根据本条例规定删除权利人认为侵权的作品、表演、录音录像制品。"

3) 网络服务提供者的法律责任

《信息网络传播权保护条例》第十八条规定："违反本条例规定，有下列侵权行为之一的，根据情况承担停止侵害、消除影响、赔礼道歉、赔偿损失等民事责任；同时损害公共利益的，可以由著作权行政管理部门责令停止侵权行为，没收违法所得，非法经营额5万元以上的，可处非法经营额1倍以上5倍以下的罚款；没有非法经营额或者非法经营额5万元以下的，根据情节轻重，可处25万元以下的罚款；情节严重的，著作权行政管理部门可以没收主要用于提供网络服务的计算机等设备；构成犯罪的，依法追究刑事责任：①通过信息网络擅自向公众提供他人的作品、表演、录音录像制品的；②故意避开或者破坏技术措施的；③故意删除或者改变通过信息网络向公众提供的作品、表演、录音录像制品的权利管理电子信息，或者通过信息网络向公众提供明知或者应知未经权利人许可而被删除或者改变权利管理电子信息的作品、表演、录音录像制品的；④为扶助贫困通过信息网络向农村地区提供作品、表演、录音录像制品超过规定范围，或者未按照公告的标准支付报酬，或者在权利人不同意提供其作品、表演、录音录像制品后未立即删除的；⑤通过信息网络提供他人的作品、表演、录音录像制品，未指明作品、表演、录音录像制品的名称或者作者、表演者、录音录像制作者的姓名(名称)，或者未支付报酬，或者未依照本条例规定采取技术措施防止服务对象以外的其他人获得他人的作品、表演、录音录像制品，或者未防止服务对象的复制行为对权利人利益造成实质性损害的。"

此外，《信息网络传播权保护条例》第二十三条规定："网络服务提供者为服务对象提供搜索或者链接服务，在接到权利人的通知书后，根据规定断开与侵权的作品、表演、录音录像制品的链接的，不承担赔偿责任；但是，明知或者应知所链接的作品、表演、录音录像制品侵权的，应当承担共同侵权责任。"

6.3.2 计算机软件的法律保护

1. 计算机软件的概念

计算机软件是指计算机程序和有关文件。其中，一个计算机程序是指一个编码序列执行的指令通过计算机或其他设备信息处理功能，以获得某种结果，或一系列象征指令或象征的句子，可以自动转换成一个序列的编码指令。同一计算机程序的源程序和目标程序是相同的工作。文档是指用于描述程序的内容、组成、设计、功能规范、开发状态、测试结果和使用方法的文字数据和图表，如程序设计说明、流程图、用户手册等。

2. 计算机软件著作权的归属

软件著作权属于软件开发者，另有规定的除外。没有相反证明的，软件上署名的自然人、法人或者其他组织为开发者。

两个以上自然人、法人或者其他组织共同开发的软件，其著作权的归属由合作开发者以书面合同约定。没有书面合同或者合同中没有明确约定，合作开发的软件可以单独使用的，开发者可以独立享有其开发部分的著作权；但是，在行使著作权时，不得扩展到合作开发的整体著作权软件。合作开发的软件不能单独使用的，其著作权由合作开发者共享，经协商一致行使；不能达成一致意见且无正当理由的，任何一方不得阻止对方行使转让权以外的其他权利，但所得收益应合理分配给所有合作开发商。

委托他人开发的软件，著作权的归属由委托人与受托人以书面合同约定；没有书面合同或者合同未做明确约定的，其著作权由受托人享有。

由国家机关下达任务开发的软件，应当在项目授权书或者合同中约定著作权的归属和行使；没有明确约定的，软件著作权由接受任务的法人或者其他组织享有。

自然人在法人或者其他组织中任职期间所开发的软件有下列情形之一的，该软件著作权由该法人或者其他组织享有，该法人或者其他组织可以对开发软件的自然人进行奖励：①针对本职工作中明确指定的开发目标所开发的软件；②开发的软件是从事本职工作活动所预见的结果或者自然的结果；③主要使用了法人或者其他组织的资金、专用设备、未公开的专门信息等物质技术条件所开发并由法人或者其他组织承担责任的软件。

3. 软件著作权的内容

中国公民、法人或者其他组织开发的软件，不论是否出版，依法享有著作权。外国人和无国籍人的软件首先在中国境内发行的，依法享有著作权。外国人和无国籍人的软件，依照开发者所在国或者经常居住地国同中国签订的协议或者中国加入的国际条约受著作权保护。

软件著作权人可以向国务院著作权行政管理部门认可的软件登记机构登记。软件登记机构出具的登记证书是登记事项的初步证明。

软件著作权人享有下列各项权利：发表权，即决定软件是否公之于众的权利；署名权，即表明开发者身份，在软件上署名的权利；修改权，即对软件进行增补、删节，或者改变指令、语句顺序的权利；复制权，即将软件制作一份或者多份的权利；发行权，即以出售或者赠与方式向公众提供软件的原件或者复制件的权利；出租权，即有偿许可他人临时使用软件的权利，但是软件不是出租的主要标的的除外；信息网络传播权，即以有线或者无线方式向公众提供软件，使公众可以在其个人选定的时间和地点获得软件的权利；翻译权，即将原软件从一种自然语言文字转换成另一种自然语言文字的权利；应当由软件著作权人享有的其他权利。

软件著作权人可以许可他人行使其软件著作权，并有权获得报酬。软件著作权人可以全部或者部分转让其软件著作权，并有权获得报酬。

4. 软件著作权保护期

软件著作权自软件开发完成之日起产生。自然人的软件著作权的保护期为自然人终生和死亡后的50年，截止于自然人死亡后第50年的12月31日；软件是共同开发的，截止于最后一个自然人死亡后第50年的12月31日。法人或者其他组织的软件著作权的保护期为50年，截止于软件首次发表后第50年的12月31日。但软件自开发完成之日起50年内未发布的，不再受保护。

5. 软件合法复制品所有者的权利

软件合法复制品的所有者享有以下各项权利。

(1) 根据使用需要，将软件安装到具有信息处理能力的计算机或其他设备中。

(2) 制作备份副本以防损坏副本。这些备份副本不得以任何方式提供给他人使用，当所有者失去合法副本的所有权时，所有者应负责销毁备份副本。

(3) 为了在实际的计算机应用环境中使用本软件或改进其功能和性能，可以不经软件著作权人许可对软件进行必要的修改。但是，未经软件著作权人许可，不得将修改后的软件提供给任何第三方。

6. 软件著作权的合理使用

为学习和研究软件所包含的设计思想和原则，通过安装、展示、传输、存储使用本软件的，可以不经软件著作权人许可，不向其支付报酬。

关联法条

1.《最高人民法院关于审理涉及计算机网络著作权纠纷案件适用法律若干问题的解释》

2.《中华人民共和国著作权法》

3.《计算机软件保护条例》

4.《信息网络传播权保护条例》

扩展阅读

吴汉东.论网络服务提供者的著作权侵权责任[J]. 中国法学，2011(02)：38-47.

6.4 电子商务专利

6.4.1 专利法与专利

专利法，是调整在确认和保护发明创造的专有权以及在利用专有的发明创造过程中产生的社会关系的法律规范的总称。

广义的"专利"通常有三种含义：一是指由国家专利机关授予的专利权；二是指取得专利权的发明创造；三是指专利文献。

狭义的"专利"仅指专利权，是指一项发明创造，由申请人向国家专利审批机关提出专利申请，经国家专利审批机关依法审查核准后，向专利申请人授予的、在规定的时间内对该项发明创造享有的专有权。

1. 专利权主体

专利权主体是指有权提出专利申请并取得专利权的人。发明创造依法取得专利的，专利申请人成为专利权人或者所有人。专利权人可以是个人，也可以是单位。中国公民、法人、外国人、外国企业都可以成为专利权的主体。

2. 专利权客体

专利权客体，也称为专利权保护客体，是指依法可以申请专利的发明创造，包括发明、实用新型和外观设计。

3. 专利权人的权利

专利权人的权利是指专利权人对其发明创造依法享有的权利，是专利权人对在一定时间和范围内获得专利的发明、实用新型、外观设计享有的专有权。

(1) 独占权。实施的独占权又称专有权，专有权是指专利权人对制造、使用、销售专利产品或使用专利方法具有专有权。除法律规定的情形外，未经专利权人许可，任何单位或者个人不得实施其专利，即不得为生产经营目的制造、使用、销售、进口其专利产品，或者使用其专利方法以及使用、销售、进口按照其专利方法直接获得的产品。

(2) 转让权。专利申请权和专利权都可以转让。转让专利申请权或者专利权的，当事人应当订立书面合同，并向国务院专利行政部门登记，由国务院专利行政部门公告。专利申请权或者专利权的转让，自登记之日起生效。

(3) 许可权。专利权人有权允许他人实施其专利并收取费用。任何单位或者个人实施他人专利的，应当与专利权人订立实施许可合同。被许可人无权将该专利许可给合同以外的任何人。

(4) 标记权。专利权人有权在其专利产品或者产品包装上标明专利标志和专利号。发明人或者设计人不论是不是专利权人，都有权在专利文件上注明自己是发明人或者设计人。

4. 专利权的取得

专利申请人向国务院专利行政部门提交专利申请文件，作为专利申请的法律程序。国务院专利行政部门受理专利申请后，应当进行正式审查。经初步审查符合《中华人民共和国专利法》要求的，应当自申请日起满18个月后立即予以公告。国务院专利行政部门可以根据申请人的请求，尽快公布该申请。

发明专利申请自提出之日起3年内，国务院专利行政部门可以随时根据申请人的请求对其申请进行实质审查；申请人无正当理由在期限内不请求实质审查的，该申请视为撤回。国务院专利行政部门认为必要的时候，也可以对发明专利申请进行实质审查。

国务院专利行政部门对发明专利申请进行实质审查后，认为不符合《专利法》规定的，应当通知申请人，要求其在指定的期限内陈述意见，或者对其申请进行修改；无正当理由逾期不答复的，该申请即被视为撤回。若发明专利申请经实质审查没有发现驳回理由的，由国务院专利行政部门做出授予发明专利权的决定，发给发明专利证书，同时予以登记和公告。发明专利权自公告之日起生效。

6.4.2　电子商务中的专利权保护

专利权与电子商务活动的关系主要体现在以下几个方面。

1. 电子商务实体自主专利的开发与利用

电子商务主体作为一种市场主体，在从事各种经营活动和参与市场竞争的过程中，必然涉及自身专利技术的开发和利用。随着竞争的加剧，知识产权已成为企业的核心竞争力，电子商务实体自身专利技术的开发利用将更加突出。因此，专利技术的开发和利用将成为电子商务主体的重要活动内容，电子商务活动、专利技术与专利权之间的关系将更加密切。

2. 电子商务实体使用他人专利技术

为了节约开发成本，电子商务活动主体可以通过专利转让、专利许可等方式获得专利权或专利技术使用权，这成为电子商务主体和涉及专利权的电子商务活动的一种方式。

3. 电子商务主体可能成为专利侵权主体

电子商务实体在应用他人专利技术和方法的过程中，也可能侵犯他人的专利权，成为专利侵权的主体。例如，未经权利人的行为许可，使用权利人的专利技术和专利方法，就是侵犯他人专利权的行为。

4. 电子商务活动中专利权的保护问题

互联网是计算机技术集中应用的产物，网络本身会涉及各类技术的应用。在利用网络开展电子商务活动的过程中也会涉及网络利用技术以及一些不同于传统交易方式的特殊商业方法的应用，这些都可能涉及专利权，涉及专利法对这些技术以及特殊方法的确认和保护。

6.4.3　对计算机软件的专利保护

鉴于著作权保护权利人在电子商务中计算机软件权利所存在的不足，为了满足电子商务领域的计算机信息技术保护的需要，一些国际组织和各国政府都在利用专利法保护计算机信息技术方面做出了努力和探索，形成了一些有益的做法。

1. 国际上的做法

电子商务发展仅有几十年的时间，电子商务中的计算机程序产生专利保护的时间就更短了，所以在现有的知识产权国际公约中，大多数都没有专门涉及计算机程序的专利权保护问题。

现有的电子商务国际文件主要涉及电子商务的活动规则，没有关于电子商务中的专利权保护问题的规定。因此，国际上对于电子商务中的计算机程序给予专利权保护的做法，主要来源于对现有国际文件的解释性认识。

世界贸易组织《与贸易有关的知识产权协议》对于专利的保护范围确定为："任何一项发明创造，无论是产品还是程序，无论在任何的技术领域，只要它们是新颖的具有创造性和具有工业实用性的，都可以被授予专利。"《与贸易有关的知识产权协议》被认为是运用专利制度保护计算机程序的重要国际性文件，为计算机程序的专利保护奠定了基础，使计算机程序的可获得专利权保护成为一种趋势。

2. 美国对电子商务中专利权的保护

美国是电子商务发展的起源国，也是世界上电子商务发展较快的国家。美国法律为电子商务的发展创设了宽松的法律环境。在针对电子商务的各种法律制度中包括了计算机程序的专利保护制度。1996年2月，美国专利商标局发布的《与计算机相关的发明的审查基准》规定，"与计算机相关的发明"包括计算机应用的发明和运用了计算机可读载体的发明。在此基础上，美国产生了很多关于计算机程序以及计算机程序支撑产生的商业方法获得专利保护的案例。

3. 我国对电子商务中专利权的保护

由于我国电子商务的发展以及国外一些大公司来中国开展电子商务活动，并就其计算机程序所形成的系统在中国申请专利保护，我国已经形成了电子商务技术专利保护的做法。

我国《中华人民共和国专利法实施细则》规定，授予专利的发明必须是技术方案。这是判断发明创造是否属于专利权授予范围必须坚持的原则。因此，无论是计算机程序还是商业方法，只要能构成专利法意义上的"技术方案"，就有可能获得专利。

2006年7月1日，修订后实施的《专利审查指南》第九章对涉及计算机程序的发明专利申请做出了具体规定。在涉及其他专利申请的专利申请中，也应根据《专利审查指南》的规定进行。第九章未规定的一般审查事项，按照本指南的其他规定执行。

根据现有的相关规范性文件，我国法律法规不排除保护计算机软件和商业方法所形成的专利权。但是，给予保护的标准比一般技术发明审查的标准更为复杂和严格。

电子商务的发展给传统专利权的保护带来了新的课题。为了不限制和鼓励电子商务的发展，也为了鼓励创新，鼓励发明创造，促进计算机技术在电子商务领域的应用，各国政府都对电子商务中计算机软件的专利保护做出了正确的规定。

目前，计算机软件专利权的保护还存在许多问题需要研究和解决。然而，给予计算机软件专利保护的趋势不会改变。

关联法条

1.《中华人民共和国专利法》
2.《中华人民共和国专利法实施细则》

扩展阅读

1. 张德芬.《电子商务法》中"通知与移除"规则评析：以专利侵权纠纷中电商平台责任为例[J]. 知识产权，2019(03)：41-49.

2. 许谅亮. 网络交易平台提供商专利侵权法律责任[J]. 科技与法律，2015(03)：488-521.

第7章 电子商务市场行为规制

■ 导读案例1：动物园人脸识别被告

因不愿意使用人脸识别，浙江理工大学特聘副教授郭兵作为消费者将杭州野生动物世界告上了法庭。该案也成为国内消费者起诉商家的"人脸识别第一案"。事情源于郭兵的一次消费经历。起诉状显示，2019年4月27日，郭兵购买了杭州野生动物世界年卡，支付了年卡卡费1360元。办理该年卡时，被告明确承诺在该卡有效期一年内(自2019年4月27日至2020年4月26日)通过同时验证年卡及指纹入园，可在该年度不限次数畅游。

然而在10月17日，杭州野生动物世界在未与郭兵进行任何协商亦未征得同意的情况下，通过短信的方式告知原告"园区年卡系统已升级为人脸识别入园，原指纹识别已取消，未注册人脸识别的用户将无法正常入园"。

郭兵认为，园区升级后的年卡系统进行人脸识别将收集他的面部特征等个人生物识别信息，该类信息属于个人敏感信息，一旦泄露、非法提供或者滥用，将极易危害包括原告在内的消费者人身和财产安全。根据《中华人民共和国消费者权益保护法》(简称《消费者权益保护法》)第二十九条之规定，园区收集、使用原告个人信息，应当遵循合法、正当、必要的原则，明示收集、使用信息的目的、方式和范围，并经原告同意；而且被告收集、使用原告个人信息，应当公开其收集、使用规则，不得违反法律、法规的规定和双方的约定收集、使用信息。

针对年卡用户改用人脸识别初衷是什么？在接受媒体采访时，杭州野生动物世界一名负责人表示，主要还是为了方便消费者快速入园。年卡用户入园必须比对身份，指纹识别偶尔会出现迟滞情况。其称，从试行期的统计来看，人脸识别确实有效提升了消费者的入园效率。

工作人员称，对于人脸识别存在顾虑的用户，公园也给出了折中方案：不必注册人脸信息，刷年卡也可以入园。但由于指纹识别系统已全部停用，用户每次入园时必须到年卡中心核实身份，证明是本人使用。

对于那些同意变更合同的消费者，动物园在采集其面部信息后，依据《消费者权益保护法》第二十九条的规定，要对收集的消费者个人信息严格保密，不得泄露、出售或者非法向他人提供。如果动物园在采集消费者面部信息后无法确保消费者的个人信息安全，可能构成侵权，要承担相应的法律责任。

资料来源：浙江在线. 中国人脸识别第一案，法学博士怒告杭州野生动物世界[EB/OL]. (2019-11-04)[2020-05-11]. https://baijiahao.baidu.com/s?id=1649244615822019585&wfr=spider&for=pc.

导读案例2：韩桂霞诉苏宁广告案

原告韩桂霞在被告苏宁经营的"苏宁易购官方旗舰店"购买"农夫山泉天然水1.5L裹膜(12瓶/提)"一件，实际保质期为18个月，但苏宁的商品网页宣传的保质期为24个月，原告认为这明显是属于夸大虚假宣传，为虚假广告，对其购买行为产生实质影响，构成欺诈，诉至法院，主张3倍赔偿。

法院认为，苏宁虽在商品宣传中存在保质期不实行为，但保质期24个月并非韩桂霞购买涉案商品的考虑因素，也并未影响其实际使用，故该行为并非能够促使韩桂霞做出购买涉案商品的错误意思表示，不构成欺诈。

苏宁产品页面宣传保质期与实际保质期不符，该行为构成虚假宣传，涉嫌构成广告法中的虚假广告行为，对此不存在异议。但在认定虚假宣传行为是否构成欺诈时，法院做出苏宁不构成虚假宣传的判决。可见，广告中的虚假宣传行为并不必然被认定构成消法规定的欺诈行为。

资料来源：王喆，孙慧. 虚假广告是否构成欺诈[EB/OL]. (2017-10-10)[2020-05-11]. https://business.sohu.com/20171010/n516995499.shtml.

7.1 网络广告法律

7.1.1 网络广告的表现形式

网络广告主要是以网络为载体，包含图片、文字或多媒体等多种形式的有偿信息传播。网络广告是目前现代各类广告中比较便捷且常见的表现形式，是一种以互联网技术为前提条件，在网络上呈现其内容的广告。现行的网络广告种类主要有以下几种表现形式。

1. 图片广告

图片广告多是以条幅的形式出现在网页中的广告，是网络广告比较常见的形式之一。它以图片形式将广告的内容包含其中，在网页中以固定或移动形式存在。例如某些推荐商家的条幅广告。

2. 文字广告

文字广告是将链接放置到较为热门的网站上，吸引消费者点击文字链接，从而转到商品界面的一种广告形式。这种广告利用网页的可链接性，使点击者能够便捷地进入相应的网站中，超链接是网络广告的重要组成部分。

3. 电子邮件广告

电子邮件广告是以电子邮箱为载体的广告形式。它可以将自身作为广告，或者在邮件中插入广告的链接。这种方式无须耗费太多成本，只需要发送者知晓收件人邮箱地址，以较为简单的程序点击发送，即可准确广泛地向大量的接受者发送广告。但采用这种方式的广告通常会引起关于用户隐私问题的争议。

4. 付费搜索广告

付费搜索广告是我国搜索引擎营销模式之一，依广告主企业付费机制可分为固定排名与竞价排名，《互联网广告管理暂行办法》第三条第二款明定其为互联网广告。但付费搜索经常导致不正当竞争行为的发生。

5. 赞助广告

赞助广告一般是指赞助商为了提升企业、产品或者品牌的知名度和影响力而采取的一种阶段性的宣传方式。广告商可根据自己的需要或者利益权衡进行广告赞助。

6. 媒体广告

媒体广告形式多样，能够以动画、音频、视频等相结合的方式给消费者带来视听和精神的享受，其目的是消除人们对广告的偏见。此种广告的投入成本较高，比较容易被人接受，且广告效果更有吸引力。

7. 分享型网络社区营销

在众多线上社区中，明星或粉丝数众多的博主通过社区用户的身份在其中分享护肤经验、美妆心得等，同时向用户推荐商品。此种"隐性营销"凭借零成本、易操作以及隐蔽性等诸多优势，结合特殊的平台及市场的操作手法，被很多明星认为是一种规避代言风险的手段。

7.1.2 分析网络广告中的不正当竞争行为

1. 网络广告的虚假性

诸多网络广告使用含糊不清、夸大的语言或是通过盗图或是修图等手法创造虚假的产品效果，进而欺骗消费者。这样的虚假广告会误导消费者，使用这样的广告属于较为常见的不正当竞争行为。

2. 网络广告的强制性

网络中大多数广告是可以被消费者屏蔽的，但部分恶意广告商采取技术性行为，使广告无法被屏蔽，或者将屏蔽的广告的叉号设置在隐秘或不便的位置，以至于消费者在屏蔽广告时，不经意进入链接网址。强制性广告主要是以悬挂式形式出现于文本材料两侧，且读者难以屏蔽。还有一种强制性广告涉及不正当竞争行为——流量劫持，其具体表现为通过恶意插件篡改浏览器主页、跳出弹窗，强制网络用户跳转访问特定网站。例如我们在淘宝网购物，突然跳转到拼多多，这直接侵犯的是被劫持网站的流量财产利益(潜在的客户等都是淘宝的流量)，用户的利益也受到间接侵犯。

3. 非法超链接

超链接包括文字式链接和网站式链接。在自己产品知名度和竞争力不足时，部分商家有时将超链接置于热门网页，以扩大产品知名度，有时将链接置于竞争者网页中，对竞争者构成一定的威胁，更有甚者不惜利用虚假信息误导消费者。

4. 弹出式广告

弹出式广告是在网页中突然弹出的超链接界面，迫使消费者进入相关网址。弹出式广告侵犯了用户的正当权益，损害了某些网络服务者的收益。弹出式广告的内容主要是抽奖和推销。

5. 垃圾邮件

发送垃圾邮件是未经用户许可就利用网络工具强行向用户的邮箱中发送任何电子邮件的不正当网络商业竞争行为。随着网络的普及，个人隐私权受到严重的威胁，大量个人信息在本人未知的情况下被泄露。由于通过邮件发送广告的成本非常低，覆盖面广，因此吸引了大批靠群发未经许可的垃圾广告牟利的运营商。垃圾邮件干扰公民的日常生活，损害了公民的合法权益。

6. 滥用大数据营销

大数据营销是基于多平台的大量数据，依托大数据技术的基础，应用于互联网广告行业的营销方式。大数据营销的核心在于让网络广告在合适的时间，通过合适的载体，以合适的方式，投给合适的人。隐私权是公民应有的权利，是公民对个人信息享有控制，不被他人非法知悉、利用，私人生活不被打扰，私人空间不被侵犯的权利。随着互联网和计算机技术的发展，大数据浪潮让我们生活轨迹以数据化的形式定格下来并与数据无时无刻不发生着联系，公民的隐私权保护在大数据时代面临极大的挑战。收集信息时常在用户不知情的情况下进行。《民法典》第一百一十一条规定："自然人的个人信息受法律保护。任何组织或者个人需要获取他人个人信息的，应当依法取得并确保信息安全，不得非法收集、使用、加工、传输他人个人信息，不得非法买卖、提供或者公开他人个人信息。"

7. 恶意不兼容行为

恶意不兼容行为在手段上的不正当性，主要体现为剥夺竞争对手参与竞争自由，即体现了竞争自由和竞争公平的交错性。提起恶意不兼容，首先想到的就是"3Q大战"，腾讯与360利用软件互相删除的行为确实给许多用户造成了困扰。例如奇虎安全卫士将雅虎助手软件标注为"危险"并从默认选项中清除、QQ输入法在安装过程中诱导用户删除搜狗拼音输入法快捷方式等案例，都可能被贴上"恶意不兼容"的标签。

7.1.3　网络广告的立法分析

根据《中华人民共和国广告法》(简称《广告法》)和《中华人民共和国反不正当竞争法》(简称《反不正当竞争法》)的规定，从以下三个方面对网络广告的法律规定进行解读：首先，网络广告应该具有可识别性，即应明确标明其是广告；其次，网络广告应该具有真实性，即不得含有任何虚假或者是引人误解的内容；最后，尊重用户的个人隐私。

1. 关于网络广告可识别性的分析

(1) 网络广告形式分辨不清。网络广告形式多样，难以为《广告法》和《反不正当竞争法》所涵盖。虽然《广告法》和《反不正当竞争法》分别明确界定了商业广告和互联网广告的内涵，但仍有一些网络广告的形式处于边缘地区，难以界定。例如，虽然法律规定将现实生活中的大部分网络广告形式包含在内，但是对于私信、朋友圈和微信群里的内容还没有相应的管理措施。此外，微博达人、"网红"们在社交媒体平台上利用视频、图片、文字等形式推荐各类商品或服务的信息也较难管制。

有观点认为，由于我国《广告法》将其调整范围限制在商业广告上，而"微博达人"作为广告推荐人，在自己的平台上发布产品推荐，并不具有商业广告属性，现行《广告法》的规定难以对其行为进行规制。所以，一旦网络植入广告采取非商业的方式进行，则其完全不受《广告法》的规制。《广告法》第三十八条规定："广告代言人在广告中对商品、服务作推荐、证明，应当依据事实，符合本法和有关法律、行政法规规定，并不得为其未使用过的商品或者未接受过的服务作推荐、证明。"但若只要求以"是否使用"作为判断的标准，明星或网红同时存在收受一定费用和使用过该产品的行为，就有可能避开代言风险，进行隐形代言。判断的关键在于行为人是否以独立人格，凭借自身已有的影响力，具体例如声望、名誉等为该广告增添效果从而达到产品推广的目的。"权利和义务是相对的"，从代言人出于收益考量把个人的影响力转化为商品的宣传力时，不论是以传统广告的直接推广的方式，还是以"自用物"的间接方式进行产品推介，都要对自己的影响承担责任。

(2) 缺乏责任认定标准。根据《广告法》和《反不正当竞争法》的规定，在大众传播媒介上发布的广告应当显著标明"广告"，但何为"显著"，并没有具体判断标准。此外，由于网页在各个显示终端的表现形式也不尽相同，更加为"显著"的判断增添难度。由于缺乏明确解释，实务中难以举证的问题突出，"明知或应知"逐渐沦为虚假广告代言人免责理由。有学者认为，对于主观要件的要求是事前使用并依据事实，即只要广告和事实存在不符点，但广告代言者不能证明其也是在商家蒙蔽下引起认知偏差，就可以推定为"应当知道"的心理状态，行政机关只负有证明广告和事实不符的义务，而代言人应承担"不知或无从而知"的举证义务。在明星代言虚假广告侵权案件中，由于消费者和明星之间的经济实力差距，由侵权方承担举证责任，能有效减少处于弱势的被侵权人的维权难度。

2. 关于网络广告真实性的分析

(1) 虚假宣传问题。根据《最高人民法院关于审理不正当竞争民事案件适用法律若干问题的解释》第八条提出："人民法院应当根据日常生活经验、相关公众一般注意力、发生误解的事实和被宣传对象的实际情况等因素，对引人误解的虚假宣传行为进行认定。"根据我国《反不正当竞争法》的有关规定，虚假宣传的内容包括构成、制作、表现、质地、有效期和使用等方面。这些信息主导了消费者与商家交易的决定。这些实质性要素在确定商家提供的信息是不是虚假信息，平衡市场交易过程中的效率价值和公允价值方面起着关键作用。因此，当识别出错误信息时，应该将商家提供的商品信息与消费者获得的信息进行比较。新《反不正当竞争法》第八条增加"销售状况、用户评价、曾获荣誉"，这些新内容包含在虚假或误导性商业宣传的范围内。这些新内容不仅扩大了虚假宣传的定义范围，还完善了虚假宣传行为的内容，并调整了反不正当竞争法的适用范围，在实施过程中对其进行监管的行为类型更为广泛。

(2) 真实性影响因素众多。《广告法》第八条明确规定："广告中对商品的性能、功能、产地、用途、质量、成分、价格、生产者、有效期限、允诺等或者对服务的内容、提供者、形式、质量、价格、允诺等有表示的，应当准确、清楚、明白。"但是，立法忽视对网络广告中一些实质性信息的揭露，仅仅关注对商品或者服务本身信息的揭露，而其他一些信息也会影响消费者对网络广告真实性的判断。例如在淘宝平台上，现在兴起的评价返现活动。当消费者从淘宝平台购买了商品之后，有些商家会与商品一起发送一种"好评返现"的宣传单，当消费者五星好评，附上商品图片之后，即可截图给商家获得几元到十几元不等的返现。淘宝平台的商品评价往往是消费者在众多同类商品中进行选择的重要参考因素，不知情的潜在购物者阅读这些评价时，由于缺少对返现这一信息的了解，往往会错误评估这些评价的参考价值。

(3) 缺乏具体的判断标准。与可识别性相同，《广告法》和《反不正当竞争法》对真实性的界定并不明确，缺乏具体的判断标准，仅仅以"虚假""引人误解"作为判断的标准过于抽象，难以应对现实生活中形形色色的网络广告样态。推荐人在推荐的产品造成实际损害之时，常常以"我个人觉得不错，我也只是个消费者"的说法来规避自身法律责任。如果能够认定是产品本身的质量问题，又没有证据证明推荐人在社区平台上推荐此物时与厂家、商家有利益上的联系，则无法追究法律责任。

3. 关于用户隐私权的分析

《广告法》第四十三条规定："任何单位或者个人未经当事人同意或者请求，不得向其住宅、交通工具等发送广告，也不得以电子信息方式向其发送广告。以电子信息方式发送广告的，应当明示发送者的真实身份和联系方式，并向接收者提供拒绝继续接收的方式。"但关于收集用户信息以进行广告的精准投放的问题并未提及，这导致企业在收集用户信息时会超过用户底线，进而导致用户的个人隐私受到侵犯。

大数据广告是近几年受到广泛关注的领域，但是相关的监管制度还未跟上。在我国法律体系中，对于隐私权的保护多散见于民法、侵权责任法等相关法律法规中。2021年施行的《民法典》第一百一十条明确将隐私权作为一项独立的民事权利加以保护，第一千一百九十四条规定利用网络侵犯他人权利要承担侵权责任，此条因其对网络侵权加以规制，成为规制网络隐私侵权的基础。2016年施行的《网络安全法》规定网络运营商要遵循合法、必要、正当的原则收集利用个人信息，并经过当事人的同意按照双方约定的方式收集利用个人信息。2018年修正的《中华人民共和国广告法》对于互联网广告仅仅规定适用本法的规定，利用互联网发送广告不得影响用户正常使用网络。总体来说，我国法律对于隐私权的规定还处于零散不成体系的状态，有必要从法律方面明确隐私权的相关规定，加大对隐私权保护的效力与力度。国家市场监督管理总局审议通过的《互联网广告管理暂行办法》是对互联网广告最直接的规定，但是该暂行办法通篇没有对用户的数据信息进行规定，这就意味着仍没有解决大数据下精准广告投放与消费者隐私的规制问题。

关联法条

1.《中华人民共和国广告法》

2.《中华人民共和国反不正当竞争法》

🔨7.2 垃圾邮件的规范治理

随着互联网的发展和普及应用，电子邮件逐渐成为人们日常通信的重要工具。电子邮件成本低，通达全球，极其方便、快捷，为培育和发展通畅的商业环境提供了独特的机会。电子邮件具有方便、快捷的特点，给人们生活带来了诸多便利，但与此同时，它也被少数人利用发送垃圾广告、进行网络欺诈、传播反动色情信息、散布谣言、传播计算机病毒等，不仅占用了大量的网络传输带宽，影响了网民的正常网络通信，也对社会治安、网络安全乃至国家安全构成了直接威胁。

中华人民共和国信息产业部第十五次部务会议审议通过了《互联网电子邮件服务管理办法》，该法于自2006年3月20日起施行。这标志着我国反垃圾邮件立法迈出关键一步。虽然我国《电信条例》《互联网信息服务管理办法》中涉及电子邮件，但只是把它作为增值电信业务的一个很小的部分来进行管理，是"粗线条"的管理。

7.2.1 垃圾邮件概述

1. 垃圾邮件的范畴

从内容上来看，垃圾邮件可分为两类：文本垃圾邮件和图像垃圾邮件。利用文本传递不良信息的，称为文本垃圾邮件；把含有不良信息的图像嵌入邮件中的，称为图像垃圾邮件。而《中国互联网协会反垃圾邮件规范》第三条规定，垃圾邮件包括下述属性的电子邮件：①收件人事先没有提出要求或者同意接收的广告、电子刊物、各种形式的宣传品等宣传性的电子邮件；②收件人无法拒收的电子邮件；③隐藏发件人身份、地址、标题等信息的电子邮件；④含有虚假的信息源、发件人、路由等信息的电子邮件。

2. 垃圾邮件的危害

(1) 占用大量网络带宽，浪费存储空间，影响网络传输和运算速度，造成邮件服务器拥堵，降低了网络的运行效率，严重影响正常的邮件服务。

(2) 泛滥成灾的商业性垃圾信件每5个月数量翻倍，国外专家预计每封垃圾邮件所抵消的生产力成本为1美元左右。我国开始被其他国家视为垃圾邮件的温床，许多IP地址有遭受封杀的危险，长期下去可能会使我国成为"信息孤岛"。

(3) 垃圾邮件以其数量多、反复性、强制性、欺骗性、不健康性和传播速度快等特点，严重干扰用户的正常生活，侵犯收件人的隐私权和信箱空间，并耗费收件人的时间、精力和金钱。

(4) 垃圾邮件易被黑客利用，危害更大。2002年2月，黑客先侵入并控制了一些高带宽的网站，集中众多服务器的带宽能力，然后用数以亿计的垃圾邮件发动猛烈攻击，造成部分网站瘫痪。

(5) 严重影响电子邮件服务商的形象。收到垃圾邮件的用户可能会因为服务商没有建立完善的垃圾邮件过滤机制，而转向其他服务商。

3. 垃圾邮件过滤技术

垃圾邮件过滤的手段主要有以下3种。

(1) 黑白名单过滤。该方法主要分为黑白2个名单列表，当某个IP地址频繁发送垃圾邮件，这个IP地址将会被加入黑名单，此后默认该地址发送的邮件为垃圾邮件。邮件白名单，顾名思义，也就是没有被标记为发送垃圾邮件的地址名单，此类邮件能够被正常发送与接收。通过实时黑名单技术将黑白名单列表交给第三方的技术部门来维护，以DNS(域名系统)来动态检测某个IP地址是否存在列表中。但这种方法存在弊端，当发送者采用动态或隐藏IP地址时，此方法将受到限制。

(2) 基于规则的过滤技术。决策树模型是基于规则过滤技术的典型代表。早在1966年，在国外学者研究的关于概念学习的系统中就出现了决策树模型，到1979年，迭代分类器算法的提出，再到后来这类算法对处理连续数据的缺点上进行了改进。现在基于规则的过滤技术的算法虽然在一定程度上能够满足垃圾邮件的过滤需求，但其核心原理都是根据与预设规则进行比较，从而来判定是否为垃圾邮件，并且这些规则一般都是静态设置的，缺少可信度的学习策略，在规律不明显的应用领域中过滤效果较差，准确度较低。

(3) 基于内容统计的过滤技术。这类方法效率较高、速度较快、耗费较少，在文本过滤方面应用较为广泛。基于此类过滤技术中，最常用的算法是朴素贝叶斯算法。朴素贝叶斯算法实现思想简单、分类速度快，使用较少的训练集就能够获取一个待检文本数据的预估值。通常在使用朴素贝叶斯算法的时候，都要先对其样本特征属性进行分析，但找到一个样本属性对样本数据全局的影响与其他特征属性是相互独立的，因此这种假设往往是不符合实际应用的。因此，这类算法分类和过滤的准确率存在误差。

7.2.2　国内垃圾邮件治理方法

2003年2月25日，为了保护我国电子邮件用户的正当权益，中国互联网协会成员共同制定了《中国互联网协会反垃圾邮件规范》。2006年3月20日，根据《中华人民共和国电信条例》(简称《电信条例》)和《互联网信息服务管理办法》的规定，信息产业部决定施行《互联网电子邮件服务管理办法》。

1. 规定电子邮件使用原则

《中国互联网协会反垃圾邮件规范》规定，协会及其成员在反垃圾邮件方面，坚持两条原则。一是信息共享原则。协会应当向协会成员提供反垃圾邮件方面的有关信息。

协会成员有权及时取得和使用协会的有关信息，获得协会的帮助。二是行动一致原则。协会成员坚持行动一致的原则，共同抵制垃圾邮件，执行协会的各项决定。

而《互联网电子邮件服务管理办法》依据《宪法》《电信条例》等上位法的规定，进一步明确了对网民通信自由和通信秘密权利的保护。《互联网电子邮件服务管理办法》第三条根据《宪法》的有关规定，明确规定："公民使用互联网电子邮件服务的通信秘密受法律保护。除因国家安全或者追查刑事犯罪的需要，由公安机关或者检察机关依照法律规定的程序对通信内容进行检查外，任何组织或者个人不得以任何理由侵犯公民的通信秘密。"

2. 制定了互联网电子邮件服务管理的基本措施

《中国互联网协会反垃圾邮件规范》第六条规定，协会在反垃圾邮件方面负有如下责任：①在阻止和消除垃圾邮件的传播方面为服务提供者提供指导、帮助和培训；②与其他国家和地区的反垃圾邮件组织进行沟通、联系和交流，协调协会成员与其他国家和地区的反垃圾邮件组织和服务提供者之间的关系，维护各协会成员的利益；③建立垃圾邮件的投诉、举报和受理机制；④建立反垃圾邮件协调机制，协助解决协会成员之间、协会成员与其他成员之间因垃圾邮件引起的纠纷；⑤向协会成员定期公布传播垃圾邮件的服务提供者名单及其他相关信息，发布有关决定。

规范和加强对互联网电子邮件服务管理，是有效打击垃圾邮件、保障电子邮件使用者合法权益的措施之一。为此，《互联网电子邮件服务管理办法》从以下几个方面规定：一是对提供互联网电子邮件服务实行市场准入管理；二是建立了电子邮件服务器IP地址登记制度；三是要求互联网电子邮件服务提供者按照技术标准建设服务系统，采取安全防范措施；四是对电子邮件服务进行了具体的规范。例如，《互联网电子邮件服务管理办法》第八条规定："互联网电子邮件服务提供者向用户提供服务，应当明确告知用户服务内容和使用规则。"第九条规定："互联网电子邮件服务提供者对用户的个人注册信息和互联网电子邮件地址，负有保密的义务。"

3. 确定了规范广告电子邮件的选择政策

《中国互联网协会反垃圾邮件规范》第七条规定："加入协会及接受本规范的服务提供者应采取如下措施，阻止和消除垃圾邮件的传播：①建立垃圾邮件的信息收集、反馈及处理机制。②记录传递电子邮件的服务提供者的名称、互联网地址或者域名、垃圾邮件发送者的情况等有关信息，并在协会或其指定的组织需要时，予以提供。③在向用户提供电子邮件服务前，以明示的方式将电子邮件服务规则和使用规则提供给用户，并提示用户须对其发送电子邮件的行为承担法律责任。④发现用户传播的电子邮件属于垃圾邮件的，通知服务提供者；发件人继续传播垃圾邮件的，对其予以警告；警告后发件人仍然传播垃圾邮件的，通告协会，由协会确定是否采取统一行动，停止为其提供服务。⑤接到用户关于垃圾邮件的投诉或者申告，确证后，立即停止为该发件人提供邮件发送服务，情况严重的，通知协会，由协会确定是否采取统一行动，停止为其提供服务。⑥对于协会公布的垃圾邮件服务提供者和垃圾邮件发送人，采取相应措施。⑦鼓励使用垃圾邮件自动识别分类和过滤软件，为用户服务。⑧协助协会及国家有关部门就垃圾邮件的传播情况进行调查和处理。

综合考虑其他国家的立法情况，《互联网电子邮件服务管理办法》采用了"选择加入"的政策，如第十三条第(二)、(三)项和第十四条的规定。对于广告电子邮件，有"选择加入"(opt-in)和"选择退出"(opt-out)两种政策选择。"选择加入"即只有在用户明确表示同意后才能向其发送广告邮件；"选择退出"即只要在用户明确表示拒收后就不能继续向其发送广告邮件。从遏制垃圾邮件目标看，"选择加入"更为严厉。

7.2.3 国外垃圾邮件管理方法

1. 美国

在美国，很多州已经颁布旨在规范或者减少未经索取的商业性电子邮件的法律，但是，这些制定法规定的标准和要求各不相同。2002年，美国参院商业委员会通过了一项旨在限制垃圾邮件的法案，并且在美国也已经有22个州通过了反垃圾邮件的法律。2003年，美国总统布什还签署了《控制非自愿色情和促销攻击法案》，用来对垃圾邮件进行控制。但上述立法没有成功解决与未经索取的商业性电子邮件有关的问题，部分原因在于，电子邮件地址并不具体指向某一特定的地理位置，守法经营者在这些迥异的制定法面前无所适从。解决未经索取的商业性电子邮件的急速泛滥和滥用带来的相关问题不能仅仅依靠联邦立法，开发和使用技术手段以及努力与其他国家进行合作也是必需的。

2. 澳大利亚

(1)《反垃圾邮件法案》。该法是2003年制定的，2004年4月10开始实施。《反垃圾邮件法案》在通过时，许多人认为由于主要的垃圾邮件来自澳大利亚国外，所以制定该法律并不能真正解决问题。但事实上，该法在预防垃圾邮件方面发挥了很大的作用。根据Sophos公司的统计，自该法实施以来，澳大利亚从制造垃圾邮件最多的12个国家的排行榜中消失，在2008年降为第32名。

《反垃圾邮件法案》是一部全面、细致、专门规制垃圾邮件的法律，具体包括七个部分和三个附件。在七个部分中，第一部分是对有关专业术语的解释；第二部分介绍了发送商业性电子邮件的三项规则；第三部分是关于电子地址收集软件和电子地址收集清单方面的规则；第四部分规定了违者应该承担的责任；第五部分规定了命令的发布情况，还有强制执行方面的规定等；第六部分主要介绍了法律的执行机构可以接受个人或者公司给予的强制执行承诺；第七部分主要介绍了该执行机构的其他职责。

(2)《澳大利亚电子商务行业实施准则》。该准则是由高峰行业协会、消费者组织、信息服务提供商、政府管理机构以及企业组织的代表联合制定的，其由澳大利亚通信和媒体局于2006年3月16日提交。该法案的制定是为了弥补《反垃圾邮件法案》在电子商务行业规定的不足。因为《反垃圾邮件法案》的规定不加区别地适用于所有的组织和个人，对于电子商务行业并没有专门的规定，这使《反垃圾邮件法案》不能很好地适用于电子商务这一特殊的行业。

(3)《互联网领域垃圾邮件实施准则》。该规则的全称是《互联网领域垃圾邮件实施准则——用于互联网和邮件服务提供商的准则》，由澳大利亚通信和媒体局提交，并于2006年7月16日起正式实施。它是澳大利亚互联网行业协会(IIA)会同澳大利亚西部和南部互联网协会制定的，其适用于澳大利亚国内所有的互联网服务提供商和包括Hotmail、Yahoo在内的国际性邮件服务提供商。

3. 欧盟

欧盟委员会2017年提议的《隐私与电子通信条例》草案共七章、二十七条。第一章是总则，主要包括适用范围和对相关概念的定义；第二章包括主要的关键条款，针对如何保证电子通信的秘密性和处理电子通信数据的条件与目的；第三章规定了终端用户可以通过控制电子通信信息的发送和接收来保护个人的隐私安全；第四章规定了该法案的监管部门与实施部门；第五章详细规定了终端用户可以采取的多种救济措施以及违反该条例将要承担的责任和将会受到的惩罚；第六章规定了相应的委托行为和实施行为；第七章规定了最终条款，规定了废除《电子隐私指令》以及新的法律如何通过、何时生效等问题。新法案相较于以往的隐私保护规则，如《电子隐私指令》，具有新的变化以及关注点。

关联法条

1.《中国互联网协会反垃圾邮件规范》
2.《互联网电子邮件服务管理办法》

🖱7.3 电子商务中消费者权益的保护

随着我国进入"互联网 +"和"经济新常态"的大环境，电子商务凭借着其快速、便利的特点，打入了人们的生活，它既改变了消费者的消费模式，又带动了经营者销售方式的发展，给交易市场带来了巨大的冲击。消费者在享受电子商务给生活带来便捷的同时，也应当注意到电子商务交易引发的法律问题。由于消费者在电子商务流程中处于劣势地位，消费者个人隐私泄露、电商产品质量不合格、商品退货难以及消费者权益无处申诉等问题层出不穷，这不仅危害了消费者自身权利，还不利于电子商务健康发展。因此，在电子商务发展的过程中，利用法律手段维护消费者权益是有必要的。

7.3.1　电子商务中保护消费者权益的必要性

1. 电子商务市场和传统市场交易方式差异大

首先，与传统实物市场不同，电子商务市场经营者的销售行为存在于虚拟网络中，一般通过在电商平台中建立虚拟店铺对商品进行图片、文字的展示。这种模式使其脱离了实体店铺经营的约束，以至于经营者可以进行大批量的集中经营，且不受时间、地点限制，与原先传统市场相比，电子商务市场销售行为快速性和不确定性特点明显。这使得消费者在购物过程中，往往缺少对商品产地和经营者的认识，容易在消费过程中产生误认或者是受到欺诈。其次，利用图片、概念解说代替原先实物展示的销售模式，会产生购买到的商品与图片不相符合，或者由于商品讲解不真实、不准确，导致商品质量难以确定、正品与赝品难以识别、商品实际功能难以达到预期等问题，给消费者权益带来一系列危害。最后，由于交易地点以及交易凭证的虚拟化，导致消费者在后期维护自身权益过程中存在诸多不便和障碍，许多消费者因为维权程序复杂、证据收集难度大等顾虑不得不做出妥协。

2. 涉及电子商务活动国家监管难度高

首先，在市场准入方面，审查往往是以形式审查为主，由于电子商务主体多变性，对主体信息真实性核验难以把握。其次，在对市场主体的征税上，由于主体在电子商务中的业务类别较为复杂，在鉴别税种时存在一定麻烦。最后，监管的范围可大致分为对商品及服务的监管、对交易行为的监管和对电商平台的监管。而电商的经营范围十分广泛，且近年来电商数量基数大，仅仅依靠国家监管来限制难免显得力度不够，这也是目前电子商务中商品质量不合格、假冒伪劣商品盛行、侵犯他人知识产权行为泛滥的原因。而这些现象的发生，最终侵害的都是消费者的权益。为了应对这种情况，加强对消费者在电子商务中的法律保护势在必行。

7.3.2　电子商务中保护消费者权益的措施

我国法律在保护消费者在电子商务活动中权益的规定主要体现在《电子商务法》以及《消费者权益保护法》中，主要包括三个方面的内容：第一，规定了诚实信用原则在电子商务中的适用，以基本原则层面兜底保护消费者权益；第二，通过规定经营者必须履行的各项义务从而平衡其与消费者的不平等地位，从而保护消费者权益；第三，加大电商平台所承担的义务，通过连带责任等方式，促使平台重视对经营者的管理。

1. 适用诚实信用原则

诚实信用原则是我国民商事立法中重要基本原则，贯穿于我国民事立法始终。我国《民法典》第七条规定："民事主体从事民事活动，应当遵循诚信原则，秉持诚实，恪守承诺"。第五百零九条也提出："当事人应当按照约定全面履行自己的义务。当事人应当遵循诚信原则，根据合同的性质、目的和交易习惯履行通知、协助、保密等义务。"由此可见，诚实信用原则在我国民事法律关系领域起着极为关键的作用。而我国《电子商务法》中也同样有对诚实信用原则的规定，主要体现在第五条："电子商务经营者从事经营活动，应当遵循自愿、平等、公平、诚信的原则。"根据这一法条，在电子商务活动中，各方主体，包括经营者、消费者、电商平台在从事交易过程中都必须秉持诚信，以互不欺骗、遵守诚信的态度从事电商业务，并且这一原则必须贯穿整个交易过程。

2. 规定经营者义务平衡消费者地位

在电子商务业务中，消费者与经营者相比往往处于劣势地位，很多情况下消费者会因为误认或者不知情等原因导致在购物时自身权益受到侵害。所以为了平衡这种天然的劣势关系，《电子商务法》中给电商经营者设置了许多必须履行的义务来平衡消费者与经营者之间的地位，从而保护消费者权益。

首先，《电子商务法》第十三条规定："电子商务经营者销售的商品或者提供的服务应当符合保障人身、财产安全的要求和环境保护要求。"这一条文主要是为了保障消费者人身和财产安全，当消费者由于产品瑕疵而造成对人身、财产损害的，可以通过本条对经营者追责。其次，《电子商务法》第十七条规定："电子商务经营者应当全面、真实、准确、及时地披露商品或者服务信息，保障消费者的知情权和选择权。电子商务经营者不得以虚构交易、编造用户评价等方式进行虚假或者引人误解的商业宣传，欺骗、误导消费者。"此条文是法律平衡两者地位较为明显的表现，主要是针对"刷单""虚构评价"等虚假宣传现象，使消费者在因虚假宣传受到欺骗时权益得到保障。最后，《电子商务法》第二十三条规定："电子商务经营者收集、使用其用户的个人信息，应当遵守法律、行政法规有关个人信息保护的规定。"具体体现为不得将获得的用户个人信息泄露、出售或者非法转让给他人。这条主要是针对目前十分普遍的消费者信息泄露问题，一旦信息发生泄露，会带来诸多问题，例如垃圾短信、利用个人信息进行诈骗等，进而侵害消费者权益，因此法律对保护个人信息做了明确规定。

3. 加大电子商务平台责任督促管理

电子商务中的主体，除了消费者和经营者，还有一个电子商务平台。该平台发挥中介的作用，是连接消费者和经营者的纽带。在电子商务兴起的早期，我国法律着眼点主要集中在经营者身上，而对平台的责任和义务有所忽视，导致消费者一旦无法向经营者求偿，其权利就得不到保障。《电子商务法》很好地弥补了这一点，加大了平台的义务和责任，督促其加强对经营者的管理，从而强化对消费者的保护。

保护措施主要为以下几个方面：第一，《电子商务法》第三十条规定："电子商务平台经营者应当采取技术措施和其他必要措施保证其网络安全、稳定运行，防范网络违法犯罪行为，有效应对网络安全事件，保障电子商务交易安全。"本条主要是规定了平台的安全交易管理义务，主要针对在电子商务中出现的各类信息泄露问题，包括消费者信息、经营者信息以及交易信息等，将保护消费者信息的义务也施加于电商平台，以它的专业性从整体的高度对信息进行控制和保护，对消费者权益进行倾斜保护。第二，《电子商务法》第三十八条规定："电商平台经营者知道或者应当知道平台内经营者出售的商品不符合保障人身、财产安全的要求，或者有其他侵害消费者合法权益行为，未采取必要措施的，依法与该平台经营者承担连带责任。"这一条文规定了平台的连带责任，有利于促使平台加大对经营者的监管，并且在出现无法使经营者承担责任时，不会出现消费者权益难以保障的情况。

7.3.3　国际社会相关规定

1. 美国

1995年，全球首部确立电子商务运作准则的法律文件——《数字签名法》在美国的犹他州问世。在此后的发展过程中，美国大力提倡行业自律，并倾向于化解权力，以此作为规范电子商务交易环境的主要手段。美国的具体做法是让大小私企自由竞争发展，社会组织、行业协会以及一些国际团体广泛参与其中，当需要对消费者权益保护等问题做出反应时，政府的行动是简单而一致的。1997年7月，美国颁布实施了《全球电子商务纲要》，文件倡议世界各国能在电子商务立法方面更加注重一致性，取消针对网络平台上的经济活动的限制行动和征税行为。2000年，美国颁布《国际国内电子商务签名法》，从联邦法的权威下明确了电子商务环境下保护消费者的一系列具体原则。2008年，美国政府对1997年实施的《全球电子商务纲要》进行修订。《全球电子商务纲要》早已在美国成为宪章性文件，对美国乃至全世界电子商务的立法状况产生不可替代的积极影响。

2. 欧盟

1993年，欧盟通过了《关于消费者合同中的不公平条款的指令》。该法令注重处理的是电子交易合同中涉及消费者的不公平条款。1995年10月，欧盟颁布的《欧盟数据保护指令》从多个层面阐述处理个人数据的建议，主要包括个人信息的采集、记录、保存、修改、应用或销毁。另外，该指令对各成员国提出要求，即在指令的指导基础上，可根据本国的实际情况，修改本国的隐私权保护法。这意味着欧盟所提倡的个人电子信息保护标准上升到国际化高度。在此基础上，世界范围内开始了广泛的相关立法活动。

1999年《关于在信息高速公路上收集和传送个人资料的保护》在欧盟部长会议上提出，网络服务供应商应对消费者的个人信息及其相关数据负有责任，需严格保护信息，以期杜绝滥用消费者个人信息的情况发生。2007年，欧盟委员会同意了"修订欧盟消费者保护法"的计划。修订后的欧盟消费者保护法力求促进各成员国多方面的国际合作，尤其是强调加大旅游业的发展，并重在强调消费者应被赋予更多的权利，从而保证其积极地投身于跨境消费和国际贸易。

关联法条

《中华人民共和国消费者权益保护法》

7.4 网络证券交易的监管和规范

网络时代使资产证券的交易市场处于无纸化的虚拟环境中，网络环境的虚拟性和交易即时性，也使网络证券在交易流通中面临更多难以控制的危机情形。

7.4.1 网络证券交易风险进一步扩大

在网络化证券交易中，存在网络证券交易系统风险和信息风险。网络证券交易风险包括操作性风险、技术性风险、外来侵入者风险和信息风险。

1. 操作性风险

操作性风险一方面来自投资者由于缺乏网上操作经验造成的不当风险；另一方面是账户信息被盗之后，假冒者进行网上交易导致的投资者经济损失。

2. 技术性风险

技术性风险是指在网络化证券交易过程中，由于投资者、网络服务商、网络券商的电脑、网络软件或者硬件故障导致的损害，包括投资者因电脑系统故障、感染病毒而无法下达委托指令或者委托失败，重复或错误地发送交易指令造成的损失；网络券商的设备故障；交易系统故障、通信线路繁忙、服务器负载过重无法进入交易系统；互联网故障导致的委托指令延迟、错误等。

3. 外来侵入者风险

外来侵入者风险是指第三方或者侵入投资者电脑，或者截取投资者网上传输过程中的交易指令，或者攻击证券公司进行网上证券委托业务的服务器，以窃取投资者相关资料和信息，阻碍投资者交易。

4. 信息风险

信息风险主要是指信息不对称和信息披露不到位。在发行市场中，一些发行人和中介机构进行虚假包装，制作含有欺诈、严重误导、重大遗漏的招股说明书；在交易市场中机构大户、证券商从事内幕交易、市场操作屡见不鲜；在上市公司发布虚假、误导性信息或者故意隐瞒真实信息，这样使投资者在获取资讯的源头上就遭到欺诈的危险，更不用说信息传递过程中出现的错误扭曲、虚假宣传、夸大增利的情况。网络证券交易系统的风险监管问题在金融危机中充分暴露出来，为维护网络化证券交易市场的稳定发展，证券监管必须结合网络交易风险的新形势，加强证券监管改革。

7.4.2 网络证券交易中的风险防范与控制制度分析

1. 网络技术安全规范

尽管市场的监察系统能及时发现异常交易，但是这种监察的处置环节在成交之后，对于预防风险无能为力。因此，网络技术安全规范的完善不仅应包括技术、设备、软件系统的严格审核与维护、技术人员的专业要求以及对操作人员的培训机制，还包括交易机构的监控机制。

在海外发达资本市场，由于市场自律、信息发布、责任划分与追究等制度较为完善，外加出于交易效率的考虑，极少有交易所对证券委托交易进行前端控制。而我国证券市场的情况特殊，由于事后追责的相关制度不够完善，交易所等机构设置了一系列前端控制机制，即每笔交易申报后至达成前由交易系统自动执行的检查措施，包括对投资者身份的控制，对中介机构权限的控制，对申报价格、数量及回转交易的控制，等等。这在一定程度上控制了我国互联网证券交易中的风险。

然而机制的执行过程中仍然存在系统缺陷，同时存在限制市场发展的问题，因此需在完善系统的同时逐步针对特殊交易进行灵活控制。此外，为了进一步避免操作失误造成损失，在集中竞价制度下，应当依据每只股票的开盘价格结合涨跌最大幅度区间来预设当日可能成交的价格区间，当某笔限价委托交易的价格超过当日最高限价或低于最低限价时，系统可以自动将委托价格默认处理为最高或最低限价。

2. 错误交易撤销规则

在互联网时代的证券交易市场，系统故障或人为操作失误造成的错误交易曾数次引起严重的后果，这些后果不仅包括交易主体的财产损失，还会扩大至影响市场内其他参与者的利益，甚至影响市场的运行。为了逆转错误交易，防止操作风险扩大，学界与实务界不断有人提出需要建立错误交易处置制度，尤其是错误交易撤销制度。对于任何一个证券市场来说，无论是证券交易制度的构建，还是证券交易所提供集中交易的环境与机制，都是为了保证证券交易能够形成有效的、公平的价格，从而为投资者提供一个健全有序的交易环境，倘若由于异常交易的出现导致证券价格错误，再以错误价格清算投资者的委托交易，那么就彻底背离了集中竞价交易机制的建立宗旨。

海外市场的制度经验表明，错误交易撤销制度并非不可行。美国的错误交易撤销由交易所的执行官或者其他指定人员决定，其条件不仅包括网络与电子设备故障导致交易异常，也包括一些涉及公共利益的特殊情况，在上述人员提出撤销提议之后，相应机构对该交易进行审查，并宣布其无效。根据德国《交易所法》的有关规定，交易所的证券交易价格必须是真实的，否则将影响交易所的正常交易。若出现异常交易导致不真实或者不符合市场情况的价格出现，执行机构应制定相应规则对该类交易进行撤销。需要注意的是，在指定错误交易撤销制度的过程中，民事主体的撤销权仅限于意思表示不真实或符合其他法定原因时，得以撤销自己先前的民事行为，或是债权人拥有的请求法院撤销债务人危害债权的行为的权利。然而错误交易撤销制度是作为交易所的自律机构撤销投资者的交易行为，这是一种权力的表现，不能仅仅以行业自律规则为依据，而是必须有法律依据方可进行，因此交易所在制定该制度相关规则时必须经过监管部门的审阅批准，使该规则具有准法律的性质。

3. 异常交易熔断机制

证券异常交易的"熔断机制"建立在大盘波动或个股波动的基础之上，当波动的幅度超过预设的最高或最低标准时，系统默认为异常交易，交易自动中断或暂停一定的时间。根据发达资本市场的经验，这种机制是防止证券市场瞬间大幅度波动的通行措施。而在我国证券市场，这种机制仅仅用于股指期货交易之中，对股票交易仅实行价格涨跌幅限制制度。"8·16"光大证券误操作导致的异常交易及其引起的市场巨大震动暴露了我国股票交易电子与互联网时代的制度缺陷，异常交易熔断机制的建立对中国证券交易市场的重要性更加凸显，该机制可用于防止股市瞬间暴涨暴跌引发的系统性风险。

目前，我国A股市场采用的是"T+1"交易规则，同时设置了当日涨跌幅度限制，可见在风险防范方面已经做出了一系列努力。然而，熔断机制具有其独特的作用，不能被其他制度所取代。首先，它可以在市场出现异常波动，例如大盘指数的涨跌幅超过3%时立即暂停交易，使监管者有较充足的时间介入而找到原因和对策，结合异常交易撤销机制的使用，更能进一步减少损失，缩小波及范围。其次，当熔断机制发生作用时，普通投资者可以收到市场异常的信号，不会盲目跟风进行大量交易而造成损失。最后，使用熔断机制可以避免误操作的交易主体为了止损而采用内幕交易行为。未来，A股市场向"T+0"交易规则改革的可能性越来越大，这样的变革将会给市场带来更大的风险，如此一来，异常交易熔断机制的建立更加应当提上改革日程。

7.4.3 美国网络证券监管制度

1. 完备法律监管体系

在美国，无纸化证券交易监管理论已经比较成熟，法律体系比较完备。首先，处于基础地位的是美国证券交易中的四大法律，即1933年《证券法》、1934年《证券交易法》、1940年《投资公司法》以及1940年《投资顾问法》，这些法律既适用于传统证券交易，也适用于无纸化证券交易。此后美国国会不断修正以上四项法律，1968年美国国会通过了《威廉姆斯法》(并于1970年进行修正)，授权证交所管理公司接管活动；1984年的《公司内部交易制裁法令》和1988年的《内部交易与证券欺诈实施法》对《证券交易法》禁止公司内部交易的规定进行了补充，增加了刑事处罚等内容。1986年美国国会通过《政府证券法》，并对1934年的《证券交易法》进行了修正，加强了对政府证券交易的管理。其次，作为电子商务的内容之一，无纸化证券交易必须遵守与电子商务有关的各项法律，包括《统一计算机信息交易法》《统一电子交易法》《全球及全国商务电子签名法》，还包括电子隐私权法案。针对无纸化证券交易中的特殊问题，美国证券交易委员会(SEC)还根据国会的授权展开了一系列的立法活动。

2. 强化对系统性风险的监管

《多德-弗兰克华尔街改革与消费者保护法》提高了监管及审慎性标准的要求。为降低系统性金融风险，美联储应当根据美国金融稳定监督委员会(FSOC)的建议或自行对并表资产不低于500亿美元的银行控股公司和受美联储监管的非银行金融机构制定一套审慎监管标准，在极端的情况下，对某些被认为"大而不倒"的大型金融机构进行清算安排。这些审慎监管政策包括以下几种：设置最低资本充足率和最低杠杆率指标、加强风险管理、危机处置规划定期报告制度、设置集中度限制、定期压力测试、设置短期债务限制、计提应急资本、加强流动性要求、强化公共信息披露。更为重要的是，为防范系统性风险，FSOC将获得"先发制人"的监管授权，即在2/3多数投票通过后，可批准美联储对大型金融机构强制分拆重组或资产剥离，同时可以直接否决大型证券金融机构间相互购并申请。为了防范证券系统性风险，还要加强金融衍生产品监管。该法案特别加强了对场外交易(OTC)的衍生产品和资产支持证券等产品监管，重要内容包括以下几项：将大部分场外金融衍生产品移入交易所和清算中心；要求银行将信用违约掉期(CDS)等高风险衍生产品剥离到特定的子公司(银行可保留常规的利率、外汇、大宗商品等衍生产品)；对从事衍生品交易的公司实施特别的资本比例、保证金、交易记录和职业操守等监管要求；为防止银行机构通过证券化产品转移风险，要求发行人必须将至少5%的风险资产保留在其资产负债表上。

7.4.4 欧盟无纸化证券监管制度

1. 欧盟无纸化证券监管制度的法律基础

欧盟对证券业的监管与欧盟统一证券市场的趋势相辅相成。1979年3月。欧盟货币体系(EMS)正式成立，EMS的建立和运行为欧盟证券市场走向一体化打下了良好的基础。在监管的法案和政策方面，欧盟通过了一系列的指令和报告，其中包括1993年通过的《投资服务指令》，确定证券服务市场单一执照体制，排除各成员国内部对于其他成员国的歧视政策，促进欧盟证券市场的统一。2000年，欧盟通过《金融服务行动计划》，目的在于消除跨国金融服务的限制壁垒，优化金融市场基础条件，促进欧盟国家间金融市场的发展和融合。2001年，欧盟通过的《欧盟委员会关于欧洲证券市场监管的最后告白书》是关于证券市场监管改革的重要报告，在对欧盟证券监管法治进行评价的基础上，提出金融监管改革的详细建议。2004年，欧盟又出台了被称为欧盟监管宪章的《金融工具市场指令》，目的在于更新欧盟证券服务市场的法律监管体制，加强对广大投资者的保护力度。

2. 无纸化证券监管体制和制度结构

在欧洲，无纸化证券比较发达的国家以英国和法国为代表，两国实行不同的监管体系。从证券市场监管的类型上看，英国是"自律监管"的典型代表，强调"自我监管""自我约束"，其证券业自我管制系统分为两个层次：第一层次是证券交易所的监管；第二层次由证券交易法协会、收购与合并问题专门小组和证券业理事会三个机构组成，其他政府机构如贸易部、公司注册署等也实施相应的监督管理。法国对证券业的监管既强调政府的直接干预，又注重自律机构的自律监管。英国证券监管、金融服务权威机构的网站上都有各类专门的"消费者帮助"栏目，从消费者的角度出发，为他们提供各种不同金融产品和金融服务的解释和介绍，确定证券信息来源可靠性和帮助解决证券交易中的困难等。法国对证券业监管的主要机构有证券交易所监管委员会、证券经纪人协会和证券交易所协会三家。证券交易所监管委员会是法国证券业实施监管的最重要的机构。法国交易所运作委员会(COB)建立了"互联网监察部"，该部门由多名检察员组成，主要是追踪网上证券欺诈和在财经论坛上的虚假信息传播；监管机构网站的投资者教育和权利保护活动内容丰富。

《拉姆法路西报告》中的拉姆法路西框架成为欧盟进行监管协调的主要依据。在监管机构方面，欧盟开始设立多边监管委员会对无纸化证券市场进行监管，包括一个独立的咨询机构——欧洲证券监管委员会，一个专门的部门监管委员会——欧洲证券委员会，提出关于证券监管的政策性建议，并可经由共同决策获得对市场的监管执行权。在证券发行上市和信息披露、内部交易、上市公司收购等具体制度方面，欧盟颁布了一系列指令，以为欧盟统一证券市场的形成提供非常完整的制度保障。

3. 欧盟金融监管改革新发展

2009年6月19日，欧盟理事会通过了《欧盟金融监管体制改革》方案，提议从宏观和微观两个层面设立四个金融监管机构，已形成泛欧金融监管的体系。

(1) 宏观层面：建立宏观监管机构。宏观方面的监管部门是欧洲系统性风险委员会(ESRB)，其职能为宏观性地监控整个欧盟包括证券市场在内的金融市场可能出现的风险，并在重大风险出现时及时发出预警，在必要时提出包含应对措施的意见。宏观审慎监管建立在央行承担着最后贷款人的职能的基础上，并将在整个金融监管体系中发挥核心作用。当ESRB进行综合评析后，觉察到有发生证券金融风险的可能的，就会向风险所涉及的某一成员国发出通知，如果被通知者同意ESRB的评估，就必须及时采取措施应对风险。若不同意评估结果或者不采取行动，必须提出合理的理由，ESRB对理由进行审查，如果认为不成立就会交由欧盟理事会处理。

(2) 微观层面：微观审慎监管。微观层面上的监管改革指的是组建欧洲证券监管体系，在欧盟层面上，将原先欧盟层面的银行、证券和保险委员会升级为欧盟金融监管当局，新的欧盟金融监管当局的职能在原先监管委员会的咨询职能的基础上做出具有实质性内容的扩充，制定具有更高趋同性的金融监管规则。微观审慎监管者掌握着金融市场和金融公司的各种信息，从而拥有评估金融风险的重要话语权。但是欧盟金融监管当局缺少让各微观审慎监管者对跨国金融机构做出最佳监管决策的机制，欧盟各成员国监管当局之间缺乏足够的合作和信息交流，在应对欧洲共同的问题方面，各成员国往往各行其是，对同一法律问题也往往做出不同解释。"欧洲金融监管者体系"将努力克服这些缺陷，为欧洲统一的金融市场提供有效的监管服务。

4. 全面加强证券等金融机构风险管理，加强对投资消费者的保护力度

消费者对金融产品的持续购买能力和日益增长的、多样化的金融消费需求是推动金融总量扩张和金融结构优化的不竭动力。欧盟委员会通过了新的关于进一步修改《资本金要求指令》的提案，这次提案提出了有关交易账户和再证券化的资本金要求的改革以及再证券化风险披露和薪酬政策，要求所有为欧盟境内金融机构提供信用评级服务的机构必须获得欧盟监管机构的营业执照。在治理结构上，加强内部评级质量监控，还提出了关于流动性风险管理的30条原则性建议，加强对信用评级机构和对冲基金以及私人股权基金透明度的监管。

5. 加强欧盟成员国之间的监管合作

欧盟成员国之间的监管在监管合作备忘录中要求公共资源的分配原则，在动用财政资金等公共资源的情况下，在平等的基础上，按照金融危机对各国经济冲击的程度以及母国和东道主国家的监管权力分配，来决定相应的公共资源支出的分配；成立跨国稳定小组，建立跨国合作机制。欧盟监管体系如能运行，必将对全球金融监管机制的演变产生重大而深远的影响。

关联法条

《关于促进互联网金融健康发展的指导意见》

❼.5 跨境电子商务的监管与税收

7.5.1 跨境电子商务概念

跨境电子商务，是指分属不同国境或关境的交易主体，运用互联网及其电子支付系统、跨境物流运输系统进行的进出口贸易活动。在此类活动下，不同国家之间的贸易活动不受时间和空间的限制。跨境电子商务最常见的贸易模式为企业对企业(B2B)和企业对消费者(B2C)。B2C模式是一种以网络为载体的零售新方式，它可以提高消费者购买境外产品的效率，提升消费满意度，帮助企业进一步扩大境外市场。

7.5.2 跨境电子商务相关法律现状

随着跨境电子商务的迅速发展，相关法律体系缺失的问题也逐渐显现。近年来，虽然我国在相关法律健全与研究方面取得了一定的成果，但与其他先进国家相比，仍存在着一定的差距，同时在海关监管方面也存在着与新经济业态不匹配的问题，导致我国在跨境电子贸易中处于相对被动的地位，严重地影响了我国跨境电子商务的进一步发展。

1. 我国跨境电子商务相关法律现状

现阶段，我国电子商务的发展环境已经趋于稳定，在新形势下，一部分适应电子商务发展的法律法规、管理规定也随之逐步建立。但我国在电子商务方面的立法主要以支付安全、网络安全为重点，这与国外相比，仍有差距。我国在跨境电子商务的立法方面处于起步阶段，虽然跨境电子商务可作为电子商务中的一个类别，但与电子商务之间依然存在着较大的区别。跨境电子商务交易的过程中涉及的部门更加广泛，流程也更为复杂，不仅需要健全的法律法规作为支撑，还需要税务、海关等多个管理部门进行统一协调。此处，跨境电子商务的发展速度以及创新能力均较强，我国电子商务法律虽然能在一定程度上提供借鉴，但无法满足其不断发展变化的需要。

2. 国外跨境电子商务相关法律借鉴

美国、欧洲等国家和地区在跨境电子商务的立法方面开始的时间相对较早，从 1997 年开始，美国就颁布了《全球电子商务纲要》，21 世纪以来，随着跨境电子商务的不断进步，其相应的法律法规也在不断完善。同时为进一步提升企业的信心，保障消费者的权利，欧盟委员会依次颁布了《电子签名指令》《电子商务指令》，明确了跨境电子商务交易双方的责任以及义务，为全面开放电子商务市场打下了基础。在 2003 年，欧盟委员会开始对非食品类商品启动快速预警系统，能在短时间内将消息通报给其他国家，不仅有效地加强了国家之间的合作，也有效地提升了消费者的消费安全，优化了服务体验。为进一步适应跨境电子商务的发展，我国也应加快拟定法律层面的规范性文件，从交易主体、交易环境以及关税等方面考虑，不断优化物流环境，提高信息安全性，加强知识产权保护，为交易纠纷的顺利解决奠定基础。

7.5.3 跨境电子商务的法律风险防范

21 世纪以来，受经济危机的影响，全世界整体消费量迅速走低，我国跨境电子商务的发展也到达了瓶颈期。这主要有以下3点原因：一是，为进一步扩大跨境贸易市场份额，各企业恶性竞争的不良现象愈演愈烈，对企业的发展造成了十分不利的影响。二是，受法律体系、信用体系不完善的影响，跨境电子商务企业的交易安全性得不到保障，一旦出现交易一方失信的情况，将会给另一方带来巨大损失。三是，跨境电子商务交易主要依托网络进行线上交易，因而在征税以及支付安全方面仍存在着较大的风险。应对上述风险的措施如下所述。

1. 加快建立并完善跨境电子商务相关法律法规

国家有关部门应以国家经济发展的需要为基础，不断适应经济全球化发展的新趋势，加快跨境电子商务相关法律制度的建立以及完善。目前我国相关法律的结构框架整体性相对较差，无法与跨境电商发展过程中的时代性相适应。为进一步减少部分不良企业钻法律空子的行为，海关部门应严格审查跨境电子商务的产品质量、疫情情况等。同时不断加强对境外资金流、第三方支付平台以及物流平台的监管，为跨境电子商务的健康发展提供保障。

2. 加快建立并完善跨境电子商务信用体系

首先，应通过加大监管力度的方式不断提升跨境电商的诚信意识，加快商务信用分类评级制度的建立以及完善，并通过科学合理的分类，完善监管模式，提升各企业的合同意识。其次，应做好失信企业公示工作，保障交易双方的合法权益，规范支付、物流以及交易流程，降低交易纠纷的发生率。

3. 加强网络交易管理

在电子商务交易的过程中，一方面，买方无法实地评估商品的质量，因而在很大程度上增加了商品交易的风险；另一方面，商标侵权的问题也日趋严重，商标知名度相对较高的企业成为被侵权对象，不仅对被侵权企业的经济效益造成了影响，也降低了我国企业的整体诚信度。因而我国应不断完善针对跨境电商的防护机制，一旦出现网络交易安全事件，应立即启动应急处置机制，同时加强网络监管，创造安全的交易环境。

7.5.4 跨境电子商务带来的税收困境

跨境电子商务交易具有无纸化和身份隐匿化的特点，给税收体系带来前所未有的冲击。在跨境电子商务逐步发展的同时，其所带来的相关税收问题愈发明显。

1. 课税要素界定受到冲击

从纳税主体的界定来看，跨境电商相比传统的进口贸易商，没有固定经营场所的经营要求，也不会留下纸质的发票或凭证。因此，税务机关传统的纳税主体界定方法不再适用。从课税对象的界定来看，将无形商品的跨境交易是作为销售货物来处理，还是作为销售无形资产来处理，目前难以判断。在增值税的征收中，销售货物和无形资产分别适用了不同档次的税率；而在所得税的征收中，销售货物适用经营所得，销售无形资产适用特许权使用费，经营所得和特许权使用费在居住国和来源国之间的征税权分配是不同的。

2. 税收征管程序遇到挑战

建立在税务登记、纳税申报、税务检查等环节上的传统税收征管程序，难以满足快速发展的跨境电子商务税收征管的需求，税收征管程序遇到严峻的挑战。首先，在税务登记环节，由于跨境电商交易的无纸化和身份的隐匿化，税务机关难以获取相关纳税信息，跨境电商则易于隐瞒业务而逃避登记；其次，在纳税申报环节，跨境电商纳税人主观纳税意识薄弱，缺乏纳税申报的自觉性，在进口环节将贸易货物伪装成个人物品，有意逃避纳税义务；最后，在税务检查环节，由于电子票据或凭证易于修改，税务机关无法保证所掌握的信息和证据的真实准确性，税务检查工作难以开展。

7.5.5 我国跨境电商零售进口业务税收相关法律

2018 年，国务院、财政部等机构先后通过并颁布多项有关跨境电商零售进口业务的新政策，从税收制度和税收监管等方面切入，全方位地完善有关税收政策和规范跨境电商活动。

1.《中华人民共和国电子商务法》

《中华人民共和国电子商务法》推动中国跨境电子商务进入一个权责明晰、有法可依的新阶段。首先，该法第十一条明确了电商经营者具有纳税义务；第十四条要求电商经营者依法出具电子发票等凭证。其次，第七十一条明确国家促进跨境电商发展的积极态度；第七十二条要求相关管理部门推进海关申报、纳税等环节的服务和监管体系建设。海关总署公告 2018 年第 179 号《关于实时获取跨境电子商务平台企业支付相关原始数据有关事宜的公告》，要求参与跨境电商零售进口业务的平台企业向海关开放与支付相关的原始数据，并提出了零售进口信息化系统原始数据实时获取方案。

2. 商财发〔2018〕486 号《关于完善跨境电子商务零售进口监管有关工作的通知》

商财发〔2018〕486 号《关于完善跨境电子商务零售进口监管有关工作的通知》一是明确对跨境电商零售进口商品按个人自用物品监管，不执行首次进口许可批件、注册或备案要求；二是明确各参与主体责任，如跨境电商平台的先行赔付责任，境内服务商的如实申报责任等；三是扩大政策适用范围，新设北京等 22 个新跨境电商综合试验区。

3. 财关税〔2018〕49 号《关于完善跨境电子商务零售进口税收政策的通知》

财关税〔2018〕49 号《关于完善跨境电子商务零售进口税收政策的通知》把进口货品的每次交易额度限值从2000元人民币上调到5000元人民币，同时把每年的交易额度限值从20 000元人民币上调到26 000元人民币。该通知规定，消费者用于个人使用的电商进口商品不能够在国内市场进行二次销售，并且网购保税进口商品不能在海关特殊监管区域外开展网购保税配合线下自提的模式。

4. 海关总署公告 2018 年第 194 号《关于跨境电子商务零售进出口商品有关监管事宜的公告》

海关总署公告2018年第194号《关于跨境电子商务零售进出口商品有关监管事宜的公告》针对企业管理、通关管理、税收征管等提出一系列规定。其中在税收征管方面，该公告明确纳税义务人为跨境电子商务零售进口商品消费者(订购人)，税款的代收代缴义务人为在海关注册登记的跨境电子商务平台企业、物流企业或申报企业。

第8章 电子商务案件管辖及争议解决机制

■ 导读案例：深圳市标准技术研究院构建在线纠纷解决服务平台

近年来，电子商务已经成为经济不可或缺的重要组成部分，但诸如假货泛滥、支付环节存在安全隐患、配送体系不健全、投诉处理效率低等问题也频繁出现，传统的纠纷解决机制在解决电子商务交易纠纷的不适性以及不能有效保障消费者权益的现实日益凸显，亟待构建一种与电子商务特点相适应的新型纠纷解决机制。

2013年，深圳市标准技术研究院以互联网思路和手段，围绕电子商务交易主体身份、商品信息、交易凭证等主要纠纷源头，研究配套的网上在线法律咨询和指引、投诉、协商、调解、仲裁及其相关法律服务等电子商务在线纠纷解决涉及的服务内容，形成以身份验证、交易凭证存储与查验、投诉信用为支撑的在线纠纷解决服务体系；同时，基于电子商务在线纠纷解决服务体系，运用声纹人脸识别、视频调解等技术建立在线纠纷解决服务平台。该平台以全程无纸化、全流程覆盖、全天24小时的网上非诉讼纠纷解决服务为特色，组建了70余人的法律服务团队，为电子商务企业和消费者提供咨询、立案、协商、调解等全方位的在线服务。协会、调解组织、企业可直接入驻该平台开展投诉调解业务，或通过系统本地化建设定制化在线纠纷解决(ODR)服务平台。

在线纠纷解决(ODR)服务给电子商务行业带来了巨大的经济效益和社会效益。一是助力各企业和消费者高效地化解电子商务纠纷。截至目前，该在线纠纷解决服务平台累计受理投诉4000多宗，成功处理3200多宗，调解成功率80%以上，个案平均处理时长不超过7天，有效地提高了企业处理纠纷的效率，降低了企业处理纠纷成本，避免了企业和消费者矛盾升级，有助于提升企业形象，树立企业品牌。二是通过ODR平台与仲裁委、贸促会、企业家联合会等商协会或行业性专业性调解组织对接，凝聚各类调解力量，整合社会治理要素资源，构建电商行业"大调解"网络格局，形成电商行业多元化解纷合力。这样不仅能够为更多的电商企业和消费者提供更加丰富多元、更加专业化的一站式在线解纷服务，还有利于营造和谐网络交易环境，推动电子商务行业健康有序发展。

资料来源：杜佳. 在线纠纷解决(ODR)服务助力电商行业健康发展[EB/OL]. (2018-09-10)[2020-05-11]. https://www.sist.org.cn/cgal/yxal/fwcy/201905/t20190522_2253908.html.

8.1 传统的司法管辖概述

民事诉讼管辖又称"民事审判管辖"。法院之间受理第一审民事案件的分工和权限是基于管辖权而产生的，是对民事案件审判权的一种"恒定"，法院对于没有管辖权的民事案件无权审理。各国法律规定管辖不尽一致，一般按三种不同的标准划分：第一种以法律规定和法院裁定为标准，分为法定管辖和裁定管辖，法定管辖又可分为级别管辖和地域管辖，裁定管辖又分为移送管辖和指定管辖；第二种以强制规定和任意规定为标准，分为专属管辖和协议管辖；第三种以诉讼关系为标准，分为共同管辖和合并管辖。管辖一经确定，法院取得对案件的审判权，当事人不能去其他法院起诉或应诉。

8.1.1 国内民事诉讼管辖

我国的民事诉讼管辖分为级别管辖和地域管辖。级别管辖是指各级法院之间受理第一审民事案件的分工和权限；地域管辖是指同级法院之间受理第一审民事案件的分工和权限。

1. 级别管理

在级别管辖上，我国《中华人民共和国民事诉讼法》(简称《民事诉讼法》)第十七条规定："基层人民法院管辖第一审民事案件，但本法另有规定的除外。"第十八条规定："中级人民法院管辖下列第一审民事案件：重大涉外案件；在本辖区有重大影响的案件；最高人民法院确定由中级人民法院管辖的案件。"第十九条规定："高级人民法院管辖在本辖区有重大影响的第一审民事案件。"第二十条规定："最高人民法院管辖下列第一审民事案件：在全国有重大影响的案件；认为应当由本院审理的案件。"

2. 地域管辖

在地域管辖上，分为一般地域管辖、特殊地域管辖、专属管辖和协议管辖。

(1) 一般地域管辖。一般地域管辖是指以当事人的住所地与法院的隶属关系来确定地域管辖。我国《民事诉讼法》第二十一条规定："对公民提起的民事诉讼，由被告住所地人民法院管辖；被告住所地与经常居住地不一致的，由经常居住地人民法院管辖。对法人或者其他组织提起的民事诉讼，由被告住所地人民法院管辖。同一诉讼的几个被告住所地、经常居住地在两个以上人民法院辖区的，各该人民法院都有管辖权。"另外，一般地域管辖还规定了由原告住所地人民法院管辖的情况，如对不在中华人民共和国领域内居住的人提起的有关身份关系的诉讼；对下落不明或者宣告失踪的人提起的有关身份关系的诉讼；对被采取强制性教育措施的人提起的诉讼；对被监禁的人提起的诉讼。

(2) 特殊地域管辖。特殊地域管辖又称特别管辖，是指以诉讼标的所在地、法律事实所在地以及被告住所地为标准确定的管辖。如因保险合同纠纷提起的诉讼应由被告住所地或者保险标的物所在地人民法院管辖等。

(3) 专属管辖。专属管辖是指法律特别规定某些类型的案件只能由特定的法院行使管辖权的一种诉讼管辖。它是一种排他性的管辖，因为它不仅排除了一般地域管辖和特殊地域管辖的适用，还排除了当事人以协议的方式选择其他法院管辖的可能性。凡法律规定为专属管辖的诉讼一律适用专属管辖。在我国，专属管辖只适用于以下三种情况：第一，因不动产纠纷提起的诉讼，由不动产所在地人民法院管辖；第二，因港口作业中发生的纠纷提起的诉讼，由港口所在地人民法院管辖；第三，因继承遗产纠纷提起的诉讼，由被继承人死亡时住所地或主要遗产所在地人民法院管辖。

(4) 协议管辖。协议管辖是指双方当事人在民事纠纷发生之前或之后，以书面形式约定管辖法院。《民事诉讼法》第三十四条规定："合同或者其他财产权益纠纷的当事人可以书面协议选择被告住所地、合同履行地、合同签订地、原告住所地、标的物所在地等与争议有实际联系的地点的人民法院管辖，但不得违反本法对级别管辖和专属管辖的规定。"协议管辖在我国仅适用于合同纠纷中的第一审案件。

8.1.2 国际民事诉讼管辖

管辖权是国家的一项基本权利，国际民事案件管辖权的确认，一般依据如下几个原则。

1. 原告就被告原则

原告就被告原则，也称普通地域管辖原则，它是指以被告的住所地作为连接因素而行使管辖权的原则，是行使国际案件管辖权的首要原则。原告就被告原则之所以成为行使国际民事案件管辖权的首要原则，就在于它便于受案法院对被告行使"实际控制"——传票送达、判决生效、执行。因此，对涉外民事诉讼，应首先向被告所在地提出。

2. 最密切联系原则

我国《民事诉讼法》规定，如合同的履行地、保险合同的保险标的物所在地，票据纠纷中的票据兑付地、运输合同的运输始发地或目的地、侵权行为地、交通事故损害赔偿案件中的事故发生地等，均可认为与案件具有"最密切联系"而被认定具有管辖权。这些条款虽然是作为国内特别管辖条款规定的，但也可以作为法院对涉外民事案件行使管辖权的依据。在均能对案件实施有权管辖的情况下，最密切联系原则可以对原告就被告原则做出极有益的补充。

3. 意思自治原则

在涉外民商事合同关系中，各国法律均允许当事人用书面协议选择由有联系的国家或地区法院管辖。这项原则源于契约自由的权利。

4. 专属管辖优先原则

某些国家的法律在本国的属地管辖权范围内，排他性地规定一些涉外民事案件的管辖权属于国内法院。这些案件主要与国内的涉外企业法人与国内企业法人的权利纠纷、在国内的港口作业和国内的地下矿产资源开发纠纷有关等。对于这些案件，国内一般不允许当事人选择他国管辖，也不承认外国法院判决的有效性。如当事双方欲使纠纷得到有效的司法救济，只能选择国内法院。在这些范围以内，国内法院的专属管辖权优先于任何其他原则。《民事诉讼法》第二百六十六条就有相应的规定："因在中华人民共和国履行中外合资经营企业合同、中外合作经营企业合同、中外合作勘探开发自然资源合同发生纠纷提起的诉讼，由中华人民共和国人民法院管辖。"

8.2　电子商务纠纷管辖权的确定

8.2.1　电子商务对传统管辖权的挑战

在电子商务环境下，当事人可能相距遥远甚至在不同的国家或地区，接收或传送当事人间信息的计算机服务器、终端等，则可能又在另一个国家，甚至协助当事人完成一次沟通联系的还有处于其他国家的服务器等设备。正是这种网络空间的全球性和不确定性，使网络行为与传统管辖基础之间的关系变得模糊和不确定，网络空间不可能像物理空间那样划分成明确的管辖区域。同样，信息在互联网上发送、接收和传送等一系列网络行为具有很强的不确定性，在这一过程中，可能经过许多国家的管辖区域，这就可能造成全球很多国家对该网络活动主张管辖权。管辖是以某种相对稳定的联系作为基础的，一旦网络法律行为与这些传统的管辖基础失去了联系，如何将物理空间的管辖权规则适用于网络空间就成了一道难题。

由于互联网的国际性特点，对网络利用所发生的任何争议都可能涉及不同国家的主权与居民，从目前电子商务管辖的实践来看，各国有扩大自己管辖权的趋势，这就使得电子商务交易纠纷一旦发生后，哪些国家法院会主张行使管辖权难以做出预测。管辖总是以某种相对稳定的联系作为基础，如住所、国籍、财产、行为等，它们和某管辖区域存在着物理空间上的关联。而在电子商务案件中，被告与法院地的地域联系可能降到最低，被告可能既不是法院地国的国民，也无财产可供扣押，甚至可能从未在法院地的地域出现过，当然也很难同意接受法院地的司法管辖。在网络环境中，又很难认定侵权行为地、合同签订地等地理因素，仅仅通过网络的虚拟存在显然不构成法院行使管辖权的基础。传统法院的管辖区域是确定的，而网络空间是无边界的，因此，某法院对哪一部分网络空间享有管辖权很难判断。互联网在产生之初，就被设定为非中心化、自我维系的一系列计算机以及计算机网络之间的大量链接，在这个打破地理空间界限、无国界、无主权的虚拟世界中，每台计算机都是平等的。正是网络空间的这种全球性和管理的非中心化等特点，给传统的司法管辖权理论带来了极大的冲击和挑战。

8.2.2 关于网络纠纷案件新的管辖理论

由于传统的确立管辖权的原则都要求具有一个相对稳定的明确的关联因素，如当事人的住所、国籍、财产、行为、意志等，但在网络空间中这些因素都变得模糊和不确定。为了解决传统管辖权基础在网络环境下面临的窘境，各国都在探寻互联网环境下的新管辖模式。目前，关于电子商务案件的管辖的法律问题存在几种新理论。

1. 新主权理论

新主权理论认为，网络的非中心化倾向表现在每个网络用户只服从他的网络服务提供商的规则，网络服务提供商之间以技术手段、协议方式来协调和统一各自的规则。网络成员的冲突由网络服务提供商以仲裁者的身份来解决，并由网络服务提供商来执行裁决。该理论还认为在网络空间中正在形成一个新的全球性的市民社会(global civil society)，这一社会具有自己的组织形式、价值标准和行为规则，能够完全脱离物理空间中的政府而拥有自治的权力，这种理论的持有者担心传统的国家权力介入会损害网络空间的新颖性和独立性，会阻碍电子商务的发展。但新主权理论倡导者过于强调网络空间的自由和独立性，其混淆了行业自律与法律救济，事实上，完善的法律可以最大限度地保护网络的发展。

2. 管辖权相对论

管辖权相对论认为，网络空间完全可以成为新的独立的管辖区域，使用者和网络服务提供商可以通过自律管理来避免和解决网络空间中的各种纠纷，包括电子商务中的纠纷。管辖权相对论有三个基本点：第一，网络空间应该作为一个新的管辖区域而存在，就像公海、国际海底区域和南极洲一样，应在此领域内建立不同于传统规则的新的管辖原则；第二，任何国家都可以管辖并将其法律适用于网络空间内的任何人和任何活动，其程度和方式与该人或该活动进入该主权国家可以控制的网络空间的程度和方式相适应；第三，网络空间内争端的当事人可以通过网络的联系在相关的法院"出庭"，法院的判决也可以通过网络手段来加以执行。

3. 网址作为新的管辖基础论

此理论认为，网址存在于网络空间中，它在网络中的位置是可以确定的，且在一定时间内也具有相对的稳定性。网址受制于其网络服务提供商所在的管辖区域，是比较充分的关联因素。因此，网址应当成为新的管辖基础。但对于此观点，许多人提出了异议。

8.2.3　网络侵权纠纷和电子合同纠纷的司法管辖

1. 网络侵权纠纷的司法管辖

互联网上的侵权案件包括侵犯肖像权、名誉权等人身权案件和黑客侵入计算机系统盗窃银行账号、窃取商业秘密、散布计算机病毒等侵犯财产权的案件。互联网的全球性特征决定了网上侵权也具有全球性特征。侵权行为可以在任何地方实施，侵权结果也可以在任何地方发生，这就使传统的依据侵权行为发生地和损害结果发生地确定侵权案件的管辖权的原则受到了挑战。在网络空间中，人们之间的交往都是借助于网络语言在虚拟的空间中进行的。因此，在网络空间中并没有某个实际的地点以及某种身体的位移变化，网络空间中的侵权行为与具体的物理场所之间的联系更具有偶然性，且网络上某个侵权地点或范围有时很难确定。

根据我国《民事诉讼法》的规定，侵权案件管辖地主要依据侵权行为人住所地、侵权行为地和侵权结果发生地确定。尽管网络世界的虚拟性给传统管辖提出了挑战，但是，依据我国《民事诉讼法》确定的管辖规则，仍然能够解决网上侵权纠纷案件的管辖问题。

我国《民事诉讼法》第二十八条的规定："因侵权行为提起的诉讼，由侵权行为地或者被告住所地的人民法院管辖。"《最高人民法院关于审理涉及计算机网络著作权纠纷案件适用法律若干问题的解释》第一条对网络环境下的侵权纠纷的管辖做了进一步规定："网络著作权侵权纠纷案件由侵权行为地或者被告住所地人民法院管辖。"

(1) 被告住所地。在网络纠纷案件中，以被告住所地确定管辖在学界争议不大。网上侵权行为人大致可以分为两种：一种是网站经营者，另一种是登录网站的任何第三人。但如何确定被告的住所地在实践中存在不同的观点。有人认为，如果网站经营者侵权，可以以网站的所在地作为被告住所地。因为网站不仅在现实世界中具有地址，在虚拟世界中也有地址，网站在现实世界中的地址即是网络服务器所在地，网站在虚拟世界的地址即是IP地址。但是，网络服务器既可以在设立该服务器的公司、单位、组织或者个人住所地处，也可以在虚拟主机服务提供商处，还可以在互联网服务提供商处；从地域上讲，网络服务器既可以在境内，也可能在境外，即使在境内，一个公司、单位、组织或者个人也可能占用多个服务器，同时这些服务器也可能位于不同的行政区域内。

而且，网站在虚拟空间的地址在诉讼管辖中也没有任何意义。这是因为，某一个IP地址可以确定其相应的主机以及该主机所在的确定地理位置，但是该主机所在的地理位置不一定就是当事人的住所地、行为地。同时，由于"虚拟主机"技术和服务的存在与使用，若干台具有独立域名的虚拟主机分享一个IP地址的情况很常见。另外，许多公司网络和互联网服务提供商为了充分和经济地利用其所持有的IP地址的数量，常常以大量用户分享一定数量IP地址的方式来动态分配给用户在其上网时的IP地址。这样，同一用户在不同期间登录互联网，他的IP地址将会不同。况且，网站本身并不具有民事主体资格，网站只是某个民事主体设立从事某种事业的工具。

因此，学者认为以网站的地址来确定管辖地的观点和做法是不可取的。而经营网站的人是享有网站经营的权利、承担相应义务的主体，该主体是有民事主体资格的自然人、法人或其他组织。如果设立人是自然人，那么其地址为其住所地或经常居住地；如果是法人和其他组织，那么其注册地或主要办事机构所在地即为其住所地。所以，如果侵权人为网站经营者，那么网站经营者的住所地的法院有管辖权；如果侵权人为登录网站的第三人，侵权人住所地或经常居住地确定为被告所在地，那么该地的法院有管辖权。

(2) 侵权行为地。依照我国《民事诉讼法》第二十九条的规定，侵权纠纷案件也可由侵权行为地的人民法院管辖。司法实践中不易掌握的是如何以侵权行为地来作为确定管辖的标准，难点是网络纠纷的侵权行为地如何确定。根据《最高人民法院关于适用〈中华人民共和国民事诉讼法〉若干问题的意见》第二十八条的规定，侵权行为地包括侵权行为实施地和侵权结果发生地。因而侵权行为地的确定又会涉及两个方面，即认定侵权行为实施地和侵权结果发生地。《最高人民法院关于审理涉及计算机网络著作权纠纷案件适用法律若干问题的解释》第一条规定："网络著作权侵权纠纷案件由侵权行为地或者被告住所地人民法院管辖。侵权行为地包括实施被诉侵权行为的网络服务器、计算机终端等设备所在地。对难以确定侵权行为地和被告住所地的，原告发现侵权内容的计算机终端等设备所在地可以视为侵权行为地。"由此可见，该解释使原告选择管辖法院的范围扩大。所以，对侵权行为地的解释还有待做出更合理的界定。

2. 电子合同纠纷的司法管辖

我国《民法典》第四百九十二条规定："承诺生效的地点为合同成立的地点。采用数据电文订立合同的，收件人的主营业地为合同成立的地点；没有主营业地的，其经常居住地为合同成立的地点。当事人另有约定的，按照其约定。"合同成立地点与合同纠纷管辖关系密切，我国《民事诉讼法》第二十三条规定："因合同纠纷提起的诉讼，由被告住所地或者合同履行地人民法院管辖。"第三十四条规定："合同或者其他财产权益纠纷的当事人可以书面协议选择被告住所地、合同履行地、合同签订地、原告住所地、标的物住所地等与争议有实际联系的地点的人民法院管辖，但不得违反本法对级别管辖和专属管辖的规定。"可以看出，我国关于合同等财产纠纷的诉讼管辖分为三种情况：一是被告住所地；二是合同履行地；三是当事人协议的与该合同相关的一定范围的地点。但在电子商务纠纷中，诉讼管辖的确定会遇到一定的实际困难。由于网络的跨国性质，合同签订地、合同履行地等很难确定，这就使诉讼管辖问题突现，并对传统司法管辖理论和实践形成了很大的冲击。

(1) 协议管辖。在司法领域实行当事人意思自治，这种自治的权利也延伸至管辖法院的选择。在电子合同中，契约自由仍是其基本原则，双方当事人可以在电子合同中协议选择管辖法院。协议管辖，即当事人为了避免管辖权的不确定性，可以在合同中事先选择管辖法院。基于网络交易的特点，以协议的方式决定发生纠纷后的诉讼管辖权的归属是解决电子合同纠纷管辖权问题的一个较好的途径。当然，合同当事人约定的诉讼管辖法院违反《民事诉讼法》的强制性规定是无效的。

(2) 法定管辖。被告住所地，依照法律直接规定的管辖为法定管辖。《民事诉讼法》第二十三条规定："因合同纠纷提起的诉讼，由被告住所地或者合同履行地人民法院管辖。"在电子商务环境下，从网站为在线交易的工具的观点来看，网站服务器所在地应认为是在线交易主体的所在地，但这会使住所地的确定更具有偶然性，也会产生法律规避问题。因此，仍应按传统的规则确定被告的住所地，根据《民法典》第二十五条规定："自然人以户籍登记或者其他有效身份登记记载的居所为住所；经常居所与住所不一致的，经常居所视为住所。"第六十三条规定："法人以其主要办事机构所在地为住所。依法需要办理法人登记的，应当将主要办事机构所在地登记为住所。"

(3) 合同履行地。电子合同的履行分为在线履行和离线履行。离线履行与传统合同履行没有差异，根据《民法典》第五百一十一条规定："履行地点不明确，给付货币的，在接受货币一方所在地履行；交付不动产的，在不动产所在地履行；其他标的，在履行义务一方所在地履行。"而对于信息产品买卖合同、在线服务等可以在线履行的合同，合同履行地的确定在实践中十分困难。如果当事人在合同中事先约定了履行地，则该约定的履行地应为合同履行地。如果没有约定则可以按照我国《民法典》第四百九十二条关于电子合同成立地点的规定确定合同履行地，即承诺生效的地点为合同成立的地点。采用数据电文形式订立合同的，收件人的主营业地为合同成立的地点；没有主营业地的，其住所地为合同成立的地点。当事人另有约定的，按照其约定。

8.2.4　电子商务纠纷的法律适用

电子商务的全球性和无国界性使得有关电子商务的国际纠纷日益增多，这就涉及法律适用的问题。法律适用是指应该适用哪一国法律来审理涉外民事案件。取得管辖权的法院并不一定就适用本国的国内法来审理案件，它会根据本国的法律规定来确定适用的法律。这种被选择适用于审理涉外民事案件的法律在国际私法上称作"准据法"，而用以确定准据法的法律规定称作"冲突规范"。

1. 传统国际民事法律冲突的解决

国际民事法律冲突是指对同一民事关系因所涉各国民事法律规定不同而发生的法律适用上的冲突。传统国际民事法律冲突的解决方法主要有两种：一是用冲突规范进行间接调整。这种方法就是通过制定国内或国际的冲突规范来确定各种不同性质的涉外民事法律关系应适用何国法律，从而解决民事法律冲突。民事法律冲突实质上是民事法律适用上的冲突，而冲突规范恰恰是指定某种涉外民事法律关系应适用何种法律的规范。因此，它是解决民事法律冲突的有效方法。二是以统一实体法直接调整。这种方法是指有关国家间通过双边或多边国际条约的方式制定统一的实体法，以直接规定涉外民事关系当事人的权利义务关系，从而避免或消除法律冲突。在这两种方法中，以统一实体法规范解决法律冲突在适用领域上受到一定的限制。因此，以冲突规范进行间接调整是解决传统国际民事法律冲突的重要方法。运用冲突规范解决国际民事法律冲突的解决方法的重要工具就是冲突规范。

冲突规范是由国内法或国际条约规定的，指明某一涉外民商事法律关系应适用何种法律的规范，因此，它又叫法律适用规范或法律选择规范。冲突规范的结构包括范围与系属。范围是指冲突规范所要调整的民商事法律关系或所要解决的法律问题，通过冲突规范的"范围"可以判断该规范用于解决哪一类民商事法律关系；系属是规定冲突规范中"范围"所应适用的法律，它指法院在处理某一具体涉外民商事法律问题时应如何适用法律，或允许当事人或法院在冲突规范规定的范围内选择适用的法律。国际私法中的法律适用制度是建立在一种以地域为标准划分各国法律管辖范围之基础上的法律体系，它通过运用有人称之为"分配法"的方法，将发生争议的涉外民事关系分配给某一国家的法律去处理，从而解决外国法律的域外效力与国内法律的域内效力，或国内法律的域外效力与外国法律的域内效力之间的冲突。在制定冲突规则或解决法律选择问题时都要把一定的民事法律关系和某一特定国家的法律联系起来，才能确定应该适用的准据法。

按照冲突法的冲突规范选择准据法，往往需要借助一个或多个连接点去固定这一特定的法律。连接点就是指冲突规范就范围中所指法律关系或法律问题指定适用何地法律所依据的一种事实因素，通俗地说，就是指将特定的民事关系和某国法律联结在一起的媒介或纽带。在冲突规范中，连接点具有重要的意义，每一条冲突规范必须至少有一个连接点，没有这个连接点便不能把一定的法律关系和应适用的法律连接起来。连接点可分为动态连接点和静态连接点。动态连接点是可变的，如国籍、住所、所在地、法人的管理中心地等；静态连接点是固定不变的，主要为不动产所在地以及涉及过去的行为或事件的连接点，如婚姻举行地、合同缔结地、法人登记地、侵权行为发生地等。相对而言，静态连接点是不变的，可以比较稳定地据此确定涉外民商事纠纷应适用的法律。

2. 电子商务对法律适用制度的挑战

电子商务对传统法律适用制度的挑战，主要体现在以下两个方面。

(1) 连接点难以确定。一方面，电子商务活动与传统的民商事活动有很大不同，它是在网络空间中进行的，任何一笔通过电子方式进行的交易，其大多数过程和环节都是在网络空间上自动完成的，而网络空间是一个虚拟的世界，地理因素在其中并无太大的实际意义，很难从地域的角度对这些过程和环节加以确定或场所化。因此，基于属地的连接点很难套用到电子商务法律中。也就是说，在传统冲突法中扮演着十分重要角色的地域因素和空间场所，如果运用于电子商务必然会受到很大的冲击和挑战。另一方面，像国籍、住所等这些体现国家与当事人之间的法律关系的属人连接因素在用以指引支配电子交易的准据法时，也面临困难。在电子商务中，国籍与当事人间的联系是相当脆弱的，与电子商务本身的关系是相当偶然的。所以，在电子商务纠纷中以国籍、住所作为连接点的意义同样不大。

(2) 准据法落空。目前，为了防止不科学的电子商务立法阻碍电子商务的发展，世界上许多国家对电子商务立法采取谨慎态度，我国目前仅有《电子签名法》一部专门的电子商务立法，许多国家在电子商务立法方面尚属空白。当某一涉外电子商务纠纷，通过适用冲突规范确定了应该适用哪一国法律作为准据法时，很可能发现该国并没有相应的法律规范，由此出现准据法落空的情形。

3. 电子商务纠纷的法律适用

(1) 电子商务合同纠纷的法律适用。我国《民法典》规定了以合同自体法作为解决合同纠纷的准据法。合同自体法是当事人明示选择的法律，当事人没有明示选择时，根据合同的条款、性质和案件的总体情况推断当事人会意图适用什么法律，如果当事人意图不明确，不能通过情况推断的，合同受与其有最密切、最真实联系的法律支配。《民法典》第四百六十七条规定："本法或者其他法律没有明文规定的合同，适用本编通则的规定，并可以参照适用本编或者其他法律最相类似合同的规定。"

在电子商务合同纠纷当中，当事人在法律适用问题中所做出的明确约定也应当得到尊重。如果当事人未约定准据法或约定的准据法无效时，则应采用最密切联系原则，确定应适用的法律。但如何确定电子合同的订立地、履行地、标的物所在地和当事人营业地等连接点是解决电子商务纠纷法律适用最关键的问题。随着电子商务立法的发展，这些连接点的确定将会逐步统一。

(2) 侵权纠纷的法律适用。由于各国关于侵权行为的性质、确定责任的根据和范围、赔偿的方式和范围等方面规定不同，涉外侵权领域的法律冲突长期存在。传统上，涉外侵权案件主要适用侵权行为地法、法院地法或者重叠适用侵权行为地法与法院地法。《民法典》第十二条规定："中华人民共和国领域内的民事活动，适用中华人民共和国法律。法律另有规定的，依照其规定。"

20世纪50年代以来，随着国际私法理论的发展，在涉外侵权领域出现了用灵活开放的系属代替僵硬的系属以软化冲突规范的趋势。而侵权行为适用侵权行为地法或法院地法的理论受到抨击。英国当代著名国际私法学者莫里斯提出了"侵权行为自体法"(the proper law of the tort)的理论。1951年，莫里斯在美国《哈佛法律评论》上发表《论侵权行为的自体法》一文，在批评了侵权行为地法机械化适用方式的基础上，受合同自体法(the proper law of the contract)的启发，将最密切联系原则引入侵权领域，创立了侵权行为自体法的理论。莫里斯认为，尽管在大多数情况下仍要适用侵权行为地法，但是，应该有一种足够广泛而且足够灵活的冲突规范，以使其能顾及各种例外情况。这种冲突规范就是侵权行为问题适用侵权行为自体法。侵权行为自体法是对侵权行为地法、法院地法、当事人属地法等准据法的糅合。所以，在电子商务纠纷中，也应当适用当事人明示选择的法律，在当事人没有明示选择且不能推断当事人的意图时，则应当适用与侵权行为有最密切联系地的法律。

8.2.5　传统司法管辖的基础

从国际法的角度讲，管辖权是国家的一项基本权利，是指国家通过立法、司法和行政手段对特定人、物、事进行管理和处置的权利。它是国家固有的、不可缺少的基本权利之一，是国家主权的直接体现。从这个意义上讲，管辖权包括立法管辖权、执法管辖权和司法管辖权。在此仅探讨司法管辖权。司法管辖权是指国家通过司法手段对特定的人、物、事进行管理和处置的权利。国家的管辖权主要体现为4个方面：一是属地管辖权，又称为领土管辖权，指国家对其领土范围内的一切不享有特权和豁免的人、物、事所享有的管辖权；二是属人管辖权，也称为国籍管辖权，分为积极主动的和消极被动的，前者指国家对无论位于何地的具有本国国籍的人(包括自然人和法人)进行管辖的权利，后者指国家对在本国领土范围外侵害本国人合法利益的外国人也有权进行管辖；三是保护性管辖权，是特指国家对在本国领土范围外犯有危害该国国家安全、领土完整、政治独立以及其他重大政治、经济利益等罪行的外国人进行管辖的权利；四是普遍性管辖，指每一主权国家对任何人在任何地域从事的严重危害国际社会普遍利益的国际罪行进行管辖的权利。根据诉讼管辖是否基于当事人身份还是纠纷发生地或物之所在地为标准，可以将法院对民事纠纷的管辖方式分为属人管辖权和属地管辖权。传统管辖权理论，不论是国际法中的管辖权还是国内民事纠纷的管辖权，它都有一个管辖权基础。管辖权基础就是指一个国家的法院有权审理民事案件的根据。根据传统的司法管辖理论和实践，这些基础或根据有三个：一是以地域为基础或者根据；二是以当事人国籍为基础；三是合同纠纷中以当事人意志为基础。综上所述，当事人的住所、国籍、财产、行为、意志以及其他事实，都可以成为某国法院对涉外民商事案件的管辖或者某个法院对某一民事案件管辖的基础。

为合理确定对网络纠纷的管辖权，协调各国的管辖权纠纷，国际社会做出很大努力，取得一定成果，为各国解决网络管辖权问题提供了重要的参考依据。

1. 欧盟的《布鲁塞尔规则》

欧盟调整国际管辖权纠纷的主要公约是《关于民商事案件管辖权和判决执行公约》(简称《布鲁塞尔公约》)，其确立了关于跨境交易中产生的管辖权争议规则。

为应对网络对管辖权的冲击，2000年12月，欧盟颁布了《关于民商事案件管辖权和判决录以及执行的规则》(简称《布鲁塞尔规则》)，取代了原有的《布鲁塞尔公约》，成为电子商务条件下规范欧盟成员国之间民商事司法管辖制度的基础性法律。

《布鲁塞尔规则》确立新的消费者合同的司法管辖制度，重申被告住所地管辖的原则，同时增加了有关消费者合同纠纷管辖的特别规则，即在消费者受广告和针对消费者的购买邀请而采取必要步骤在消费者居住地国订立合同的情况下，合同的司法管辖按照以下原则处理。

(1) 当消费者作为原告时，消费者可以选择在被告企业设立地签约国法院起诉，也可以选择在自己居住国法院起诉。

(2) 当消费者作为被告受到起诉时，只能由其居住国法院管辖。根据这一规定，从事电子商务的企业在同消费者发生合同纠纷时，势必面临在各成员国起诉的局面，因此，《布鲁塞尔规则》区别了两种情况：一是企业所从事的商业活动"直接指向消费者所居住的成员国"时，作为原告的消费者有权选择(本国)法院管辖；二是企业得以证明所从事的商业活动并非"直接指向"该消费者住所地成员国时，消费者只能接受法定法院的管辖。

《布鲁塞尔规则》事实上采取的是消费者合同目的地国管辖原则，并作为传统的"原告就被告"管辖原则的特别规定，增加了在电子商务中对消费者的保护。

2. 海牙国际私法会议的进展

海牙国际私法会议从1997年起召开特别委员会，致力于解决由于互联网的出现而带来的管辖权问题以及民商事国外判决的效力问题。1999年10月，海牙会议发布《有关管辖权及外国民商事判决问题的初步草案》(以下简称《海牙草案》)，其目的有两点：一是调和各国管辖权的规定，并限制在若干适格管辖法院提出诉讼，以避免多数的诉讼程序发生冲突的可能；二是简化并促进外国判决的承认与执行，在草案中提供可供遵守的规则。

《海牙草案》确立"禁止管辖权"(prohibited jurisdiction)。《海牙草案》第十八条规定，被告的惯常居住地在某一缔约国时，如果在该国和争议之间不存在实质性联系(substantial connection)，该缔约国不得根据国内法适用管辖规则。

《海牙草案》第七条对消费者合同的管辖权做出规定，如果消费者所请求的是有关被告在消费者惯常居住地所在国有贸易或者专业活动，特别是经大众招揽商业之行为，并且消费者为了订立合同在该国采取了必要的措施时，就可以在该惯常居住地对商家提起诉讼。但是，商家只能在消费者惯常居住地对消费者提起诉讼。

2000年2月28日至3月1日，海牙国际私法会议在加拿大渥太华召开工作组会议，就电子商务对传统管辖权规则的影响展开讨论，议题主要针对电子合同。

首先，在商务合同(B2B contract)方面。电子合同可以分为"网上履行的合同"和"非网上履行的合同"，两者都是在网上订立的，前者在网上履行，后者不在网上履行，后者仍然存在一个实际履行的地点，因此传统的管辖原则对其可以适用。但是对前者是否适用仍有争议。

英国首先建议，凡是涉及网上以电子形式提供信息的事项，由信息传送地管辖，该信息传送地应被理解为接收者为信息的传送而提供的地理处所。法国、德国表示反对，认为电子信息产品的接收者没有义务向对方提供自己接收信息的地理处所，接收者可能随意提供自己的若干地理处所中的一个，可能导致该处所与交易并没有任何实质联系。

丹麦提出，凡是涉及提供电子信息的事项，由信息收到地管辖，这样不违背《海牙草案》第八条的基本原则的同时，又能满足电子合同的特殊要求。我国香港地区的代表支持丹麦的建议，并且阐明香港法院在实践中确定"信息收到地"的方法，首先将其理解为"接收地营业处所"；如果无法确定，就依据"下载信息"的地点确定。但是，英国、德国都反对，丹麦的建议没有能够解决处所(localization)的问题。

其次，在消费者合同(B2C contract)方面。关于电子形式的消费者合同管辖权争议更多地体现为政策问题，而不单纯是法律问题。法国、德国、丹麦、欧洲消费者联盟等主张由消费者惯常居所地法院管辖，因为消费者个人与公司签订电子形式的合同仍然处于相对弱势。英国、美国、日本等国主张应适当保护公司的利益，认为在公司经营的地理范围空前扩大的情况下，适用消费者惯常居所地法院管辖原则将使公司面临在全球被起诉的风险，诉讼缺少预见性和公正性，可能阻碍电子商务的发展。

英国、瑞士等国提出以"ADR(alternative disputes resolution)"方式，主张建立一个独立的法庭"tribunal"解决涉及消费者的合同争议，建议学习新加坡在网络上审案的方式。

2001年6月，海牙会议再次召开，但是大会对于解决消费者争议的问题仍然没有达成一致，表明国际社会对于网络管辖权的问题，尤其是对于消费者合同的管辖权的确定，还存在较大分歧，这种分歧似乎并非短时期内可以解决。

2003年1月、3月，海牙国际私法会议分别召开《法院选择协议公约》非正式工作组第二次和第三次会议，会后提交《法院选择协议公约工作组草案》，大大缩减原管辖权公约的内容，仅以"法院选择协议"作为管辖的唯一基础。2003年4月，"总务与政策"特委会就工作组草案能否作为管辖权公约下一步谈判基础征求各国意见，获得包括中国在内的多数国家的支持后，海牙国际私法会议于12月召开《法院选择协议公约》第一次特委会会议，主要讨论工作组草案，对公约范围、法院选择协议的实质有效性等重大分歧达成妥协，基本上完成草案的一稿。

3. 我国的《民事诉讼法》

中国对上述公约的范围持灵活观点，但是反对在公约中规定政治性条款，强调公约的规定应平衡不同国家和法律制度的特点和关注。

电子商务争议更容易发生涉外因素。我国确定网络争议国际管辖权的主要法律依据是《民事诉讼法》等相关法律法规和司法解释中关于涉外民事案件管辖权的规定。这些规定当然适用于包含涉外因素的电子商务争议诉讼。

(1) 关于涉外民事诉讼的法律适用。《民事诉讼法》第二百六十条规定："中华人民共和国缔结或者参加的国际条约同本法有不同规定的，适用该国际条约的规定，但中华人民共和国声明保留的条款除外。"

(2) 关于涉外民事诉讼的管辖。《民事诉讼法》第二百六十五条规定："因合同纠纷或者其他财产权益纠纷，对在中华人民共和国领域内没有住所的被告提起的诉讼，如果合同在中华人民共和国领域内签订或者履行，或者诉讼标的物在中华人民共和国领域内，或者被告在中华人民共和国领域内有可供扣押的财产，或者被告在中华人民共和国领域内设有代表机构，可以由合同签订地、合同履行地、诉讼标的物所在地、可供扣押财产所在地、侵权行为地或者代表机构住所地人民法院管辖。"

关联法条

1. 《中华人民共和国民事诉讼法》第二章"管辖"
2. 《中华人民共和国民法典》
3. 《最高人民法院关于审理涉及计算机网络著作权纠纷案件适用法律若干问题的解释》

8.3 在线争议解决机制

伴随着电子商务交易量的快速增长，网上交易纠纷也随之大量产生。这些纠纷常常发生在虚拟网络交易当事人之间。如果采用传统的纠纷解决方法，如消费者协会的调解和法院诉讼等解决，在很大程度上是不经济的，会产生往来的差旅费、律师费、诉讼费，还要浪费大量的时间和精力，适用于那些数额较大的索赔，否则将得不偿失。同时，尽管目前已出现了某些关于电子商务案件管辖权的统一规则，但是管辖权基础仍然存在很大的不确定性。所以，这就不可避免地会引起交易双方在法院选择问题上的冲突。而且，交易各方在交易过程中使用的就是电子商务交易的方法，交易各方也希望采用在线方式解决纠纷。基于此种需求，人们采用对法院诉讼的替代性争议解决方法(alternative dispute resolution，ADR)来为在线争议提供更快、更方便、更低廉的解决方案，且这种替代性争议解决机制也应是网络化的、高效的以及可以实现与电子商务的对接。互联网既是争议产生的渊源地，也应是争议解决的归宿地。ADR在互联网环境下利用互联网提供的各种手段进行时就被称为在线争议解决机制(online dispute resolution，ODR)，ADR解决离线争议的原则和法律也基本适用于在线争议。

8.3.1　在线争议解决机制的概念

在线争议解决机制(online dispute resolution，ODR)是从替代性争议解决机制(ADR)演化而来。因此，其主要模式是把ADR的方法和经验运用到全球电子商务环境中，以解决大量出现的在线争议的一种机制。ODR是指利用互联网进行全部或主要程序的各种争议解决方式的总称，主要包括在线仲裁(online arbitration)、在线调解(online mediation)和在线和解(online negotiation)等方式。仅利用网络技术实现文件管理功能，程序的其他部分仍用传统离线方式进行的争议解决方式不属于ODR范畴。

8.3.2　在线争议解决机制的特征

1. 在线的特征

争议解决程序的发动以及整个过程都是以在线方式进行的。传统的ADR强调当事人面对面的沟通，而ODR通过互联网跨越了地域的界限，使当事人可以异地同时或异地异时地进行虚拟的面对面协商，节省了费用和时间。但这种在线方式也对传统的ADR带来了挑战。

2. 以业界自律为基础的运行机制

目前在网络空间提供各种选择性争议解决服务的网站几乎都是私人性的非营利性机构，大量的企业通过网站徽章(web seals)、信任标记(trustmark)、商业行为规范(code of online business practices)等业界自律机制，自愿将自己与消费者之间的争议交给ODR服务者处理，并承诺执行ODR的处理结果，以建立企业与消费者之间的信任关系，发展自己的电子商务。ODR正是企图通过业界的自律和私人的机制，跨越国家司法权在全球电子商务环境下解决争议的重重障碍，提供另一条有利于快速、便宜、公正地解决网络争议的可选择途径。

3. 对中立第三方的新要求

ODR对中立第三方提出了更高的要求，主要是如何建立信任感以及与当事人之间的沟通问题。传统的ADR往往发生在曾有过经济联系的交易双方之间，当事人不愿破坏过去的良好关系，这对于第三方是个重要信息。在线交易的双方多是一次交易(one-shotters)，他们对对方可以说一无所知，第三方也无从了解更多的与争议有关的背景情况，再加上缺乏当面的沟通，第三方无法使用语音语调、肢体语言及面部表情这些技巧来沟通。在线沟通往往采用文本格式，利用大写、色彩、亮度等进行强调，从而探知对方的真实意思，这显然要比传统的ADR沟通困难得多。

4. 适用规则的灵活性

在传统的ADR中，当事人往往考虑到法律的规定，一旦协商或调解不成功，将会产生怎样的法律程序和后果，以此来决定谈判策略，这就是所谓"诉讼下谈判"(litigotiation)或"法律的荫蔽"(the shadow of the law)。但在电子争议中尤其在跨国电子争议中，当事人却没有如此良好的预测性，无法预见争议最终将适用的法律。实践中，ODR逐步形成了自己的网络法则(law of Internet)，制定规则的是单个的网络服务提供商，用户可以根据不同需要从中选择适用，并可自主决定进入或退出该ODR程序，是否接受该规则约束。具有高度透明度的ODR规则和章程以及公平公正原则是在线争议解决的依据。这样一种制定规则与选择规则的集合具有很强的灵活性，使得争议解决不再拘泥于法院管辖权与法律选择的条条框框，充分体现出互联网的无国界特点。

5. 严格的保密性措施

保密性是ADR之所以能够成功的一个重要因素。互联网的特点之一是复制性强，无论是在网络终端之间进行数据传输，还是上载或下载信息，都必然会产生大量的复制信息，一个ODR系统如果无法解决这一安全问题，就无法存在下去。目前采用的主要有两方面措施：一是由调解员负责及时删除不必要的自动备份信息，这种预防手段并不能完全保证机密性；二是通过加密措施，普遍采用所谓的"非对称秘密系"(asymmetric crypto system)，又称公共密钥加密技术(public key encryption)，该系统采用公钥和私钥两种不同密钥分别用于数据加密和解密，密钥与所要读取的信息分别通过不同的线路，单独传输给有解密信息的接收方，这是现有的能保证数据机密性的主要方法。

8.3.3　在线争议解决机制的主要形式

网络空间的特点是全局、虚拟、分散管理和高度自治。解决网络空间中的争议也有不同于离线争议的特殊要求。效率、成本和便利性已成为解决网络空间争端的主要价值因素。 ODR以解决争议的方式充分引入了网络资源，网络资源具有以下三个新因素：

在全球各地使用人力资源、计算机处理程序以及实现电子之间的信息传输速率。这使得ODR可以在任何国家，雇用任何国籍的仲裁员或调解员以任何语言解决争议。

ODR并不是某种单一的争议解决方式，较常用的形式是在线和解、在线仲裁、在线调解和在线清算等形式。

1. 在线和解

和解是争议当事人在没有第三方介入的情况下协商谈判解决其争议，而在线和解(online negotiation)则是争议当事人通过网络平台，在没有第三方介入的情况下协商谈判解决其争议的和解方式。

在线和解具有以下几个特征：借助于互联网络平台；只有双方当事人自己参加；和解没有强制力；和解协议不具有强制执行力。

下面以China ODR为例，说明在线和解的流程。

在争议涉及金钱赔偿事项时，如果当事人就是否应该赔偿已无异议，而仅就具体的赔偿金额有异议时，则当事人可以选择使用China ODR在线协商方式解决其争议。China ODR提供的在线协商平台为全自动的运作程序。

具体程序：首先，申请人在China ODR上提交电子表格，阐述案情并提出第一次要价；然后China ODR通过电子邮件(或者其他方式)通知对方当事人(被申请人)且邀请被申请人对申请人的第一次要价做出回应；最后，被申请人选择愿意通过China ODR的在线协商方式解决并做出第一次出价。如果申请人的要价低于被申请人的出价，则依据申请人的要价解决争议，争议获得了解决；如果申请人的要价高于或等于被申请人的出价，且高出部分小于出价的20%时，则依据要价和出价的平均价解决争议；如果申请人的要价高于被申请人的出价，且高出部分大于出价的20%时，争议未获得解决，进行下一轮协商(双方做出第二次要价和出价)，直至争议解决为止。

在线协商的期限为15日，自申请人提交电子表格之日起计算。在整个争议解决过程中，当事人双方的要价和出价都是完全保密的，只有在出现"符合争议解决条件"的情况下，当事人双方才能看见对方的要价或出价。China ODR对双方当事人的通知都是通过电子邮件形式进行的。如果在15日内双方未能成功解决该争议，则在线协商程序终止，双方可以选择重新进行在线协商或者通过China ODR在线仲裁或在线调解或其他方式解决。

2. 在线仲裁

在线仲裁(online arbitration)是指仲裁协议的订立、仲裁申请的提交与受理、仲裁庭的审理以及仲裁裁决的做出等仲裁程序的主要环节都在互联网上进行，充分利用现代互联网技术解决网上争议的国际商事仲裁新方式。从在线仲裁的概念上可以看出，在线仲裁能快捷、经济地解决争议，尤其是能给当事人提供极大的便利，适应了网络环境的要求。

在线仲裁的方法与程序因仲裁机构的不同而不同，但其基本程序如下。

(1) 提交在线仲裁申请书。首先应当由仲裁申请人以适当的格式向在线仲裁机构提出申请，要求在线仲裁，仲裁机构随之发放固定格式的仲裁申请书，由申请方进行填写与提交。仲裁机构一般以收到仲裁申请的日期为仲裁开始日期，在收到仲裁申请书并经审查后固定期间内，仲裁机构应通知申请人所涉争议是否属于裁判庭的管辖范围。随后传送仲裁申请确认通知，同时向被申请人传送申请人的仲裁申请书及相关通知。在被申请人答辩之前，有的在线仲裁机构会邀请双方进行网上调解，但调解不是必经程序。

(2) 由在线仲裁机构组成仲裁庭。在线仲裁机构受理申请后，调阅案件的卷宗，并在仲裁程序正式开始后，双方当事人应在限期内共同指定仲裁员组成仲裁庭。对于仲裁员的选定，如果当事人未能达成一致，或没有明示约定，仲裁员将由中心指定。仲裁庭由一人或三人组成，但仲裁员必须经申请人与被申请人确认。

(3) 由申请人与被申请人提交相关证据。在线仲裁要求当事人双方提交有利于自己的证据及证人证言，这些均应通过电子形式提供。其他的书面材料和物证可以通过电脑扫描转换成电子文本提交，同时允许线下方式传送。

(4) 在线审理。在线庭审时，仲裁庭可决定举行在线听证会，利用多媒体技术通过网上电话会议或语音视频系统开庭审理案件。网上开庭审理需要案件各方参与人具备技术设备。在线审理可以不受时间和地点的限制，事实上的审理地点不影响裁决地的确定。

(5) 做出在线裁决。在线审理后，仲裁庭以多数意见做出裁决。裁决需附有仲裁员的电子签名，经加密邮件传递给双方当事人，并存入案件的专用网址，保存在仲裁机构的电子档案数据库。裁决的结果，除非当事人一方反对，否则应公布，并要求双方当事人共同遵守。

3. 在线调解

在线调解(online mediation)是指从程序的发起至争议解决协议的达成全部在线进行。在线调解包括在线调解中心、仲裁申请人和被申请人三方。

China ODR进行在线调解的程序如下所述。

(1) 在China ODR网站上单击"提交案件"链接，并填写电子表格的相关内容，提交调解申请书，其中应写明并提供：申请人和被申请人的名称(姓名)、地址、邮政编码、电话、传真、E-mail等；调解所依据的调解协议；纠纷情况、证据材料和调解请求；其他应当写明的事项。

(2) China ODR调解中心将通过电子邮件的形式或者其他形式通知对方当事人，所有的交流文件在China ODR网站设有密码的"案件档案"页面中保存。如果情况一，对方当事人是China ODR的会员，则进入下一步；或情况二，对方当事人虽不是China ODR

的会员，但同意通过China ODR调解中心进行调解，则进入下一步；或情况三，对方当事人不是China ODR的会员，且不同意通过China ODR调解中心进行调解，则在线调解程序终结。

(3) 当事人可以共同约定由调解员名单中的一名调解员单独调解案件，如果当事人对独任调解员的人选在3天之内不能达成一致时，则由China ODR调解中心为其指定。

(4) China ODR调解中心调解员的作用主要是帮助当事人积极解决争议，调解员可利用China ODR提供的平台，采用其认为适当的方式(包括但不限于聊天室、电子邮件或BBS或视频会议，案情复杂且必要时也包括离线的一些辅助方式)进行调解。

(5) 调解中心使用的工作语言和文字为中文和英文。当事人另有约定的，经调解中心同意的，从其约定。

(6) 双方当事人同意在以后任何诉讼或仲裁程序中不得提供下列各项作为证据：任何一方当事人就涉及可能和解解决争议所表示的见解或提出的建议；调解员提出的任何建议；一方当事人曾表示愿意接受调解员提出的和解建议的事实。

(7) 调解员自一方当事人了解到的情况，自行决定是否透露给他方当事人；但当事人对调解员提供的情况要求保密的，调解员应尊重当事人的要求。

(8) 当事人应本着善意、合作的原则真诚地同调解员合作，解决其争议时应按照调解员的要求提交材料和证据，按时回复电子邮件或出席视频调解会议等。

(9) 如调解员认为确有必要，在征得当事人同意后，也可以聘请有关行业的专家参与协助调解工作，所需费用由当事人承担。

(10) 出现以下情形，调解程序终止：调解成功者，自调解书做出之日起或当事人之间的和解协议达成之日起终止；调解员认为调解已无成功的可能而以书面声明终止调解程序者，自声明之日起终止；各方或任何一方当事人向调解员书面声明终止程序者，自声明之日起终止。

8.3.4　在线争议解决机制的发展

在线争议解决机制(ODR)的出现可以说是互联网持续发展的产物。互联网的发展可以追溯到20世纪80年代。到目前为止，ODR的开发可以大致分为三个阶段。

第一阶段：1995年之前。1992年之前，互联网还是以美国为中心的网络系统，且美国禁止将其用于商业活动，而主要用于学术机构的研究活动。在这一阶段，社会对互联网产生的争议很少，相应的争议解决体制也未形成任何体系。

第二阶段：1995—1999年。这阶段是ODR的萌芽阶段，随着互联网商业利用禁令的解除，电子商务活动涌现，网络电商争议纠纷大量增加，ODR便应运而生。例如，随着互联网业务的快速增长，域名注册数量急剧增加，商标所有人与域名持有人之间的纠纷日益增多。同时，链接的合法性和知识产权争议的保护也增加了，因此许多研究机构和专业人员、企业和政府部门寻求与互联网对接的争议解决模型，他们已经达成共识：互联网亟需针对且成体系的解决争端方法。

第三阶段：1999年到现在。这阶段是ODR显著发展的重要阶段，关于ODR的研究和运用发展大量出现。联合国和国际冲突解决中心就ODR的相关理论和实践问题召开多届年度论坛，讨论ODR的实际运作机制，研究ODR所面临的法律和技术难题。美国、德国、法国、加拿大、印度、比利时等国家和欧盟等国际组织的理论研究也初显水平，且许多国家已开始进行ODR的商务运作，ODR提供商大量增加。目前大多数传统的重要ADR机构如美国仲裁协会和国际商会都已开始涉足ODR领域。

在这一阶段，国际社会已经普遍认同 ODR，并且各国政府和商界基本上就以下两点达成共识：第一，ODR不仅可以解决在线争议，还可以解决离线争议；第二，过去的几年中ODR主要用于私领域，而随着电子政务的发展，ODR已经引起政府的更多注意，其在公领域的利用价值也开始浮现。目前，互联网较为发达的各国政府都较为重视 ODR 的发展：如美国联邦贸易委员会在2000年6月召开了关于ODR的首届政府会议，ODR的实践也已证明它有潜力能够解决互联网上的所有争议包括公领域内的争议。

8.3.5 在线争议解决机制在中国的现状

在电子商务与网络的快速发展的背景下，在相应的纠纷和法律问题不断涌现的情况下，确保网络的每一纠纷案件都得到法院的裁判几乎是不可能的，亟需合适的解决方式来平息争议，为电子商务发展营造良好环境，因此，越来越多的替代性解决机制产生和发展起来。目前阻碍中国电子商务发展的瓶颈问题主要包括主体诚信、交易安全和纠纷解决机制等。如前所述，ODR能够为用户提供便捷、高效和低成本的争议解决方式，推动电子商务的发展。

我国关于ODR的研究和实践尚未成熟，仅中国互联网络信息中心认可的争议解决机构、中国国际经济贸易仲裁委员会和香港国际仲裁中心联合成立的亚洲域名争议解决中心等提供针对网上域名争议的在线解决方式。为改善目前我国电子商务纠纷得不到及时有效解决的困境，亟需加强中国电子商务的法律保障和服务工作，在电子商务交易个体之间、电子商务经营者与其用户之间及国际电子商务经营者间建立权威的、第三方的调解和仲裁机构，及时维护消费者和相关弱势群体的合法权益。2004年6月，我国第一个专门的在线争议解决机构"中国在线争议解决中心"(简称China ODR)成立，并开通了网站。陷于纠纷的任何一方当事人均可通过互联网在该网站登记案件，申请在线和解或在线调解。该网站通过电子邮件等方式通知对方当事人，在对方当事人也认可这种纠纷解决模式的情况下，启动在线和解或在线调解程序。China ODR将给双方当事人创建一个双方当事人均可登录的在线和解室或在线调解室(在在线调解中，China ODR将同时从China ODR调解团中为双方当事人指定一名熟悉案件所涉领域的法律或相关知识的调解员进行调解)，当事人在其中进行和解或调解。所有程序都通过在线的方式进行，这样可以极大地节省人力、物力、财力和时间，并在为双方当事人提供便利的纠纷解决模式的同时又维持双方当事人的友好合作的商业关系。目前该中心正在逐步完善在线争议解决机制的相关功能，并将进一步为用户提供网上仲裁、网上公证和网上律师等服务。

2009年5月1日起《中国国际经济贸易仲裁委员会网上仲裁规则》(以下简称《网上仲裁规则》)正式实施。中国国际经济贸易仲裁委员会自2009年5月1日起即可为当事人提供快捷高效的网上仲裁服务。随着互联网的日益普及、国内外有关电子商务及电子签名等相关法律法规的日益健全，电子商务依托互联网拓展了发展空间。为满足纠纷当事人以快捷方式解决电子商务等纠纷的诉求，中国国际经济贸易仲裁委员会针对电子商务纠纷及其他经济贸易争议，适时制定了《网上仲裁规则》。《网上仲裁规则》与我国已经颁布实施的与电子商务有关的法律、法规密切衔接，充分保证了网上仲裁与我国法律体系的兼容性，原则上适用于所有的契约性或非契约性的经济贸易等争议。现阶段，《网上仲裁规则》主要适用于解决电子商务争议。根据现有法律规定的现状、互联网络的普及率以及网络用户对网络技术和网络工具的熟悉程度，《网上仲裁规则》采取线上和线下相结合的方式，以网上通信方式为主，以常规通信方式为辅，现实手段与虚拟相结合；在体例上，为适应快速解决经济纠纷的需要，《网上仲裁规则》在"普通程序"之外根据案件争议大小分别规定了"简易程序"和"快速程序"。

自2001年起，中国国际经济贸易委员会率先在国内外采取网上争议解决的方式，为网络域名争端及通用网址纠纷提供快捷高效的网上争议解决服务。截至2020年，贸仲会网上争议解决中心已受理仲裁案件3615件，审结案件2892件，《网上仲裁规则》的实施，推动了我国电子商务的健康发展。

现阶段，我国正着力发展电子商务和推广电子政务，政府部门、相关电子商务企业、科研机构及用户都应重视ODR的作用。政府应主要从宏观角度进行规划和指导，并采取适当措施鼓励这种新的争端解决机制的使用和发展，以减轻中国法院日益严峻的诉讼负担：一方面，加大对企业和消费者的宣传教育，帮助他们了解ODR在解决商业争端方面的作用和重要性，唤醒公众的意识；另一方面，对提供ODR服务的企业或机构在政策、财务等给予相应支持。

作为一种新兴事物，ODR的发展仍面临许多法律和技术难题，这就要求电子商务企业和科研机构要加强对国外相对成熟的ODR实践和运作模式的借鉴和研究，重视国外的研究成果和发展，以便在理论和实践上有更大的突破。

关联法条

《中国国际经济贸易仲裁委员会网上仲裁规则》

扩展阅读

安迪. 我国网络交易在线争端解决机制的构建[J]. 长白学刊，2014，(06)：60-70.

第9章 电子商务中的证据法律制度

■ 导读案例：深挖12万条手机数据，电子数据取证揪出8名漏犯

2018年10月15日，湖北省荆门市钟祥市公安机关向钟祥市人民检察院提请批准逮捕涉嫌开设赌场罪的犯罪嫌疑人杨某，检察官通过对公安机关移送的案件证据材料进行审查发现，证据材料中只有证人证言、犯罪嫌疑人供述及部分涉案微信视频截图，并不能全面直接证明犯罪事实。

承办检察官认为，杨某涉嫌开设赌场罪是以手机为载体，所有犯罪行为的实施在其手机中都应留下痕迹，可通过专业技术手段对涉案手机内的电子信息进行提取，并对其分析。根据荆门市检察院印发的《荆门市人民检察院技术性证据审查办法(试行)》相关规定，检察官要求公安机关移送杨某涉案手机，并委托技术部门提供技术协助，提取手机中的电子数据。

技术部门接受委托后，及时将涉案手机报送荆门市检察院技术鉴定中心，通过专用技术设备提取出涉案手机内的电子数据，并制作成光盘移交给承办检察官。

检察官通过查看电子数据，发现涉案微信账号有3个，微信聊天记录共有127 290条，其中包含删除的记录有44 326条。面对海量电子数据，检察官结合案情认真进行比对分析，发现杨某网上开设赌场的犯罪行为是与其他3人合谋共同实施的，他们4名合伙人约定各占25%股份，有明确分工，共同管理，按比例分红，并聘请5名财务人员负责分班记账。近2个月时间4名合伙人共抽头渔利40余万，平均每人分得10万余元，5名财务人员每人从中非法获利15 000余元。以上犯罪事实在提取的电子数据中，都有明确的反映。

借力技术协助，检察院最终锁定了案件犯罪事实。在证据确凿情况下，挖出漏犯8人，依法监督公安机关立案3件，建议公安机关对已查明身份的4名犯罪嫌疑人提请逮捕，目前已批准逮捕3人。

资料来源：搜狐. 获利40多万！钟祥杨某网上开设赌场[EB/OL]. (2019-01-12)[2020-05-11]. https://www.sohu.com/a/288543947_120065594.

9.1　电子数据概述

9.1.1　电子数据的概念

电子数据是指通过电子邮件、电子数据交换、网上聊天记录、博客、微博客、手机短信、电子签名、域名等形成或者存储在电子介质中的信息。

按照2012年3月14日第十一届全国人民代表大会第五次会议通过《关于修改〈中华人民共和国刑事诉讼法〉的决定》，该法第四十八条将"电子数据"与视听资料并列作为证据种类之一；按照2012年8月31日第十一届全国人民代表大会常务委员会第二十八次会议《关于修改〈中华人民共和国民事诉讼法〉的决定》，《中华人民共和国民事诉讼法》第六十三条以及第十二届全国人民代表大会常务委员会第十一次会议于2014年11月1日通过的《关于修改〈中华人民共和国行政诉讼法〉的决定》，《中华人民共和国行政诉讼法》第三十三条更是将"电子数据"作为独立的证据种类之一。

9.1.2　电子数据的特点

电子数据可以证明案件的真实情况。它与其他类型的证据有共同的属性。作为科学技术发展到一定阶段的产物，它有自己独特的特点。

1. 具有客观公正性

电子数据的技术性决定了它的客观公正性。电子数字设备如计算机和其他正常运行的电子设备在计算、传输、接收、存储、展示等方面可以称为"无私"，比传统的证据形式更加客观公正。

2. 具有高科技性

电子数据技术含量高，蕴含着极其丰富的信息。存储在光盘上的图像可以连续播放几个小时。电子数据必须依靠计算机技术和存储技术。没有高科技的技术设备，电子数据无法保存和传输。从电子数据依赖的设备、存储信息的介质和传输手段来看，电子数据从生产到使用的各个环节都离不开精确、尖端的科学技术的支持。与其他证据相比，电子数据的技术含量相当高，没有受过专业计算机培训的人很难对其进行提取和识别。

3. 具有多样性

与传统证据相比，电子数据作为证据具有多种形式。计算机或其他电子设备显示的信息内容通常不是单一的数据、图像或声音，而是数据、图像、声音、动画和文本的组合。这种以多媒体形式存在的电子数据更加全面和多样，不仅可以直接显示在计算机上，还可以扫描、打印或冲洗出来。

4. 具有脆弱性

传统的书证以纸张、布料等可记录材料为载体。传统的物证主要依靠各种材料。传统的证人证言主要依靠人的记忆，而电子数据以数据或信息的形式来呈现，具有断续性。由于对计算机等电子数字设备的依赖，电子数据的形成和传输很容易被破坏，电子数据无法反映真实情况，然而现代信息技术已经实现了数据恢复。只要有足够的技术和设备，删除或格式化的数据都可以恢复。从这个角度来看，电子数据反而比传统证据更稳定。

5. 具有动态传递、生动形象的特效

传统证据大多以静态的方式反映案件事实，只能反映案件的某一部分或个别情况，而电子数据是动态传输的，可以再现与案件有关的文本、图像、数据等信息，生动形象地再现现场。

6. 具有无形性

电子数据以电子形式存储在各种电子设备中，以光、电和磁的形式存在。人们可以直接看到、听到和触摸传统证据，而电子数据以二进制代码的形式存在(即0或1数字代码)这种二进制代码使得电子数据变得无形。在工作过程中，电子数据以电磁脉冲、光束等形式进行传输。人们看不到它运作的过程和形式，必须通过一定的技术手段或电子设备来阅读、收集、获取、审查和判断。因为电子数据离不开磁带、芯片、软盘、移动硬盘、光盘、U盘等存储介质，所以人们在采集电子数据时，还应保管相应的硬件设备。

7. 具有人为性

基于电子数据的高技术和易破坏的特点，电子数据也具有人为性。黑客会入侵计算机网络系统，通过窃取密码任意篡改电子数据，会改变电子数据的原始面貌，给证据的识别带来困难。

9.1.3 电子数据的分类

通过对电子数据分类，人们能够更好地掌握电子数据的证据实务——包括电子数据的发现、收集、保全、鉴定、调查和判定等。

1. 根据来源分类

根据电子数据的来源，电子数据可以从存储介质中获取(存储介质电子数据)，可以从电磁辐射中获取(电磁辐射电子数据)，还可以从线路中获取(线路电子数据)。不同来源的电子数据其获取方法和技术也不同，且获取的程序也各有特点。

(1) 存储介质电子数据是指来源于各种存储介质的电子数据。电子数据存储介质的种类很多，如计算机硬盘、软盘、光盘、磁盘列阵、高储存密度磁盘(Zip盘)、移动存储

盘、网络设备(路由器、交换机等)、打印机、扫描仪、数码相机、数码摄像机、数字手机、掌上电脑(PDA)、录音笔、扫描笔、监视器等设备的存储装置。存储介质中的电子数据主要通过扣押、提存或复制的方式进行收集。

(2) 电磁辐射电子数据是指从电磁辐射中获取的电子数据。计算机电磁辐射主要包括4个部分：显示器的辐射、通信线路(连接线)的辐射、主机的辐射及输出设备(打印机)的辐射。计算机是靠高频脉冲电路工作的，由于电磁场的变化，必然要向外辐射电磁波。辐射的电磁波会把计算机中的信息带出去，电子数据收集人员只要准备相应的接收设备，就可以将电磁波接收，从中获取电子数据证据。

(3) 线路电子数据是指从计算机联网后的传输线路中获取的电子数据。由于计算机网络结构中的数据是共享的，主机与用户之间、用户与用户之间通过线路联络，必然存在许多漏洞。不过通信线路虽然存在数据被截取的安全隐患，但侦查人员也可以利用通信线路的这种弱点对犯罪嫌疑人的通信线路进行监听，必要时对传输的电子数据进行截获，收集有用的电子数据，或者采用蜜罐、蜜网技术收集攻击数据。

2. 根据生存寿命长短分类

运行中的计算机系统存储的数据是有寿命的，不同数据的生存期差别很大，短的只有几纳秒，长的有几年。寄存器、外围设备内存、缓存等存储的数据寿命只有几纳秒，主内存中的数据约十几纳秒，表示网络状态的数据有几毫秒，表示运行进程的数据寿命为几秒，磁盘数据的寿命有几分钟，软盘、备份设备中的数据寿命可达几年。因此，电子数据根据生存寿命的长短，可分为易失性数据和非易失性数据。易失性数据是指生存寿命较短的电子数据；非易失性数据是指生存寿命较长的电子数据。收集数据的方法最好是按照数据的预计寿命有序进行，即先收集易失性数据。

3. 根据是否加密分类

根据电子数据是否加密，可分为加密电子数据和非加密电子数据。加密电子数据是利用各种加密技术(如对称加密技术、非对称加密技术)对明文数据加密后形成的不可读数据(密文)。刑事案件中犯罪分子利用加密软件对数据进行加密的情况越来越普遍。加密电子数据的分析首先需要解密，有时需要专门的解密工具。非加密电子数据是指没有利用加密技术加密的明文数据。因为数据没有加密，所以这类分析相对简单，不需要专门的解密工具。

4. 根据层次分类

OSI(open system interconnect)参考模型是ISO(国际标准化组织)在1985年研究的网络互联模型。国际标准化组织ISO发布的最著名的标准是ISO/IEC 7498，又称为X. 200协议。该体系结构标准定义了网络互连的七层框架，即物理层、数据链路层、网络层、传输层、会话层、表示层、应用层。各个层次都存在电子数据，但各层电子数据的证据意义并不相同，因此，可以把网络中的电子数据按层次分类，即应用层电子数据、表示层电子数据、会话层电子数据、传输层电子数据、网络层电子数据、数据链路层电子数据和物理层电子数据。

应用层的电子数据比较多，因为应用层离计算机网络用户最近，所以也最容易被破坏；表示层、会话层的电子数据很少，证据意义不大；传输层和网络层的电子数据中最有证据价值的是IP地址。IP地址虽不能直接认定电子数据的制作人，但可以缩小查证范围；数据链路层和物理层中的电子数据最为丰富，也最有价值。数据链路层中的MAC地址(Media Access Control Address，媒体访问控制地址，或局域网地址、以太网地址、物理地址)要比网络层中的IP地址精确，可以绑定一台特定的计算机。获取物理层的电子数据主要通过网络监听的手段，需要特定的侦查机关依法定程序进行。

5. 根据电子数据是否被标记已删除记号分类

根据电子数据是否被标记已删除记号，可分为看得见的数据和看不见的数据。凡是没有删除标记的数据，都可称为看得见的数据；凡是已有删除标记的数据，都可称为看不见的数据。看得见的数据可以利用识别软件直接解读；看不见的数据需要先使用数据恢复工具进行恢复，然后利用识别软件进行解读，且恢复数据时有可能不能完全恢复。

6. 根据电子数据的功能作用分类

根据电子数据的功能作用，目前，电子数据可分为电子邮件、电子公告栏系统信息、即时通信数据、电子签名、手机短信、日志、网页等。这些类别会随着互联网服务的发展呈现不断增加的趋势，并不仅限于以上种类。

(1) 所谓的电子邮件是指在电脑上写的信件，然后通过互联网发送出去。电子邮件的工作机制是模拟邮政系统，使用"存储—转发"方法将用户的邮件从用户的电子邮箱转发到目标主机的电子邮箱。电子邮件的最大特性是每个电子邮件框对应一个唯一的注册用户(可以是一个人或一些人)，其用户名、账户名和密码都是唯一的。任何人只要拥有注册用户的用户名和密码，就可以使用任何联网的计算机在任何地方发送、接收和删除与该用户名相对应的电子邮箱上的电子邮件。电子邮件的另一个特点是传输过程的复杂性，特别是跨境邮件必须通过多个服务器才能到达目标服务器。因此，如果你需要收集跨国服务器上的电子邮件元数据，你必须得到国际司法的帮助。

(2) 电子公告栏系统信息是指通过电子公告栏系统(bulletin board systems，BBS)交流的信息。《微软英汉双解计算机百科词典》将电子公告栏系统定义为："具有一个或多个调制解调器或其他网络接入手段的计算机系统，用作远程用户信息和信息传输的中心。"BBS信息的存储载体可分为两大类：一是存储在用户个人电脑磁盘上的BBS信息；二是存储在BBS服务器上的相关信息。因为用户可以在自己的计算机上对信息进行删除和修改，所以相对而言，存储在BBS服务器上的信息的真实性比较高。规范和完善BBS的管理对于网络证据的正确收集和保存至关重要。

(3) 即时通信数据是指双方以即时通信方式传送到计算机或服务器上的电子信息。用户一般不能更改存储在服务器中的与即时消息有关的电子信息。因此，在诉讼中有必要集中精力从服务器收集即时消息信息。

(4) 电子签名是指以电子形式包含于数据电文中，用以识别签名者身份并表示签名者同意其内容的数据。也就是说，电子签名是通过加密技术对电子文档的数字签名进行加密，类似于手写签名或印章，是一种电子印章。电子签名有三个主要功能：一是证明文件的来源，即识别签名人；二是显示签署人对文件内容的确认；三是形成签字人对文件的正确性和完整性负责的基础。它在传统商务活动中具有与签名、印章相同的功能，具有承认和证明文件内容真实性的法律效力。

(5) 手机短信(short message service)，是指基于移动网络，通过手机在用户之间传递的文本等信息。其工作原理为：短信发送方发送编辑好的短信，通过短信服务提供商(SP)的短信平台，将我们可识别的文字、声音、图像转换成电子数据信号传输到接收方的手机上；当接收者打开短消息时，电子数据流被转换为可识别的文本、声音和图像。在此过程中，当短信服务提供商的平台接收到数据流时，该平台将以电子数据的形式存储其信息。短信发送者所写的短信内容在转换为电子数据之前是原始形式。

(6) 日志(log)是指系统指定对象的某些操作及其操作结果按时间顺序的集合。每个日志文件由日志记录组成，每个日志记录描述单个系统事件。通常，系统日志是一个用户可以直接读取的文本文件，其中包含一个时间戳和一条消息或其他子系统特有的信息。日志文件记录与IT资源相关的活动(如服务器、工作站、防火墙和应用程序软件)所需的有价值的信息。这些信息对系统监视、查询、报告和安全审计非常重要。日志文件中的记录可以提供以下用途：监视系统资源；审计用户行为；提醒可疑行为；确定入侵行为的范围；为恢复系统提供援助；生成调查报告；为打击计算机犯罪提供证据来源。

(7) 网页是用HTML语言编写的，通过www(world wide web)传播，并通过web浏览器翻译成可以以文本、图片、声音和数字电影的集合形式显示的页面文件。web页面的本质是HTML源代码，通过服务器上传，通过浏览器显示在计算机屏幕上。网页证据最重要的特征是所包含信息的多媒体性质，所以它只能在数字环境中运行来显示网页的思想内容。

关联法条

《中华人民共和国电子签名法》

扩展阅读

刘品新. 电子证据的关联性[J]. 法学研究，2016，38(06)：175-190.

9.2 国内外电子数据立法现状

9.2.1 全球化解决方案对中国电子数据立法的启示

在国际组织中，对电子证据做出规定的立法有联合国的《电子商务示范法》《电子签字示范法》《联合国打击跨国有组织犯罪公约》、欧洲理事会的《网络犯罪公约》等。其中，规定最为详细的是欧洲理事会的《网络犯罪公约》。该公约是在2001年11月由欧洲理事会的26个欧盟成员国以及美国、加拿大、日本、南非30个国家共同签署的国际公约。它是世界上第一个针对网络犯罪制定的国际公约，旨在为各国在进行网络犯罪侦查时提供国际公约的支持，使各国有效地进行国际合作，同时也为各国对网络犯罪的立法提供一个共同的参考。该公约在第二章的程序法部分规定了有关电子证据调查的特殊程序法制度，比较完备地规定了电子证据的调查措施，包括搜查、扣押、存储的计算机数据的快速保护、电子证据的实时收集、提交指令等。《网络犯罪公约》第十六条涉及已存储计算机数据的快速保护，规定各缔约方应通过制定法律或相关规定以实现对特定的已存储计算机数据的快速保护，防止数据被修改、破坏，并且可以要求在必要长的时间内(最长可达90天)维持计算机数据的完整性，以及要求有关人员在协助有权机关保护计算机数据期间保守秘密。第十七条涉及往来数据的迅速保护和部分披露，规定各缔约方应通过制定法律或相关规定，以能够在不论是一个还是多个服务提供者参与通信传输的情况下实现对往来数据的快速保护，并要求披露部分往来数据，以使政府能够鉴别通信传输的服务提供者和通信传输的途径。第十八条涉及电子证据的提交指令，规定有权机关有权命令个人提交其控制的特定计算机数据，命令服务提供商提交相关的用户信息。第十九条涉及计算机数据的搜查与扣押，规定缔约国应通过制定法律或相关规定授权有关机关搜查、访问本国领域内的计算机和其他存储计算机数据的介质，并有权对计算机数据实行扣押等措施，以保全特定的计算机数据，防止数据被删改。

联合国国际贸易法委员会(united nations commission on international trade law)采用功能等效的方法，使电子证据符合"书面形式的要求"，并扩大了对"原始"的解释，主要考虑英美法系国家的传闻规则和最佳证据规则会制约电子证据的可接受性。联合国贸易法对电子证据的承认，从另一个角度表明电子证据与传统书证证据的区别具有重要意义。因此，必须对"原件"进行扩展解释，才能将其归为传统书证。

事实上，电子证据的形式多种多样，不仅有文字形式，还有图形、图像、动画、音频和视频等多媒体形式。目前，电子证据由于依赖现代信息技术和安全防范措施，表现出不同于传统书证的独立特征。作为全球化解决方案的功能等价方法，主要解决了电子证据的可接受性问题。电子证据在各国证据法中的法律地位和可操作性仍需在各国证据法体系中加以确认。

全球化解决方案解决了电子证据的可接受性问题，至少体现了国际社会对电子证据的认可。电子证据作为信息化浪潮中出现的新事物，其内容和形式不断丰富和完善。加强电子证据的国内立法，有利于保护国内外当事人在国际交往中的合法权益。因此，国内立法部门面临的问题不是能否接受电子证据，而是如何根据国内立法情况确定电子证据的法律地位，并对其做出适当的制度安排。

9.2.2　相关国家立法状况对中国电子数据立法的启示

从相关国家电子证据立法状况上看，明确电子证据概念的内涵和外延，是制定电子证据的规则、原则，包括电子证据的可采纳性、证明力、归类及其审查判断等方面的立法基础。

菲律宾2001年8月1日开始生效的《电子证据规则》开宗明义，确定该规则适用于任何电子文档和电子数据信息，以及所有民事诉讼程序、准司法和行政案件，从而把能够证明案件事实的电子文档、电子签字，采用电子、光学乃至其他类似方法制作的商业记录、录音、视频、录像和瞬息证据、电子证言等，都纳入电子证据的范畴中来，使电子证据的法律概念呈现广义化特征。

加拿大的《统一电子证据法》是世界上第一部专门的电子证据立法。该法对电子证据的内涵、证据规则运用等进行了明确的规定。加拿大《统一电子证据法》在其定义中称：①数据意味着以任何方式表现的信息和观念。②电子记录指通过计算机系统或其他类似手段记录或存储的，通过人为或计算机系统或其他类似工具阅读或接受的数据。除了打印，它还包括数据演示或其他输出。③电子记录系统包括记录或存储数据的计算机系统，或其他类似工具及其与记录或存储有关的任何程序。在电子证据内涵的界定上，该法用"电子记录"和"电子记录系统"来界定电子证据。在电子证据的证据规则运用上，加拿大立法也有一些突破性的规定。在最佳证据规则上，电子证据在提供原件方面会遇到难题，因为电子证据多是存储在计算机上的数据，将这些数据输出形成的资料难以被称为原件，加拿大《统一电子证据法》创造性地用电子记录系统完整性、真实性的证明来解决这一问题，该法第四条规定："如果明显经常地被运用、或被依靠作为某一打印输出物形式，作为输出数据记录或存储的信息的记录，就是符合最佳证据规则的记录。只要能够证明记录、存储数据的电子记录系统的完整性，就满足最佳证据规则。"

美国未采用单独立法的形式，对电子证据有关问题做出规定的法律主要有《统一电子交易法》《联邦证据规则》《电子通讯隐私法》《综合犯罪控制和街道安全条例》《美国笔录和陷阱法》等。《统一电子交易法》对电子证据的内涵进行了广义上的界定："电子记录是指由电子方式产生、传输、储存的记录。电子是指电子的、电磁的、光学的或相类似的技术。"《联邦证据规则》第一千零一条第三款对原件进行了扩大解释，规定："对于储存在计算机或类似设备中的数据，能准确反映数据的打印物或其他输出物，都为'原件'。"《电子通讯隐私法》对电子证据取证问题进行了较为详细的规定。由于电子证据取证不同于传统的搜查、扣押物证、书证，而是可能采取一些如电子监听等不为当事人知晓的技术侦查手段，极有可能侵犯当事人的隐私权，因而对电子证据的获取进行了严格的程序控制。《电子通讯隐私法》规定了侦查机关要求电讯服务提供商提供所掌握的信息可以采用的五种措施：传票、传票并事先通知该用户、法庭命令、法庭命令并事先通知该用户、搜查令，采取这些措施必须要提供证据证明要求提供的信息与侦查目的有关，并且进一步对要求服务商提供不同类型的信息规定了不同的程序。

法国的《刑事诉讼法》在第一卷第三编第二节"电讯的截留"中对电子证据取证措施——截留电讯做了规定。该法第一百条第七款规定，对可能判处两年或两年以上监禁刑罚的，预审法官可以决定采取截留、登记和抄录邮电通讯的措施以实现侦查目的。截留决定采用书面形式作出，并应载明截留对象的姓名、特征、罪行、截留的期限。期限最长为4个月，需要继续截留的必须重新做出决定。预审法官和经其授权的侦查人员可以要求通信服务提供商安装设备进行截留，并可以抄录与案件情况相关的通讯，且就每一次截留行动和抄录行为制作记录，记录应记明截留开始和结束的时间。登记册应封存，并在公诉时效期间届满时销毁。对于截留的特殊对象，规定：必须事先通知国民议会主席，才能截留议员的电讯，必须事先通知律师公会会长，才能截留律师的电讯。

《德国刑事诉讼法典》在第一编第八章就电子证据取证措施的种类、适用条件、批准权限等做出了详细的规定。该法规定的电子证据取证措施包括：用机器设备排查、传送个人情况数据；扣押邮件、电报；监视、录制电讯往来；不经当事人知晓的措施如窃听、录制非公开言论等。

事实上，英美法系诸国为了适应计算机技术广泛应用的现实，多已突破了传统证据法的限制。据计算机世界网消息，尽管前施乐公司工程师Larry Benedict把其电脑中的儿童色情照片已经删除，但纽约的联邦法官仍以他传播儿童色情图片而判了他四年监禁。45岁的Larry Benedict被判刑一案在美国引起了极大的关注，因整个案件的证据都是电子证据。而大陆法系色彩浓厚的国家，多是允许自由提出所有有关证据(如德国、奥地利、瑞典等国)，或是开列一份可接受的证据清单(如中国)。因此，在对电子证据的接纳上，各国并不存在实质性障碍。问题的关键在于，中国的电子证据立法是否需要对电子证据做出扩大化的解释。由此可以看出，电子证据立法首先要解决的是对电子证据的概念做出界定，在此基础上才能谈到具体规则的制定。鉴于信息技术的飞速发展，对电子证据做出过于狭窄的解释，不利于证据规则的稳定性与适应性。

由于中国已有视听资料这一证据类型，而2002年4月1日起施行的《最高人民法院关于民事诉讼证据的若干规定》中规定："调查人员调查收集计算机数据或者录音、录像等视听资料的,应当要求被调查人提供有关资料的原始载体。提供原始载体确有困难的,可以提供复制件。提供复制件的,调查人员应当在调查笔录中说明其来源和制作经过。"从中可以看出,最高人民法院目前是把民事诉讼中的视听资料做了扩大化的解释,以把电子证据涵盖其中。但是,自2002年10月1日起施行的《最高人民法院关于行政诉讼证据若干问题的规定》中规定:"以有形载体固定或者显示的电子数据交换、电子邮件以及其他数据资料,其制作情况和真实性经对方当事人确认,或者以公证等其他有效方式予以证明的,与原件具有同等的证明效力。"由此可以看出,在行政诉讼中,最高人民法院似乎倾向于将电子证据归入书证。另外,北京市高级人民法院自2001年10月1日起试行的《北京市高级人民法院关于办理各类案件有关证据问题的规定(试行)》中,指明证据的种类中有:视听资料包括录音录像资料和电子数据交换、电子邮件、电子数据等电脑储存资料。事实上,视听资料与书证在证据效力上是不一样的,前者通常被视为间接证据,正如《民事诉讼法》第七十一条规定:"人民法院对视听材料,应当辨别真伪,并结合本案的其他证据,审查确定能否作为认定事实的根据。"拿网上购物合同为例,通过电子商务平台系统,该合同从订立到履行的全过程基本可以在网络上完成。如果当事人之间发生相关民事争议,他们所能提交的只能是计算机储存的数据和资料,法院将电子证据按视听资料处理时,就会陷入缺乏其他证据可供印证的尴尬境地。可见"电子证据与其他证据相结合作为证据的价值判断在电子商务中有一定的困难"。而如果把电子证据归入书证,其高科技性、易破坏性、无形性、多媒体性、易保管、传输方便、可反复重现、便于使用等特性,又与传统的书证理念大相径庭。因此,中国法院为了不与本国的诉讼法现状相冲突,把电子证据归入传统类型的证据,恐怕只是权宜之计。

根据有关国家的立法状况看,把电子证据加以规制,并赋予其特定的法律地位,是社会信息化的必然要求。从与国际接轨的角度考虑,中国的立法部门将面临如下选择:一是将录音、录像等视听资料并入到电子证据中,赋予电子证据以新的内涵,从而以电子证据吸纳视听资料,对相关证据法律做出修正。一是根据信息存储、传输方式是采用模拟信号还是数字信号,在视听资料之外另行确立电子证据这一独立的证据类型专门加以规制,这就意味着电子证据将等同于计算机证据概念。

9.2.3 我国电子数据立法

1999年3月15日颁布的《中华人民共和国合同法》(2020年废止)虽然立法较早,但已正式涉及包含EDI(电子数据交换)、电报、邮件等数据电文形式的电子合同,对电子合同有关书面形式、要约和承诺的生效时间及签订确认书等问题做出了粗略规定。2004年8月28日通过并于2015年和2019年修订的《电子签名法》,是我国首部确认电子签名法律效力与证据性的法律,它使符合一定条件的电子文件在立法上获得了证据地位和效力。

2012年3月14日，修订后的《中华人民共和国刑事诉讼法》(2018年再次修订)对证据类型进行了更新，第五章"证据"规定："可以用于证明案件事实的材料，都是证据。"同时指出，证据包括"(一)物证；(二)书证……(八)视听资料、电子数据"。首次将电子数据列为一种证据类型，确立了电子证据的法律地位。2012年8月31日，修订后的《中华人民共和国和民事诉讼法》(2017年再次修订)也对证据类型进行了较大的修改，在原七类证据类型基础上新增了电子数据证据，具体规定证据的具体内容包括当事人的陈述、书证、物证、视听资料、电子数据、证人证言等，将"电子数据"单列为一种证据类型，使其拥有了独立的证据地位，与《中华人民共和国刑事诉讼法》相比，加强了电子证据的法律地位和证明效力，是我国现存证据体系的一大进步。2013年施行的《最高人民法院关于适用〈中华人民共和国刑事诉讼法〉的解释》在证据部分对电子数据的审查认定进行了初步规定，有效推进电子证据在司法实践中的运用。2014年11月1日，修订后的《中华人民共和国行政诉讼法》同样新增"电子数据"证据类型，规定证据包括书证、物证、视听资料、电子数据、证人证言等。在此法条中，"电子数据"证据地位仅次于书证、物证和视听资料，是三大诉讼法中证据地位排序最靠前的，体现了电子证据的重要性，为电子文件证据效力的发挥提供了更有力的法律保障。2015年施行的《最高人民法院关于适用〈中华人民共和国民事诉讼法〉的解释》在第四部分"证据"第一百一十六条首次以法条形式明确了电子数据的概念："电子数据是指通过电子邮件、电子数据交换、网上聊天记录、博客、微博客、手机短信、电子签名、域名等形成或者存储在电子介质中的信息。"2016年，最高人民法院、最高人民检察院、公安部联合颁布的《关于办理刑事案件收集提取和审查判断电子数据若干问题的规定》(以下简称《规定》)，界定了电子数据的概念，第一章"一般规定"第一条指出"电子数据是案件发生过程中形成的，以数字化形式存储、处理、传输的，能够证明案件事实的数据"，该定义比民事诉讼司法解释中的定义更加精炼准确。《规定》还以列举的方式规定了电子数据的通常形态，且在列举的相关表述中用"包括但不限于"的方式为今后电子数据类型和形态的变化保留了空间。《规定》以"数字化形式"为界定明确了电子数据是不同于视听资料的法定证据种类，同时第一条第四款(1)规定某些以数字化形式呈现的传统证据并非电子数据，为司法实践的具体掌握提供了参考范例。《规定》全面详细地规定了电子数据的收集与提取、移送与展示、审查与判断等具体程序，相对于之前的有关立法和法律解释迈出了一大步，对规范电子证据的有效使用和提高刑事案件办理质量有重要意义。

2016年底通过审议的《中华人民共和国电子商务法(草案)》第三章"电子商务交易与服务"第一节"电子合同"第二十六条规定："当事人订立电子合同，适用本法规定。本法没有规定的，适用《中华人民共和国合同法》《中华人民共和国电子签名法》的规定。"这解决了不同法律间的衔接和适用问题，在订立电子合同时，优先适用《电子商务法》的规定，凡是符合《电子商务法》规定的合同成立要件的电子合同都具有法律效力。在电子支付方面，《电子商务法(草案)》第二章"电子商务经营主体"第一节"一般规定"第十六条规定"电子发票与纸质发票具有同等法律效力"，保障了电子支付凭证的法律效力，也肯定了电子发票等电子文件的证据效力。

关联法条

1.《最高人民法院关于适用〈中华人民共和国民事诉讼法〉的解释》
2.《关于办理刑事案件收集提取和审查判断电子数据若干问题的规定》
3.《中华人民共和国电子商务法》

扩展阅读

1. 肖秋会，段斌斌. 我国电子文件证据地位及效力立法研究[J]. 图书情报知识，2018(01)：58-65.
2. 高富平. 从电子商务法到网络商务法——关于我国电子商务立法定位的思考[J]. 法学，2014(10)：138-148.

9.3 电子数据的收集、保全与认定

9.3.1 电子数据的收集原则

1. 及时性原则

电子数据以电信号码的形式存储在各种存储介质中。电子数据形成和获取的间隔时间越长，删除、销毁和修改的可能性就越大。因此，应尽早获得电子数据。例如，在一次网络纠纷中，一家软件公司突然发现，它为某个国家机构制作的一张特殊电子地图被另一家网站发布在互联网上。经过调查，发现该公司使用非法手段挖走了唯一负责保管本公司服务器密钥和密码的员工，这名员工复制了公司正在制作的电子地图软件，并把它带到新公司。这家软件公司打算以侵权为由起诉法院。如果证据不能及时提取和固定，一旦对方知道情况，证据肯定会从网络上消失。因此，在对方删除、销毁或修改电子数据之前，必须尽快提取和修正证据。

2. 全面性原则

电子数据的系统依赖性决定了电子数据离不开计算机、其他电子设备和特定的系统软件环境。这一特点要求在收集证据时，不仅要收集与案件有关的电子数据，还要保存相应的硬件和软件，保存证据的运行环境，以便在必要时可以通过打印、屏幕显示等方式进行显示。

3. 利用专门知识获取证据的原则

电子数据以计算机技术、微存储技术和网络技术为基础，以数字信息编程的形式出现。它的生产、存储和传输的每一步都必须依靠高科技。没有高科技，电子数据根本无法存储和传输。因此，为了保证电子数据的证明力，在收集电子数据时应采用专门的技术和工具。

4. 环境安全原则

媒体或媒体存储电子数据必须按照科学方法，应该远离高磁场、高温、灰尘、积压、潮湿、腐蚀性化学试剂等，避免电磁媒体数据由于过失行为破坏重要线索或证据。

5. 确保真实性和完整性的原则

在电子数据的收集和保存过程中，应当保证电子数据的真实性和完整性。例如视频记录收集电子数据的整个过程，或对收集到的电子数据进行大数据分析，以验证电子数据的收集没有缺陷。在将收集的电子数据存储在证据保管链中时，获得的每一项证据都必须有完整的保管记录链。记录链要求证据从收集到审判的那一刻起就能在记录中找到。如果希望查看证据，则必须进行出站注册，当电子数据被发回保存时，必须执行入站注册。通过对电子数据的收集和存储采取严格的程序控制措施，可以保证电子数据的完整性和真实性没有改变，从而保证电子数据的证明力。

6. 合法性原则

电子数据的高技术特性决定了电子数据的采集离不开电子技术的发展。在收集电子数据的过程中，经常使用电子、网络、具有专业知识和技术的计算机专家的力量。电子数据的收集不仅涉及技术问题，还涉及法律问题。因此，具有相关技术的专家在收集电子数据时必须遵循合法原则，否则收集的电子数据会被法院排除，并不能达到收集证据的目的。

9.3.2 电子数据的收集工作

电子数据的收集分为定期收集和技术收集两个阶段。定期收集由检察技术人员配合案件侦查部门进行；技术收集由检察技术人员牵头进行。

1. 定期收集

(1) 进行现场检查，即详细记录调查现场环境、存储位置和电子数据存储介质或设备的位置，并对现场进行拍照或绘制现场地图。

(2) 进行设备和系统检查，即对案件涉及的所有计算机及相关网络和电子设备进行检查，并逐一进行登记和测试，重点保护计算机系统数据、备份数据、系统日志等重要数据以及复制、存储、切断网络和通信控制。

(3) 查封、扣押。申请执法机关对涉案的电子证据的载体进行查封、扣押，将有关载体置于执法机关保管之下。

首先，在逮捕犯罪嫌疑人时，即使初步调查后没有发现贵重物品，也要对笔记本电脑、台式电脑、移动存储设备、个人网络通信工具等可能作为电子数据进行搜查和拘留。证据不应排除犯罪嫌疑人会删除计算机数据等电子数据的可能性，并利用技术手段恢复数据，收集犯罪嫌疑人已销毁的电子数据，打开案件的突破口。其次，对于大型数据中心、群服务器等不便于抓取的大型设备，应采用专用设备对硬盘和硬盘进行100%无残留复制，并进行封存，为未来获取目标电子实物证据提供保障。

2. 技术收集

(1) 数据恢复技术。数据恢复技术是对不同程度损坏的数据进行恢复，使其满足正常的数据需求。在检察实践中，数据恢复技术是检察技术人员应重点掌握的一项取证技术。

(2) 数据监控技术，即利用已掌握的数据监测技术，通过专业的数据监测设备或软件，对网络数据流的异常变化和通信信号的实时变化进行监测，发现可疑信息并获得相应电子数据。

(3) 密码破解技术。密码破解技术主要研究加密数据的搜索和提取、常用加密软件的加密算法、加密文件的解释和恢复、加密文件的提取。

(4) 日志分析技术。通过日志分析技术，可以对日志中记录的异常修改、删除等运营信息进行判断，识别虚假IP地址、虚假管理账号等异常运营信息，发现可疑数据，获取相关电子数据。

(5) 数据复制技术，即将案件中涉及的数据复制到另一个存储设备，保证原始数据与被复制数据的一致性。

9.3.3　电子数据的保全

电子数据的保全大致可以分为三类。第一类是当事人向法院申请保存涉及诉讼的电子数据；第二类是当事人委托相关公证机构保存诉讼中涉及的电子数据；第三类是当事人直接依靠网络服务提供商提供的与事实相关的信息保护电子数据。目前可利用区块链技术存留电子证据，形成电子数据保全平台，如图9-1所示。

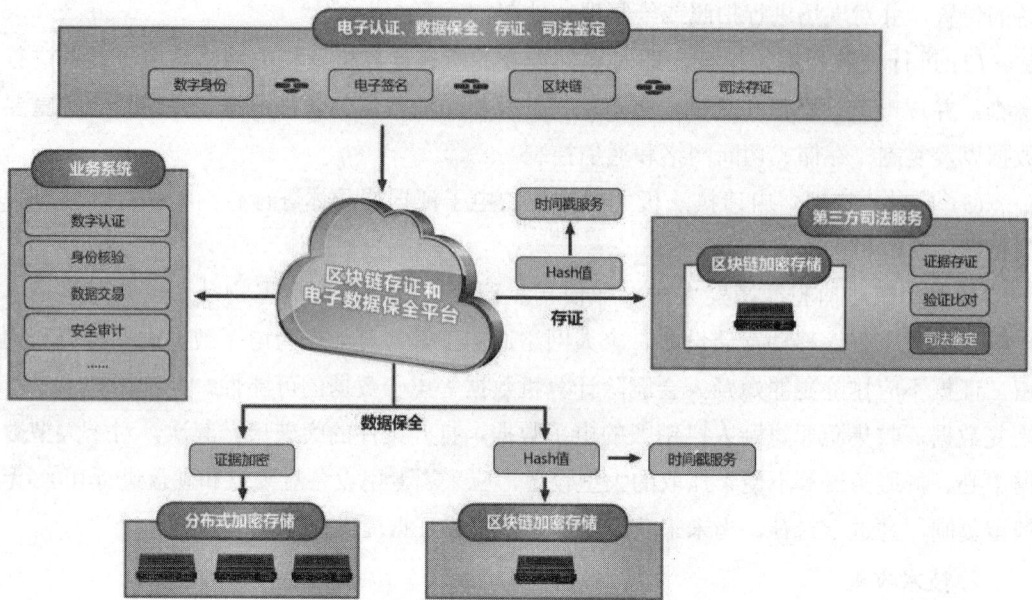

图9-1　区块链存证和电子数据保全平台

电子证据的保全分为以下几种情况。

1. 诉讼保全

诉讼保全，是指人民法院对于可能因当事人一方行为或者其他原因，使判决不能执行或难以执行的案件，在对该案判决前，依法对诉讼标的物或与本案有关的财物采取的强制性措施。《民事诉讼法》第八十一条规定："在证据可能灭失或者以后难以取得的情况下，当事人可以在诉讼过程中向人民法院申请保全证据，人民法院也可以主动采取保全措施。因情况紧急，在证据可能灭失或者以后难以取得的情况下，利害关系人可以在提起诉讼或者申请仲裁前向证据所在地、被申请人住所地或者对案件有管辖权的人民法院申请保全证据。"也就是说，在民事诉讼中，如果当事人满足"证据可能灭失"或"证据难以取得"这两个条件，可以申请数据保全。这也适用于互联网上的诉讼。由于网络数据的相关特性，网络中的电子文件具有流动性强、稳定性差的特点。人们可以随时上传或下载，甚至篡改数据信息。因此，电子数据的丢失很容易发生；而由于电子数据是基于计算机技术而存在的，具有很强的技术性和准确性，很难获得。因此，从这两个方面来看，数据的诉前保全在网络侵权中所起的作用要远远大于普通的著作权侵权。

当事人在申请诉讼保全时应注意以下几点：首先，当事人应提供证明其权利的相关材料，并详细说明具体情况。其次，在当事人详细说明情况并说明自己的权利后，应进一步提供相关的材料和证据。在正常情况下，当事人不能直接获得用户是否侵权的直接证据，但至少可以在申请诉讼时提供初步的材料和证据。这份初步材料大致包括以下几点内容：第一，被申请人不属于申请人的授权用户或较大的授权用户；二是被申请人已被证明存在侵权行为的具体行为和线索；第三，收集被申请人实施侵权行为的具体地点和使用的相关设备；第四，当事人应提供申请保全证据的具体内容以及诉讼保全信息的主要特征和鉴定证据真实性的基本方式。此外，当事人应有充分的证据向法院表明，他们已尽最大努力，以取得更多的证据，再申请诉讼。最后，当事人应根据相关法律和法院的要求，以一定的方式提交相应的担保金额。之后，在审查所有情况并确定符合标准后，当事人应当积极主动地对申请人实施证据保全行动，以确保申请人的权利不受侵犯。

2. 公证保全

公证保全主要由相关公证处或公证员进行。根据当事人的申请，公证机构或公证员应当证明申请人提供的资料或文件的真实性、合法性。我国采用公证审查机制，主要进行实质性公证审查，即在审查过程中，不仅要审查信息的真实性，还要审查信息的合法性以证明其真实性。由公证处或公证员出具的公证证明，可以按照规定直接作为有效证据。总之，如果没有相反的证据，或者虽有相反的证据，但不足以推翻公证证明时，公证书具有可靠的、强有力的证据效力。这充分说明了公证书在诉讼中的证据地位高于其他一切文书，其证据效力也强于其他文书。在网络侵权等诉讼纠纷中，最有利的证据是侵权人网页上仍然存在的内容，这也是对被告人最有利的辩护基础。因此，我们必须尽力维护该证据的真实性、完整性和合法性，及时收集和保存该证据是电子数据保存的关键，减轻法院在接受诉讼保全后的工作量，使证据保全工作更具说服力。

3. 自行保全

在网络世界里，权利被侵害的人无疑是最了解真相的人，然而在技术和专业性质较强的计算机网络环境中，被侵害的一方恰恰是弱者。虽然诉讼保全和公证保全在处理电子数据方面具有一定的公共权力和优势，但在快速发展的网络信息环境下，仍存在一些不足，主要表现在以下几点。首先，网络是24小时无止境运行的，网络侵权等事件随时可能发生，网络参与者可以随时提交证据保全，而国家法院和公证机构或公证员都是8小时工作，不可能像网络一样随时处于工作状态，这显然不能满足随时参与的安全要求。其次，诉讼保全和公证保全都是在侵权事件发生后的证据保全。在这个过程中，法院需要提取和保存证据，但网络的匿名性、可变性和不稳定性等特点使得网络信息随时面临更改、删除，甚至被恶意破坏的可能，因此也就威胁到原始信息的可行性，为保护工作带来困难。最后，目前的保全费用较高，使得申请人无法支付较频繁的证据保全所需要的巨额费用，这也给证据保全申请人带来了一定的困难。

9.3.4 电子数据的认定

1. 客观性

电子数据证据的客观性是其作为证据的基本特征之一，是实现电子数据成为有效证据的必要条件和首要前提。客观性表现在以下几个方面。第一，证据收集主体的认定。电子数据证据是在案件发生和发展过程中形成的证据，由于其本身物理特征的脆弱性，电子数据证据的证据收集主体应严格界定。首先，具有相关知识和操作权限的司法人员应当收集证据；其次，本案当事人可以收集电子数据证据；最后，偶然接触案件事实的人可以收集电子数据证据。第二，确定证据来源。电子数据证据来源是否可靠关键是产生电子数据证据的设备是否可靠。例如，电子计算机设备应在程序正常运行的情况下，不受计算机病毒的入侵，不人为地破坏计算机程序的运行，处于正常的温湿度环境中，不受信号辐射强磁场的干扰。如果操作技术不熟悉或操作程序顺序颠倒，也可能造成电子数据证据的丢失或损坏。第三，取证技术和方法的确定。电子数据证据的安全性和稳定性各不相同，一些电子数据证据稳定性较低，如果不及时收集这类证据，可能会对证据造成永久性的损失或损害。因此，在收集电子数据证据时，应先收集这部分证据。

2. 关联性

电子数据关联性是指电子数据证据与案件中需要证明的案件事实之间存在法律关系。只有那些与证据事实有本质联系并能有效证明事实真实性的电子信息数据才具有证据功能。首先，确定形成的时间。电子数据证据应该是与案件事实同时产生的数据信息，而不是操作系统内部原有的操作指令信息，可以根据电子数据证据视图中隐藏的属性客观地检验电子数据证据的生成时间。在查看电子数据证据时，应该检查它生成的具体时间，并将时间信息反映在可视介质上，例如将其打印在纸介质上，以便日后查看和阅读。其次，确定地层位置。电子数据证据是通过光学和磁等物理方法存储在非纸质媒体上的数据和信息内容，证据形成的地点与证据的关联性密切关联。例如，留在计算机内部的操作数据信息必须位于计算机的操作核心内部，也就是最初形成这些数据的地方。但由于人为等原因操作不当，现场信息也会被破坏。这就要求关联经营者认真操作，认真收集和保存电子数据证据信息。最后，确定证据的全面性。电子数据证据中包含的信息量非常大，由疏忽操作遗留下来的计算机指令可能成为电子数据证据并被送上法庭，例如在计算机中形成的操作文件的具体时间、属性、格式、大小等。在确定电子数据证据完整性时，应当审查电子数据证据是否被拦截、人为篡改等。在实践中，如果是被截获的电子数据证据，就不具备证据的完整性，需要证明的案件事实与法律不关联，因此不能被采纳。

3. 合法性

证据的合法性是证据有效性的基本属性之一，也是证据能够作为查明案件真相的依据。审查证据是否合法，即审查证据的形式是否合法、收集证据的技术是否合法、收集证据的程序是否合法。比如，个人采用黑客软件非法侵入他人的计算机系统盗取的电子数据，会因采取非法手段获取而不具备法律效力。

4. 可靠性

可靠性是衡量电子数据证明能力的重要指标。在确定电子数据的可靠性时，法官应确定证据本身的真实性，并结合其他证据来确定其内容的可信性，明确哪些部分是可靠的，哪些部分相对不可靠。可靠性的高低直接影响到法官对电子数据证明力大小的衡量。电子数据对技术的依赖性很强，识别主体对技术的理解程度往往对电子数据的可靠性有很大影响。电子数据的可靠性可以从正面和侧面来判断。在进行正面判断时，应尽可能审查电子数据的形成、储存、传输、收集和提交各环节的可靠性；在进行侧面判断时，主要采用推定法，通过确定其他因素的可靠性来推断电子数据的可靠性。

5. 完整性

完整性是检验电子数据证明能力的一个特殊指标，包括电子数据本身的完整性和电子数据所依赖的电子系统的完整性，而电子数据本身的完整性包括形式的完整性和内容的完整性。形式的完整性是指电子数据在生成时必须保持其原始状态，任何更改(包括格式调整)都将被视为完整性受损。电子数据内容的完整性是指电子数据的内容自形成以来保持完整，没有被不必要地添加或删除。

关联法条

1.《最高人民法院最高人民检察院公安部关于办理刑事案件收集提取和审查判断电子数据若干问题的规定》

2.《最高人民法院研究室关于利用计算机窃取他人游戏币非法销售获利如何定性问题的研究意见》

扩展阅读

1. 王莉. 对电子数据收集问题的法律思考[J]. 中国检察官，2014(03)：23-25.

2. 张浩. 电子数据客观性、关联性、合法性的归属认定[J]. 卷宗，2016，6(1)：257-257.

参考文献

[1] 时飞. 电子商务法[M]. 北京：对外经济贸易大学出版社，2012.

[2] 秦立崴，秦成德. 电子商务法[M]. 2版. 重庆：重庆大学出版社，2016.

[3] 聂进. 电子商务法[M]. 武汉：武汉大学出版社，2011.

[4] 张永婕. 中国电子商务绿色发展调查[EB/OL]. https://www.ebrun.com/20190622/338846. shtml.

[5] 马述忠，潘钢健. 从跨境电子商务到全球数字贸易：新冠肺炎疫情全球大流行下的再审视[J]. 湖北大学学报(哲学社会科学版)，2020，47(05)：119-132，169.

[6] 李维国. 粤港澳大湾区跨境电商发展政策及其现状分析[J]. 办公自动化，2020，25(18)：47-49，11.

[7] 邢光远，史金召，路程. "一带一路"倡议下中国跨境电商的政策演进与发展态势[J]. 西安交通大学学报(社会科学版)，2020，40(05)：11-19.

[8] 孙馨露. 我国主要粮食产业电子商务发展现状与策略[J]. 粮食与油脂，2020，33(09)：12-14.

[9] 杨宗鸣. 中美《电子签名法》比较述评[J]. 兰台世界，2013(S3)：90-91.

[10] 谢君泽.《电子签名法》：连接网络空间与传统空间的法律[J]. 中国信息安全，2016(04)：101-103.

[11] 蒋虹. 网络虚假广告与消费者权益保护问题探析[J]. 华东政法学院学报，2003(2)：69-73.

[12] 雷琼芳. 加强我国网络广告监管的立法思考：以美国网络广告法律规制为借鉴[J]. 湖北社会科学，2010(10)：142-144.

[13] 张宇润. 网络虚假广告及其法律规制[J]. 中国工商管理研究，2004(10)：63-66.

[14] 余人，高乔. 新《广告法》中互联网广告规定的更新与局限[J]. 中国出版，2016(3)：38-41.

[15] 李志敏. 垃圾邮件识别与处理技术研究[M]. 北京：北京理工大学出版社. 2015.

[16] 曹麒麟，张千里. 垃圾邮件与反垃圾邮件技术[M]. 北京：人民邮电出版社. 2003.

[17] 文艺. 我国反不正当竞争法律责任制度的完善[D]. 湘潭：湘潭大学，2017.

[18] 李佳穗. 加强网络证券监管法制建设[J]. 电子世界，2012(10)：159.

[19] 赵晓力. 反垃圾邮件法的立法原则[J]. 信息网络安全，2006(01)：53-55.

[20] 庞敏英. 电子商务中的消费者权益保护问题研究[J]. 河北法学，2005(07)：148-153.

[21] 任其昌. 网络证券法律问题初探[D]. 北京：中国政法大学，2003.

[22] 范黎红. 网络证券欺诈的国际监管经验及借鉴：以亚太地区为中心的研究[J]. 亚太经济，2002(05)：11-13.

[23] 吴汉东. 论网络服务提供者的著作权侵权责任[J]. 中国法学，2011(02)：38-47.

[24] 胡开忠. 网络服务提供商在商标侵权中的责任[J]. 法学，2011(02)：135-144.

[25] 李长兵，罗淼. 电子商务中商标侵权行为研究[J]. 兰州商学院学报，2005(05)：91-94.

[26] 冯彦辉. 域名争议与商标冲突的法理分析[J]. 华南师范大学学报(社会科学版)，2005(03)：31-36，47.

[27] 杨春宝. 电子商务网站建设中的法律问题[J]. 科技创业，2004(03)：72.

[28] 王辉. 电子商务中的域名与知识产权的关系及法律保护[J]. 甘肃行政学院学报，2003(04)：82-84.

[29] 王伟军，夏倩芳，徐锐. 论电子商务与专利权[J]. 中国软科学，2001(06)：78-81.

[30] 何炼红，邓欣欣. "互联网+"时代我国电子商务平台法律定位之反思[J]. 重庆邮电大学学报(社会科学版)，2016，28(01)：31-37.

[31] 刘迪. 刍议电子商务平台服务提供者专利间接侵权中"通知-删除"规则的完善[J]. 电子知识产权，2015(06)：22-29.

[32] 刘斌，陶丽琴，洪积庆. 电子商务领域知识产权保障机制研究[J]. 知识产权，2015(02)：64-68，78.

[33] 谢登科. 电子数据的鉴真问题[J]. 国家检察官学院学报，2017，25(05)：50-72，174.

[34] 汪闽燕. 电子证据的形成与真实性认定[J]. 法学，2017(06)：183-192.

[35] 何建波. 国内外电子数据取证标准规范研究[J]. 保密科学技术，2016(03)：17-24.

[36] 金波，杨涛，吴松洋，等. 电子数据取证与鉴定发展概述[J]. 中国司法鉴定，2016(01)：62-74.

[37] 陈永生. 电子数据搜查、扣押的法律规制[J]. 现代法学，2014，36(05)：111-127.

[38] 王敏远，祁建建. 电子数据的收集、固定和运用的程序规范问题研究[J]. 法律适用，2014(03)：27-35.

[39] 陈晓敏. 论电子商务平台经营者违反安全保障义务的侵权责任[J]. 当代法学，2019，33(05)：27-36.

[40] 戴龙. 论数字贸易背景下的个人隐私权保护[J]. 当代法学，2020，34(01)：148-160.

[41] 王佩，孙建文. 国外政府网站建设及信息服务规范进展与启示[J]. 图书馆学研究，2015(22)：45-52.

[42] 赵旭东. 电子商务市场准入及退出制度研究[J]. 中国工商管理研究，2015(02)：13-16.

[43] 杨立新. 网络服务提供者在网络侵权避风港规则中的地位和义务[J]. 福建师范大学学报(哲学社会科学版)，2020(05)：139-147，172.

[44] 杨立新. 电子商务交易中电子支付服务损害赔偿责任及其规则[J]. 中州学刊，2019(02)：45-56.

[45] 刘颖，李莉莎. 利益视角下的大额电子资金划拨法[J]. 河北法学，2008(06)：51-61.

[46] 贾丽平，张晶，贺之瑶. 电子货币影响货币政策有效性的内在机理：基于第三方支付视角[J]. 国际金融研究，2019(09)：20-31.

[47] 邹传伟. 对人民银行数字货币/电子支付的初步分析[J]. 新金融，2019(12)：10-16.

[48] 王洪亮. 电子合同订立新规则的评价与构建[J]. 法学杂志，2018(04)：32-42.

[49] 乔娇. 电子合同订立相关法律问题研究[J]. 人民法治，2018(20)：18-22.

[50] 黄文妍. 电子合同存在的法律问题[J]. 法制博览，2020(06)：163-164.

[51] 方旭辉. ODR：多元化解决电子商务版权纠纷新机制[J]. 法学论坛，2017(32)：155-160.

[52] 彭颜色. 电子合同纠纷疑难及解决机制的新路径[J]. 法制博览，2019(09)：73-75.

[53] 郭亚菲. 电子商务纠纷在线解决机制的研究[J]. 山东商业职业技术学院学报，2019(19)：76-80.

[54] 戴芳，任宇. 论跨国直接电子商务对我国税收管辖权制度的冲击与对策[J]. 2015(10)：81-85.

[55] 张城璐. 探究跨境电子商务的纠纷解决机制[J]. 2018(12)：21-22.

[56] 汤国风. 我国电子商务纠纷诉讼管辖权问题研究[J]. 2018(35)：83-87.

[57] 周奕佳. 我国跨境电子商务在线纠纷解决机制研究：以"海淘"为视角[D]. 杭州：浙江大学，2018.

[58] 李鹏涛. 我国第三方支付发展与面临的风险研究[J]. 时代金融，2020(24)：124-125.